U0746724

传统儒家人格教育思想资源的当代转化研究

孙德玉 ◎ 著

本书为2014年度教育部人文社会科学规划基金一般项目『传统儒家人格教育思想资源的当代转化研究』（项目批准号14YJA880063）最终研究成果

安徽师范大学出版社

·芜湖·

图书在版编目（CIP）数据

传统儒家人格教育思想资源的当代转化研究 / 孙德玉著 . — 芜湖：安徽师
范大学出版社，2019.6

ISBN 978-7-5676-4122-8

Ⅰ . ①传… Ⅱ . ①孙… Ⅲ . ①人格 - 儒家教育思想 - 研究 - 中国 Ⅳ . ①G40-092

中国版本图书馆 CIP 数据核字（2019）第 105190 号

传统儒家人格教育思想资源的当代转化研究

孙德玉　著

策划编辑：王一澜

责任编辑：王一澜

装帧设计：丁奕奕　陈　爽

出版发行：安徽师范大学出版社

　　　　　芜湖市九华南路189号安徽师范大学花津校区

网　　址：http://www.ahnupress.com/

发 行 部：0553-3883578　5910327　5910310（传真）

印　　刷：虎彩印艺股份有限公司

版　　次：2019年6月第1版

　　　　　2019年6月第1次印刷

规　　格：700 mm ×1000 mm　1/16

印　　张：15.75

字　　数：281千字

书　　号：ISBN 978-7-5676-4122-8

定　　价：48.00元

如发现印装质量问题，影响阅读，请与发行部联系调换。

目　录

第一章 绪 论

千百年来，儒家学说之于中国社会和中国人的影响是诸子百家中任何一家都无法比拟的。它对中华民族精神、中国人的国民性的影响已渗入社会机体的每个领域；无论它的精华抑或糟粕，都是以文化传统遗存的方式在社会生活中发挥着潜移默化的作用，成为一种集体无意识，融化在每个人的血液里和日常生活的行为方式中。无论是复兴儒学者，还是批判儒学者，都说明传统是不能割断和舍弃的。即便从辛亥革命后在教育体制内儒学传统已被扫地出门，似乎已然断裂，实际上在风俗习惯、思维方式、价值观念、行为模式等方面，儒学文化的传统是在流变中不断革新的，在与西方文化的对话中不断变异的。可以说，中国社会运行的机理和中国人的文化基因并没有因为儒学在历史上的暂时缺席而断裂。

其实，自从近代西方的启蒙思想进入中国以来，新儒家在儒学研究中"援西入儒"，创造出许多新的理念、思路和治理的办法。我们要进一步发掘新儒家的思想成果，不能因为他们对改造当时的中国尤其在革命斗争中作用甚微，就完全抹杀他们在历史上的地位和作用。我们还应该进一步探明究竟应该如何去开掘、定位这些精神资源，并对其做出比较科学，也比较符合历史事实的价值判断。

中国传统儒家文化中有丰富的人格教育思想，儒家的圣人君子人格教育思想源于孔子，随后经过孟子、荀子的进一步发展，在先秦时期就已经塑造成型。儒家的人格教育思想包括了以"仁"为核心的道德人格理想，"内圣外王"的理想人格模式，注重内省的人格修养途径等内容，构成了完整的人格教育理论体系，为中国人及其人生提供了绵长有效的生存实践原则。儒家是非常重视关注现实的，有自己独立的思考，注重思想家独立人格的养成。儒家主张将学问融入生命，认为学习学问是为了人的生命的成长。儒家向来提倡人的修养，认为学以成人。传统儒家人格教育思想凝聚了我们的先哲对人生意义和价值目标的深刻理解和不懈追求。以马克思主义"人的自由全面发展"为理想目标，梳理和挖掘具有根源性和民族性的传统儒家人格教育思想的本土资源，具有重要的理论和现实意义。

2014年9月24日，习近平同志在纪念孔子诞辰2565周年国际学术研讨会暨国际儒学联合会第五届会员大会开幕会上发表讲话，他明确指出："孔子创立的儒家学说以及在此基础上发展起来的儒家思想，对中华文明产生了深刻影响，是中国传统文化的重要组成部分。儒家思想同中华民族形成和发展过程中所产生的其他思想文化一道，……是中华民族生生不息、发展壮大的重要滋养。"[①]这就清楚地表明，要把中华优秀文化里跨越时空、超越国度，富有永恒魅力，又有当代价值的内容弘扬起来。历史表明，一个抛弃或者背叛了自己历史文化的民族，是不可能发展起来的，文化自信就是对自身文化的价值有信心，就是对自身文化生存演化的能力和前景有信心。这不仅是对历史的总结，而且是对我们今天在发展过程中的一个提醒。

儒家人格教育思想在先秦时期就形成了较为完备的理论体系，对中国整个封建社会有着全面而深刻的影响。在新时代的历史背景下，人格教育的开展面临着新的问题和挑战，这要求我们从历史上吸收优秀的人格教育思想资源加以借鉴。传统是现代的渊源，现代是传统的延伸和发展。传统是一个社会的文化遗产，是人类过去所创造的种种制度、价值观念和行为方式等构成的意向象征。有学者认为，在今天，开挖传统中的无尽宝藏，使传统文化创造转化，进而面向现实，走入世界，是每一个知识分子的历史使命。我们高度重视现代人格教育，就要从传统的先秦儒家人格教育思想中吸取有益的养料。

近年来，西方学界往往将人格培育归于"临床心理"范畴，并试图以医疗手段矫治各种病态人格，然而效果并不乐观。事实上，重视人格教育是中国传统文化的一大特色和亮点。而作为中华优秀传统文化之重要组成部分的传统儒家人格思想，对现代社会人格培育有着重要的借鉴意义。儒家"内圣外王"的理想人格模式倡导天下士、君子要"修身齐家治国平天下"，它将个人道德修养

---

① 习近平.习近平在纪念孔子诞辰2565周年国际学术研讨会暨国际儒学联合会第五届会员大会开幕会上的讲话[EB/OL].(2014-09-25)[2019-04-02].http://jhsjk.people.cn/article/25729647.

和治国平天下相联系，体现其积极入世的人生态度；儒家倡导的重义轻利、仁爱忠恕亦为人们树立了正确的义利观，为构建和谐的人际关系提供借鉴。传统儒家的人格教育思想体现着对人道、人权和人生价值的理解与追求，与现代社会提倡人生价值的实现及人的全面发展等人格特征不谋而合，两者在一定程度上具有很大的一致性。

儒家思想正是我们急需的一种朴实、亲切的生命哲学，其探讨的核心是人如何获得内心充盈、健康快乐的人生。儒家的核心观念——"仁"，就是在承认每个人自我利益基础上对他人的关切与关爱，是从自我开始而生发出的人性光辉。儒家的"己欲立而立人，己欲达而达人"①，"诚者，自成也……诚者非自成己而已也，所以成物也"②，最能体现这一思想。只要让人明白一个人不是孤立存在的，而是社会的；"立人""达人""成物"，必须以"己立""己达""自成"为前提，人就很容易从自我发展的愿望中汲取能量和动力，走向"至善"的道德境界。这种"忠恕"之道，便捷而又切入人心。

儒学是一种非常丰富的资源，怎样把儒学中优秀的成果运用到现代社会中去非常重要。儒家教育的目标，说到底是一种"为己之学"。孔子说："古之学者为己，今之学者为人？"③在孟子看来，教育就是唤醒自我的生命，建立自我的主体性，使自己成为顶天立地的"大丈夫"，甚至上下与天地同流。所以，学问是为了自己生命的成长。无论出身如何，我们每个人都可以不断塑造自己、提升自己，使自己更完美。这有一个隐含的人性前提，即人格本身是可塑造、可改善、可趋向完美的。儒家为什么强调"修身为本"，那是因为"修身"意味着生命是可以修炼的，生命是可以通过不断塑造而变得丰盈而完美的。难怪孔子说："学而时习之，不亦说乎？"④人是可以通过学习、实践而完善的对象。实施教育的过程就是塑造和完善人格的过程。孟子曾明确指出："人之有道也，饱食、暖衣、逸居而无教，则近于禽兽。"⑤在孔子看来，有无人格是区别人与兽的标志，丧失人格就要沦为禽兽。不仅如此，孔子还确立了完善人格的标准，

---

① 杨伯峻.论语译注[M].2版.北京：中华书局,2017:93.

② 孟宪承.中国古代教育文选[M].孙培青,注释.3版.北京：人民教育出版社,2003:109.

③ 杨伯峻.论语译注[M].2版.北京：中华书局,2017:218.

④ 杨伯峻.论语译注[M].2版.北京：中华书局,2017:1.

⑤ 杨伯峻.孟子译注：简体字本[M].北京：中华书局,2015:94.

即"富贵不能淫,贫贱不能移,威武不能屈"①。可见,把完善人格作为做人的目标,并把造就理想人格作为教育的根本任务,这是儒家教育的一大特色。我觉得这非常有意思,人把自己当成一个对象,一个需要不断打磨和塑型的作品。人生就是把自己做成一件艺术珍品的过程,人生就是不断完善自己的过程。面对成长的生命,我们不应催促,我们只有等待,这是人伦,更是常识。人的成长应"遵循'自由—选择—责任'的人格建构规律:基础教育阶段要……强调学生自由的探索而不是相互攀比分数的高低。教育不是制造产品的工业,而更像是需要精耕细作的农业,是一门'慢'的艺术,尤其是基础教育阶段,要尊重学生丰富的个性,教育要强调'慢',强调'活动与快乐',强调'体验—理解—实践',强调……'身、心、灵'的健康成长尤其忌讳强迫与压力而需要很放松的外在条件,需要通过'慢'的节奏,通过'自由与自我选择的探索才能逐渐走向自觉',从而奠定好人生的根基"②。对一个人来说,人格成长第一,智能发展第二。

山有脊梁,人有人格。何谓人格?我们通常所讲的人格,是指道德人格,是对人的思想和行为的道德评价,简明地讲,是指做人的资格,人之为人的品格。人格是文化的产物。从根本上来说,人格是凝结和体现人的社会文化特性的精神与行为模式;一个人的人格集中代表着他安身立命、待人处事的态度和准则,表现为主体与自己、与他人、与社会及与外界事物进行联系和交往的方式;从其结构和组成要素来看,人格是一个有组织、有层次的系统,由内层和外层构成,内层是以自我意识为核心,主要包含主体的需要与动机、情感方式、意志品质、相对稳定的价值观、道德观以及思想意识等精神特质,外层是主体内在精神特质的显性化,它主要表现为人的个体形象和行为模式。人格是一个诸多要素相互作用的复杂综合体,它是个体独特的心性结构、动力组织和对环境的反应模式及精神素质。人格是个体在生存实践中,在对文化的接受和陶冶中逐渐形成和完善的。就个体的心性结构而言,人格的灵魂是理想和信念,人格的行为导向和动力源是价值观,人格的基石是品德,人格的创造性魅力是智慧,人格的内在张力是意志力。它们的协调配合才能保持人格的健全和人的全面发展。理想信念、价值观、道德品行、智慧和意志力这五个要素构成了一个

---

① 杨伯峻.孟子译注:简体字本[M].北京:中华书局,2015:105.
② 李传永.学前教育学[M].沈阳:辽宁大学出版社,2013:96.

人的精神世界和人格的魅力。

教育是培养人的社会活动，其根本任务是立德树人，就是要培养人拥有完善的人格，有内在的德行，有兼济天下的情怀。而如果将教育变成工具理性的科学主义，中国传统人文主义的教育精华就不能得到充分地继承。教育在受教育者人格完善中是十分重要的一环。通过教育使每一代学子们都具有：学会学习，求知求真，学风优良，严谨治学，进取向上；学会选择，善于思维，明辨是非，自觉性强，判断力强；学会做事，机智果断，认真负责，开拓创新，追求效益；学会合作，将心比心，善解人意，和平共处，交流得当；学会做人，追求善美，适应社会，理性道德，自我完善；学会关心，胸怀天下，肩承国运，无私奉献；等等。只有这样，教育才算完成了育人的神圣使命。

今天，我们研究传统儒家人格教育思想资源不是为了简单地整理国故，而是重在阐发义理、凝练思想，为当代的中国的人格教育寻求意义，所以需要理论上的创造性和体系化。历史资源的激活应是文化建设的前提。需要注意的是，面对历史，要去发掘真正有生命力的元素；立足现实，心里要有愿景；情怀担当，不要失去理智。中国之所以为中国，中国人之所以为中国人，是因为有中国传统文化的浸润。批判和抛弃了中国优秀传统文化的价值观，中国就不再是中国，中国人也就不再是中国人。所以，我们必须保存中国传统文化，主要是儒家文化的价值观等。事实上，中国传统文化固然规定了中国人之为中国人，但不可否认的是文化是由人创造的，中国人决定了中国传统文化的内容。因此，一定的文化传统并不是处于这个传统中的人的宿命，抛弃旧的传统，接受新的观念并不意味着这些人失去了规定性。对于目前的中国来说，突破旧的传统，接受和创造新的观念，是非常必要的。

在建设社会主义市场经济体制的今天，传统理想人格仍具有重要的现实意义和旺盛的生命力。如何借鉴中国古代理想人格模式，批判地汲取中国传统理想人格理论的营养成分，使传统理想人格的理论精髓和现代社会发展的新要求相契合，使中国传统的以道德为主的人格向知情意行统一、真善美一体化的现代人格转换，建构和谐人格，促进人的全面发展，推动社会的文明进步，是当下研究中国传统理想人格问题的现实意义。

中国的传统人格是一种以培养高尚道德为主要标准的道德人格，现代人格则是德、智、体、美、劳兼备，各构成要素和谐发展的新型人格。因此，在我国现代化的进程中，要在马克思主义理想人格理论指导下，借鉴中国古代理想人格模式，批判地汲取中国传统理想人格理论的营养成分，用传统理想人格的理论精髓和现代社会发展的新要求共同审视并观照现代人格，使中国传统的以道德为主的人格向知情意行统一、真善美一体化的现代人格转化。有关"人的问题"，归根究底是一个"人的品质"的问题。而"人的品质"主要取决于教育的品质。因此，这些问题的解决有赖于教育。早在20世纪三四十年代，冯友兰先生就一针见血地指出：中国的教育，只教学生知识，不教学生做人。今天，在科技腾飞与市场经济的推动下，生活节奏的加快，大众传媒的膨胀，工作流程的自动化，都可能诱发大众一体化现象的产生，即个体失去独立的人格和自我的价值，变成马尔库塞所说的没有精神、没有个性的"单面人"。在这种情况下，担负着价值引导、品格塑造、精神形成的人格教育就显得十分重要。人格教育的意义也就在于此。

人格教育的目的不仅仅是成就人的品德，更在于成就人生。人格教育的目的重在对人生意义的追求，重在激发人生理想和生命激情，充分发挥人的潜力，促成人的自我实现。人生的意义，其实就是寻找、发现、创造、体现并传递意义。换句话说，人生本来是没有所谓先天定义的意义的。如果有，那只能说有生物进化上的意义，那就是物种的生存和繁殖。而人，不仅仅是具有生命的个体，更是具有社会性、文化和精神的个体，我们肯定会有高于动物本性的智慧和理性，因此，人要自己学会编织一张意义之网、价值之网，然后把自己挂在这张网上，才能够在这个宇宙中过有意义、有价值的生活。其实，作为一个有社会属性的人，我们用一生证明自己的存在不是一种偶然；我们的一生也不是平淡无奇地等待死亡的过程，它一定要有特殊的、属于我们自己的意义和价值。当然，每个人的一生能够发现的意义肯定是不一样的：有些人发现自己的一生是为了养家糊口、传宗接代；有些人找到了自己的理想，并为此奋斗终生；有些人希望自己能够做到"立德立功立言"三不朽……这些都是正常的普遍被发现和教导的人生意义。凡是我们能够体验到人世间的美好，都会让我们意识到生活的意义所在。发现自己人生的意义是一个很重要的教育使命。美国科罗拉多州州立大学心理学家麦克斯泰格总结了积极心理学有关生命意义的研究发现，一个在生活中找到自己生命意义的人，对生活更满意，更有成就感，更能投入工作，更少有负面情绪，更少有焦虑、紧张等负面的生活体验，总体的幸福感更高些。国际积极心理学会主席芭芭拉·费里德里克森的研究发现，追求生活的意义可能比追求幸福更容易让我们幸福。

教育关注人，关注生命，是由于教育源于生命，教育与人的生命和生命历程密切相关。教育的开展既需要现实的基础——生命个体，又要把提升人的生命境界、完善人的精神作为永恒的价值追求。教育本身就是人的一种生命现象，没有生命也就没有教育。人的完整的生命是教育的起点……生命的自然特性决定了教育"何为"的界限。同时，人的生命的超越特性又为教育"为何"留下了大有作为的空间①。生命的意义与其所承担的责任是成正比的，也就是说，一个人所承担的责任越重大，他所感受和体现的生命意义就越深刻。人是目的性的动物，缺乏目的的生命必然萎缩，而每一个人都只能根据自己所设定的目的才有可能行动。唯有自愿去承担生命的重任，才能从中发掘生命超越性的意义，来抵消无常之苦并活出尊严。所谓主动承担生命的重任，就是认真看待自己，并且在日常行为上负起责任，由此不断自我提升，并且推己及人，同时让家人、朋友、世人，也能从自己的善行善念中，减轻生命的痛楚，人在追求目的的过程中不断生发意义。

人格教育的核心不在简单的知识获取，而在丰富的生命体验。今天的学校教育，基本上都是以知识传授、技能培养为主的，人格教育似乎也未能例外。我们认为，人格教育的特点是体验重于思辨。思辨是知识路线，体验则是经验路线。思辨与体验的关系在中国传统思想中就是知与行的关系，所以，传统儒家特别重视知行并重。生命的激情、潜力的发挥、理想的追求都只有在自身不断进行的生命体验中才能获得，才能增加。在人生理想的实现过程中，枯燥的知识根本无法代替丰富的体验，"知"只有转化为"行"，"知"才具有价值与意义。

我们今天所遇到的问题，不论是个体精神上的焦虑，还是市场秩序的不健全，甚至社会秩序的有待完善，都可能源自教育的欠缺。这些问题的产生，可能是因为我们已经"不明道"——不知道我们为何来到这个世界，即使有些人知道自己活着的价值与目的，也不知道如何去实现这些价值与目的。今天的中国，要想复兴优秀传统文化，让儒家思想和学说发挥出现实意义，就要在现有的教育体系中引入儒家教育理念——教育要以人格养成为根本目的。

---

① 侯怀银.中国教育学之路[M].合肥:安徽教育出版社,2009:363.

我国的改革开放取得了巨大的成就，在富国强兵的目标日益实现的今天，我们会发现，我们还需要精神。我们不仅仅要有国家精神，我们强大起来之后，如果说我们没有自己的主体性精神，那么"我是谁"这样的问题就根本没有解决。所以，在这个时候，反而有一种非常强烈向传统文化回归的意愿。在市场经济和科技力量充分发展的时代，怎样从品德、伦理、精神、价值等方面培养君子，而不是成为一个经济或消费主义支配下的单向度的人？在这种情况下，大家自然会想到中国的传统，自然会希望在中国传统里找到相应的价值，因为中国确实是一个拥有丰厚文化资源的国家。

现代化从根本上说就是人的现代化，是人的素质、能力、知识的现代化，是人的思维方式、价值观念、情感类型和行为模式的现代化。中国的现代化首先要求人的现代化，而人的现代化包括从传统向现代的许多因素在内的转化，但起点和重心在于人的个性的解放和主体理想人格的确立。中国的传统人格是一种以道德为主要标准的人格，现代人格则是德、智、体、美兼备，各构成要素和谐发展的新型人格。因此，在现代化的过程中，首先要转化的是人格。建构公民人格必须回到传统，检视我们自己的生命存在，重视开发和利用优秀的文化传统，充分开掘和利用传统儒家的人格理论资源。因为人格由文化孕育而成，文化与人格呈现互动关系，要探究一国公民的人格就要了解该国的文化传统；要了解一个人的人格，就得知道他在社会经济结构和文化中的地位以及其经常扮演的角色。

当代中国社会在给国人带来巨大物质财富的同时，也带了现代文明问题，导致极个别个体价值观崩溃，人文精神枯竭，并在过度追求物质利益的过程中不断被异化，形成物化人格和自我中心式人格。传统儒家人格教育思想是中华民族的瑰宝，对中华民族的人格发展产生过深远影响，对当代人格的重塑乃至当代问题的解决具有重要的借鉴作用。然而，人格教育思想并不是一成不变的，它随时代发展不断变化，传统儒家人格教育思想要想在当代社会重新焕发活力，塑造当代人格，解决当代问题，就必须立足于社会发展的实际。

儒家人格思想作为中华民族文化认同与伦理共识的核心，既是中华民族精神之源，又是国人人格的主干。虽然传统儒家人格思想铸就了中华民族的个性，但是与人格现代化的要求还有较大差距。传统儒家人格教育思想资源的现代转化，首先必须以马克思主义为指导，既要实事求是，又要与时俱进；既离不开先进文化的引领，又离不开教育自身的设计。

　　传统儒家人格教育思想资源的现代转化是一项艰巨的任务，在知识的建构上，它需要研究者接力创造；在现实层面，它与中国的发展和未来走向密不可分。一方面，儒学必须放弃抱残守缺，重振海纳百川的气度和开放性，积极回应现代的挑战；另一方面，儒学必须彻底放弃自命清高、自说自话，借助知识的可公度性而重振生机。

　　传统儒家人格教育思想资源的现代转化，可以按照两条进路来思考。一是"内圣成德"的进路，这是通过"道德的形而上学"之重建实现儒学自我转化的进路。以牟宗三先生等为代表的现代新儒家是按照传统儒家"内圣外王"的思维模式来建构其新儒学思想体系的。正如牟氏高足蔡仁厚在《儒家思想的现代意义》中所说的"以内圣为本质，以外王表功能"①，这正代表了他们的基本思想。他们认为，"内圣"是"外王"的根据，而"外王"则是"内圣"的体现。其实，传统儒家对人格养成一直延续着重视从感性入手、注重情感体验、实现教养内化的原则。所谓"潜移默化""陶冶性情""怡情养性"等，都是不脱离感性、不断深化感性认知、持续提升生命境界的教育方法。这个原则和方法植根于一种信念，就是人格教育的内在性。孔子曾言："知之者不如好之者，好之者不如乐之者。"②这里从"知"到"好"再到"乐"的层层递进，恰恰是一个由外在向内在递进的过程。也就是说，要培养人，仅仅使人知道一些道理是远远不够的，而是要使人心悦诚服地接受这些道理，既内得于心，又外显于行，即以践行这些道理为快乐，这才算是达到了目的。

　　二是"文化认同"的进路，这是通过对儒学内部不同价值系统的分析和定位来实现儒学自我更新的进路。具体地说，就是通过对"儒家传统"及其基本精神和价值取向（亦即儒学"人文精神"）的认同来实现儒学的转化。因此，所谓"文化认同"的进路，说到底不过就是将"儒家传统"作为入路，由"儒家传统"开出"人文精神"的进路。众所周知，人文主义本是西方走出中世纪的时代精神象征，属于近代的文化内涵。由"儒家传统"开出"人文精神"，就是承认在儒学内部蕴含着向现代转化的精神资源。毫无疑问，以儒学为主体的中国传统文化的确蕴涵着尚待我们去开掘的有价值的思想遗产，通过对他们的

① 蔡仁厚.儒家思想的现代意义[M].台北:文津出版社,1987:46.
② 杨伯峻.论语译注[M].2版.北京:中华书局,2017:87.

批判、改造是可以将其作为建设现代文化的精神资源的。但问题并不在于儒学内部有无可作为向现代转化的精神资源，而在于对于这些精神资源究竟应该如何去开掘、定位和做出比较科学、比较符合历史事实的价值判断。

当代社会，儒家人格教育面临着多重困境：作为一种前现代的教育模式，它与现代教育体系不相契合；作为一种本土的教育模式，它承受着来自西方文化及教育模式的挑战。儒家人格教育若想走出现代性困境，实现自身在现代社会和现代教育体系中的价值，就必须在本土与西方、传统与现代之间求得平衡的基点，实现对现代性困境的超越。

实现国民人格的现代转型，塑造与现代社会相适应的现代人格，已成为实现我国社会主义现代化和人的全面发展的重要课题。当代人格教育就是培育与时代发展相适应的人格特质或人格品质的活动。具体而言，就是通过教育活动解放、改进、提升和完善每一个人的人格。当代人格教育是中国传统人格教育的革新、改造、继承和发展。它是我国全面发展教育的重要组成部分，是培养中国新世纪公民人格的教育。中国的现代化，核心是人的现代化，即人的价值的不断实现和人性的不断解放与提升。人的现代化的核心是国民人格的现代转型，即中国人的人格由传统人格向现代人格的转化过程，而人的现代化与人格的转型的最终落脚点是现代人格的形成。只有既实现社会的现代化，又实现人的现代化，我们才能真正走上现代化的发展道路。文化的核心是什么？是人的转变。文化就是人化，就是对人的优化。我们为什么称鲁迅是我们的文化先驱，是我们的文化旗手？因为鲁迅一生就做这一件事情，这件事情就是——"改造国民性"，就是改变人，用先进的文化去武装人。

由于现代中国社会是从传统中国社会发展而来的，权力本位、等级结构、亲缘关系和人情至上等封建遗存和资本主义世界的拜金主义、享乐主义、极端个人主义思潮等泥沙俱下，都会对当下的人们产生不良影响。因此，在我国目前，人格转型不仅是必然的，而且是必要的。人格转型的必要性主要表现在两个方面。一方面就社会而言，社会的转型要通过人格转型来体现。社会的现代化需要有相应的人的现代化，而人的现代化的重要标志就是人格的现代化。在实现社会转型的同时，只有实现人格的转型，才能造就现代条件下的现代个人，从而使社会的发展与个人的发展相一致。另一方面，就个人而言，在实现社会转型的同时，如果不能实现人格的转型，个人就无法与社会融合，个人最终可能会落后于社会甚至被社会所淘汰。如果人格转型问题处理得不好，就不仅会影响到个人的发展，而且会影响到社会的发展，对个人以及社会的发展产生不良的影响。我国当前正处于社会转型时期，个人应当自觉地调整自己的心态，增强人格转型意识，把个人融入社会的发展之中，促进社会的发展，最终达到个人发展与社会发展的统一。

人格教育与现行教育的区别。现行教育以考试为手段，以升学为目标。在长期竞争、焦虑、挫败的阴影中，有极少数的人或许会产生心理问题。人格教育，行重于知，教育就在生活之中。在知的方面，激发探索生命奥秘的热情；在行的方面，要培养出持之终身、乐在其中的兴趣，也就是享受生活的能力。生命的目的不仅在于提高人的这种或那种能力和本领，更在于帮助我们找到生活的意义。儒家思想在中华文化中的地位，主要就在于为人道立极，也就是要为人的存在与发展确立一个终极的意义与终极的目标。

儒家之学的特点是偏重于实践，以实践为落脚点，而这个实践的中心则是个人，也就是"己"这个主体的心性修养、道德养成和人格提升。离开了时代，就没有儒家；离开了生活，就没有儒家；离开了人本身，也没有儒家。新的时代，给了我们新的使命：周虽旧邦，其命维新！

现代人的人格境界绝大多数在功利境界，人是"功利人"，其局限性是十分明显的。康德曾指出：人类精神普遍存在"真、善、美"三维结构。把"可持续发展"引入人格境界中，就是要开掘"真、善、美"，塑造高尚人格。从价值论角度看，"真"是客观必然性的最高价值，"善"是主体必然性的最高价值；而"美"超越了必然性，包融真、善，进入自由境。"美"的境界体现了人对一切利害关系的超脱和对对象存在的无所欲求的自由，尤为重要的是，它弘扬了人的主体性，解放了人的心灵。美是人本质力量的对象化，展现人的本质，创造人的本质。美的尺度就是人的尺度，就是人的解放的尺度。"美的人"确证了人的本质，展现了人的自由。

第二章　传统儒家人格教育思想资源概论

一、传统儒家人格教育思想资源形成的背景

儒家哲学中本无"人格"这一术语，但有丰富的不同于心理学上所说的"人格"思想。儒者人格则是在此种道德、品格、意识支配下自觉成长、发展的道德理想人格。儒者人格，使人成为道德活动而非自然实体，而且责任和使命都成为生命的内在要求。儒家不是从外部寻求人成长的力量来源，也没有限于一般世俗的功利主义和相对主义，而是主张从每个人都普遍存在的成长条件出发，来建立自我的人生坐标，儒者人格清晰地成为一个集道德和艺术为一体的人格形象。这个道德的艺术是儒者的最高追求。孟子说："可欲之谓善，有诸己之谓信，充实之谓美，充实而有光辉之谓大，大而化之之谓圣，圣而不可知之之谓神。"①儒者人格及其成长过程的优美，常被当代学者们表述为"人格美"。

儒家学派之前，古代社会贵族和自由民通过"师"与"儒"接受传统的六德（智、和、圣、仁、义、忠）、六行（孝、友、睦、姻、任、恤）和六艺（礼、乐、射、御、书、数）的社会化教育。从施教的内容看，中国古代的社会教育完全是基于华夏民族在特定生活环境中长期形成的价值观、习惯、惯例、行为规范和准则等文化要素而进行的。儒家学派全盘吸收这些文化要素并将之上升到系统的理论高度。儒家学派的创始人孔子第一次打破了以往统治阶级垄断教育的局面，变"学在官府"为"有教无类"。这样儒家思想就有了坚实的民族心理基础，最后被全社会所接受。

东周时期，中国社会处于划时代的变革之中，周王室衰微，诸侯坐大，维护封建宗法等级制度的"周礼"遭到极大破坏，社会处于动荡之中。这时，代

---

① 杨伯峻.孟子译注:简体字本[M].北京:中华书局,2015:263-264.

表各阶级利益的知识分子异常活跃，成为一支重要的社会力量，他们纷纷登上历史舞台，著书立说，提出解决社会现实问题的办法，形成了诸子百家争鸣的繁荣局面。其中影响最大的是儒家、法家、道家，他们各自为新兴的地主阶级设计了一套结束割据，实现统一的治国方案，为秦汉以后的治国思想的选择奠定了基础。孔子所处的春秋时代，由于社会内部难以调和的矛盾引起的深重危机摇撼了传统文化的权威性，人们对传统文化的怀疑与批判与日俱增，就连"祖述尧舜，宪章文武"的孔子也不能不把当时所处的时代精神注入自己的思想体系中，并对传统文化加以适当改造，以便在社会实践中建立一种新的和谐秩序和心理平衡。这种情况到了大变革的战国时代显得尤为突出，因为人们在崩塌的旧世界废墟上已经依稀看到了冲破旧尊卑等级束缚的新时代的曙光。

文化，作为历史凝结成的在特定的时代、特定的地域、特定的民族、特定的人群中占主导地位的生存方式，作为人的价值和行为的规范体系，是特定社会运行的机理和图式。它影响生活于其中的人们的言行举止、礼仪规范。从心理学的角度来讲，人格作为人的特质，是构成一个人的思想、情感及行为的特有的统合模式，它具有独特性、稳定性、统合性、功能性，是人具有自我认知能力的精神依归。从文化角度来说："人格，是指人在一定社会制度与传统文化中所形成的、旨在调节人与自然、人与社会、人与人（包括自身）关系的行为准则，以及在实际行为中所凸现出来的精神素质。"[①]每个人都处在特定的社会文化环境中，文化对人格的影响极为重要。社会文化塑造了社会成员的人格特征，使其成员的人格结构朝着相似的方向发展，这种相似性具有维系社会稳定的功能，又使得每个人能稳固地"嵌入"整个文化形态。

内圣外王之道，在儒家的信奉者那里就是至高至上的人格品德典范，孔子及其追随者所推崇的尧、舜、禹、文王、周公等古帝就是圣贤的典范。但怎样的人才能够被称为圣贤呢？儒家的道德准则只有一个，那就是内圣外王。内圣在孔子的思想体系中指个人的内在道德修养到达一种极高的境界；外王侧重指个人在社会中的价值和作用，更倾向于社会实践。二者统一于个体的道德实践中，内圣必须通向外王，外王则体现内圣的内涵。由此，我们可以看出内圣外王之道的核心在于将内圣与外王统一起来，将二者付诸道德实践。内圣只有付诸外在的道德实践，才能在精神主体内获得存在的依据；外王只有通过道德实

---

① 朱义禄.儒家理想人格与中国文化[M].上海:复旦大学出版社,2006:7-8.

践才能证实内圣的价值。正如孔子所言"修己以安百姓"①，这道出了内圣外王之道的真谛。内圣外王之道成了儒家追求的最高精神境界，成了无数古代治学者数年寒窗苦读的精神依托，成了无数封建士大夫临危而奋力抗争的心灵支柱。他们或许挥笔泼墨，或许传道布业，或许居庙堂之高，或许处江湖之远，但他们仍然为这个心灵的终极追求而不懈前进。但如何到达内圣外王这样的崇高境界呢？在《大学》中有"古之欲明明德于天下者，先治其国。欲治其国者，先齐其家。欲齐其家者，先修其身。欲修其身者，先正其心。欲正其心者，先诚其意。欲诚其意者，先致其知。致知在格物。物格而后知至，知至而后意诚，意诚而后心正，心正而后身修，身修而后家齐，家齐而后国治，国治而后天下平。自天子以至于庶人，壹是皆以修身为本"②之说。儒家虽提出了格物、致知、诚意、正心、修身、齐家、治国、平天下，但认为这一切皆以修身为本，具体体现在孔子的"仁"的思想里。"仁"作为孔子的个体人格的最高境界，包括爱人、克己复礼、孝悌、忠恕、智、勇、宽、信、惠、敏等众多内涵。我们能看到在孔子的"仁"的思想里，既有修身之道以达内圣，又有外在的事功以求外王。

二、传统儒家人格教育思想资源形成的理论基础

人格教育是在具体的社会文化中进行并完成的。一定社会的历史文化、政治制度、经济基础、民族特性、家庭背景等，都自始至终作用于人格教育的整个过程，个体也因此获得与所在民族生存方式深层次联系的稳定的人格特质和倾向。因此，研究传统儒家人格教育思想，必须从它的历史文化背景入手，考察其背后的理论基础和形成条件，才能准确把握传统儒家人格教育思想的特征和要旨。

（一）"天人合一"学说

传统儒家文化将天道的合乎规律与人伦的井然有序相融合，他们认为，理想人格就在于顺从天地之德而成就事业。古人曾提出："夫大人者，与天地合其

---

① 杨伯峻.论语译注[M].2版.北京:中华书局,2017:225.
② 孟宪承.中国古代教育文选[M].孙培青,注释.3版.北京:人民教育出版社,2014:101.

德，与日月合其明。"①在《易传》的作者看来，天的作用是神妙而有序的，表现出一种至美至圣的德行，理想人格的实现，就是要与天地合其德。在先秦儒者心目中的天就是人格化的天，所以他们在赋予天以人格化的同时，实际上也将人格天道化了，"天人合一"就是建立在这种天人交融的理想境界之上的。

传统儒家理想人格在理论形态上表现为"天人合一"。"天人关系是先秦哲学争论的重要问题，它反映了人类对人与自然相互关系的思考达到了一个新的水平，表现出人类自我意识的新的觉醒并诉诸理论形态。"②儒家把人的完善和对天的认识联系起来。《易传》中讲"与天地合其德"，《中庸》提出"与天地参"的思想。孔子的"天"，既包含了超越时空的主宰之天，又包括了作为实体对象的自然之天。

孟子的"天"侧重于道德力量的主宰之天。他说："尽其心者，知其性也。知其性，则知天矣。"③又说："夫君子所过者化，所存者神，上下与天地同流……"④这表明他已把"天"和"人"看成了一个统一的整体。荀子的"天"主要指自然之天，他明确指出："天行有常，不为尧存，不为桀亡。"⑤儒家一方面承认天地之性人为贵，另一方面又不把人当成天经地义的征服者、索取者，主张人与万物协调，即所谓"知天命""尽心知天"。人不能一味地向天地索取，也不能无限度地耗费自然资源，而应当对天地万物负起特殊的职责，做出应有的贡献。

在传统儒家看来，天命在人身上体现为人性，即所谓"天命之谓性"。天与人、天道与人道不是二元的，天道统一于人道，天道即人道，天理即人性，天理不在别处，就在人心中。从道德哲学角度来看，儒家显然是把天道、人道、天理、人性、人心视为人的道德本体。尽管孔子本人没有明确说过性与天道，但孔子的思想中确实内在地蕴含着性道合一的思想。在孔子看来，道德自在人心，天道即仁性，从而最先确立了"仁心"的道德本体地位。这不仅在理论上最终完成了道德论的建构，而且塑造了中华民族的健康道德心理，提升了国人的道德境界。"儒学认为'人道即天道'，因此儒学提倡人格养成要悟天之道。

① 蔡仁厚.王阳明哲学[M].北京:九州出版社,2013:49.
② 徐书业.先秦儒道理想人格比较[J].教育研究与实验,1990(4):17.
③ 杨伯峻.孟子译注:简体字本[M].北京:中华书局,2015:233.
④ 杨伯峻.孟子译注:简体字本[M].北京:中华书局,2015:237.
⑤ 荀况.荀子[M].牟瑞平,译注.济南:山东友谊出版社,2001:424.

孔子曾对学生说：'予欲无言。'因为'天何言哉？四时行焉，百物生焉，天何言哉？'（《论语》阳货第十七）上苍无语而四时交替、而万物并茂，天道要自己去悟。儒学领悟日月交替、寒暑往来之天道，亦为人道，这对中华民族人格构成有着极深刻的影响。日中则偏，月满则亏，穷通更迭、祸福相倚，天道如此，人生世事亦如此。据此儒学提倡面对人生的基本态度，一是忍耐，二是收敛，逆境则静以待变、顺境则谦逊谨慎。这种生存智慧融入人格品质，表现为中华民族在无数次灾难面前的坚忍不拔，也表现为在繁荣盛世所展示的'富而好礼'，极富智慧。"[①]

儒家所谓"天人合一"，其基本含义是天人合德。《易》称："天地之大德曰生"，即所谓"生生之谓德"，这种生生规律降到人身上即是性，人通过能动的"率性""尽性"等修养工夫，达到与生命的总根源通合，达到"参天地""化育万物"的境界。孔子曾说："不怨天，不尤人，下学而上达。知我者其天乎！"[②]其中的"下学而上达"正说明了儒家天人合德的理想，他主张要通过"下学"才能上达于天。孟子说："尽其心者，知其性也。知其性，则知天矣。存其心，养其性，所以事天也。夭寿不贰，修身以俟之，所以立命也。"[③]他继承了孔子"下学上达"的思想，使天人合一更加理论化和明朗化。《中庸》对儒学的"天人合一"思想做了哲学概括，以一"诚"字概括之，提出"自明诚"的修养路径："唯天下至诚为能尽其性。能尽其性，则能尽人之性，能尽人之性，则能尽物之性；能尽物之性，则可以赞天地化育，可以赞天地之化育，则可以与天地参矣。""天人合一"不仅是"人"对"天"的认知，而且是"人"应追求的一种人生境界。因为"天"不仅是自然意义上的"天"，而且是神圣意义上的"天"，"人"就其内在要求说，以求达到"同于天"的超越境界。"天人合一"的必然结果，一方面是自然的人化，另一方面是人的自然化。本着"天人合一"的观念看待世界，生命、灵魂决非人所独有，世界上不存在无生命、无灵性的实体，一切色彩形态组合的对象均是流转的生命形态，与人的本心有着共同之处。传统儒家要打造的"至诚如神"的圣人人格就是这一境界的具体体现。先秦儒家的理想人格既是"天人合一"的中枢，又是"天人合一"的化身。

① 赵石屏.儒学人格理论初探[J].重庆师范大学学报(哲学社会科学版),2004(6):37-38.
② 杨伯峻.论语译注[M].2版.北京:中华书局,2017:222.
③ 杨伯峻.孟子译注:简体字本[M].北京:中华书局,2015:233.

　　传统儒家一般不注重论"天"，即不注重形上之学，而注重现实世界，注重人事，强调人及人生的价值，儒家学说中传导了关注人世，积极"入世"的人格精神。儒家学说将人推崇到一个很高的地位，对人及人生价值都做了充分的肯定，"天地之性，人为贵"①，"人有气、有生、有知，亦且有义，故最为天下贵也"②等都是极好的说明。这一点，是儒学能够在春秋战国百家争鸣、论说纷呈的社会状态中成为显学的重要原因之一。在看待今生和来世、人与鬼神的关系时，孔子明确指出："未能事人，焉能事鬼？……未知生，焉知死？"③表达了现实人世是人们首先应当关注的。即使在谈"以德配天"时，也只是作为结论而言，在他们那里，伦理学统率了一切。强调天人合德，注重主体的伦理自觉，强调主体的道德修养。由此可见，儒家的理想境界是一种善的境界，唯如此，才能至诚，才能实现儒家理论的实践之功能，这就是《大学》为什么倡导"壹是皆以修身为本"，并由修身而齐家、治国、平天下的人格培养路径的原因所在。在先秦儒家看来，个体的伦理生活、伦理关系以自我与天的关系开始，从天那里找到自己品格的根据，再基于血缘关系向外延展直至整个社会的安顿，这就要求个体必须向天看齐，而人的伦理生活、伦理关系都具有了先验神圣性，其中的伦理法则不仅具有人道的含义，更兼有天道的依据。这样，"天人合一"便成为儒家理想人格设定的前提，并以此为出发点为人的道德修养设立了"天"这样的"极高远"的最高境界与最后归宿，使人的宗教情结通过伦理加以安顿、规范、引导，同时个体立足在现世的生活之中。

　　总之，传统儒家将道德的终极根据置于"天"，具有特别重要的价值。一旦将道德何以可能的根据置于"天"，人们便真的相信，这就是道德的终极原因，由此对道德有了敬畏感，增强了它的实践力量。换句话说，通过"天人合一"，儒学巧妙地确定了自己的超越性和宗教性，从而为儒家道德学说（人格思想）提供了一个形而上的保证，这便是传统儒家"天人合一"思想最重要的理论意义。

（二）人性论

　　传统儒家所关注和不断探讨的问题是"人是什么"（人性论）和"人应该成

---

① 赵缺.孝经正译[M].长沙：岳麓书社，2014：5.
② 荀况.荀子[M].牟瑞平，译注.济南：山东友谊出版社，2001：197.
③ 杨伯峻.论语译注[M].2版.北京：中华书局，2017：162.

为什么样的人"（人格理想）。它们与成人之道一起，共同构成了儒家哲学的基本问题。这些问题既是教育的，又是哲学的。或者说，它们是传统儒家视野中的基本教育哲学问题。

"人性是哲学中重要的范畴，也是伦理学即道德哲学中的基本概念。"① "从理论上讲，任何人格都有其人性基础。人性论是说明人之所以为人的理论。人性作为人的本质规定或根本特点主要有三个方面的内容：'一是人所具有的所谓饮食男女等自然属性，二是人所具有的能够认识和改造客观世界的自觉能动性，三是人在后天实践活动中所形成的社会属性。'而社会属性是人性中最本质的规定，也是人之为人的关键所在。"②

理想人格作为人性在道德上的规定仍然必须以此为基点和主要依据。所以，从这个意义上讲，理想人格首先是社会关系的产物。从政治伦理学的角度看，先秦三代政治，特别是西周政治是一种伦理型的政治形态。伦理价值具有广泛的社会政治意义，伦理手段成为此一政治形态的主要调控手段。"实际上，这种政治形态对道德人格设计的理想要求是，人作为道德主体的价值，其来源在于政治共同体的价值。"③即是否达到"治世"可以从道德上得出判断。"德"正是理想人格所反映时代的社会关系、社会政治等方面发展的里程碑和最鲜明标志。换言之，理想人格的总体特征必然是社会特征的体现。

几乎所有的人格理论在其理论框架的背后隐藏着他们各自的人性观，进而规定、指导着他们对人格结构和人格历程的进一步研究。先秦儒家在人性论上的观点是多元的，包括孔子的"性近论"、孟子的"性善论"以及荀子的"性恶论"等，但最能代表儒家的人性观点还是"性善论"。儒家的"性善论"认为，人的先天本性是善良的，人的不善来源于后天。正因为人的先天本性是善良的，所以人才有向善的可能性。

孔子虽然没有明确提出性善论的观点，但他认为，"性相近也，习相远也"。"性"指的是先天素质，"习"指的是后天习染。孔子认为人的先天素质没有多大的差别，只是由于后天教育和社会环境的影响作用，才造成人的发展有重大差别。所以"君子"并非天生，而是平民之中的士经过教育，才成为有道德、

---

① 门里牟.当代中国道德教育研究[M].呼和浩特：内蒙古人民出版社，2005：219.

② 彭美贵.现代化视角下大学生和谐人格建构研究[M].济南：山东人民出版社，2015：46.

③ 张佩国.政治结构与道德人格——政治伦理学论纲[J].社会科学战线，1994(5)：44.

有才能的君子。因此，他的教育目的就是要培养德才兼备的君子，也是他的人生理想人格化的产物。

人性之所以普遍相近，是因为凡人都有先天的善端，正是这种善端，为迈向理想的人格境界提供了可能："恻隐之心，仁之端也；羞恶之心，义之端也；辞让之心，礼之端也；是非之心，智之端也。人之有是四端也，犹其有四体也。有是四端而自谓不能者，自贼者也……"①仁、义、礼、智是理想人格的基本规定，而这种规定一开始便以萌芽的形式存在于每一主体之中，并构成了主体自我实践的内在根据。所谓成其人，无非是这种先天潜能的展开。潜能之于人，犹如源泉之于水流："源泉混混，不舍昼夜，盈科而后进，放乎四海。有本者如是，是之取尔。"②同样，先天的善端也为人格的发展提供了不竭之源。孟子道性善，他说："恻隐之心，人皆有之；羞恶之心，人皆有之；恭敬之心，人皆有之；是非之心，人皆有之。恻隐之心，仁也；羞恶之心，义也；恭敬之心，礼也；是非之心，智也。仁义礼智，非由外铄我也，我固有之也，弗思耳矣。"③基于此，孟子肯定人性本善，认为普天下的人皆有良知、良能，"圣人，与我同类者"④。圣人之所以为圣，只是由于"圣人先得我心之所同然耳"⑤，意思是说，圣人只不过是先把人人都具有的善端加以扩充而已。借此，孟子肯定了"人皆可以为尧舜"⑥，并在此基础上提出了他的理想人格形象。孟子认为人性本善，但大多数人在现实中丧失或部分丧失了先验的善性，因此，只有通过"反求诸己"的"尽心"工夫，才能认识善性，恢复善性，这就是"尽心知性"和"求其放心"的结合，是理性自觉和道德自觉、真与善的统一。"善"是人能自我教育和自我发展的内在依据。人性光辉的信念使得儒家教育思想对于人不是抱着不信任的态度，而是最大限度地相信人的自我教育和发展的能力，因此，引导人的行为向善，不是依靠严刑酷法，而是依靠人的本性的自觉，去冲破社会污染的迷失。这是最根本肯定人的尊严的思想，也是孟子人格教育思想之"内求说"的理论基点。

---

① 杨伯峻.孟子译注：简体字本[M].北京：中华书局，2015：59.
② 杨伯峻.孟子译注：简体字本[M].北京：中华书局，2015：146.
③ 杨伯峻.孟子译注：简体字本[M].北京：中华书局，2015：200.
④ 杨伯峻.孟子译注：简体字本[M].北京：中华书局，2015：201.
⑤ 杨伯峻.孟子译注：简体字本[M].北京：中华书局，2015：202.
⑥ 杨伯峻.孟子译注：简体字本[M].北京：中华书局，2015：214.

荀子关于理想人格的论述是建立在他的"性恶论"思想之上的。荀子所谓的"性",就是指人先天具有的自然属性,人的本性顺其自然发展,就产生了恶。荀子说:"今人之性,生而有好利焉,顺是,故争夺生而辞让亡焉;生而有疾恶焉,顺是,故残贼生而忠信亡焉;生而有耳目之欲,有好声色焉,顺是,故淫乱生而礼义文理亡焉。"①这就是荀子的性恶学说。荀子虽然主张人性恶,不否认人的感性生活,但他的理论动机是企图通过后天的理性自觉和道德自觉,限制人类无尽的感性欲求。他认为之所以会有圣贤、愚恶之别,是人经过心智的思虑而对礼仪规范之善的选择的结果:"尧、禹者,非生而具者也,夫起于变故,成乎修,修之为,待尽而后备者也。"②据此,荀子主张"化性起伪",提出通过后天的教育来改造人性中恶的一面:"凡所贵尧、禹、君子者,能化性,能起伪,伪起而生礼义"③,"可以为尧、禹,可以为桀、跖,可以为工匠,可以为农贾,在注错习俗之所积耳"④。荀子作《劝学》,明确提出通过教育来改造人性并使之从善:"干越夷貉之子,生而同声,长而异俗,教使之然也。"⑤根据荀子的意见,通过教育和学习,既可以使人们"青出于蓝",又可以使人们"知明而行无过",还可以使人们"防邪僻而近中正也"。所以说,教育和学习是化性起伪的关键所在。这就意味着荀子的理想人格是文化教育改造人性的结果。"人格的培养总是离不开社会对个体的影响和塑造,荀子以注措习俗和教育为成人的条件,显然有见于此,这种看法,可以视为孔子'习相远'之说的展开。"⑥荀子认为,人性本恶,但恶的本性可以改变,只要对道德规范有高度的理性自觉,人人都可以成为尧舜。孟子、荀子虽然一个主张性善一个主张性恶,一个主张反求诸己一个主张学行结合,但二者人格理论的落脚点都是真善渗透、理性与道德统一的圣人境界。从表面上看,孔、孟、荀对人性的看法存在着差异,但实质上他们在对待人性与人的善行和品德的关系问题上殊途同归,都十分强调教育的重要作用,认为人的善行和品德是后天形成的,因而,人性是可以教化的、可以塑造的及人性是必须教化、必须塑造的,这也是他们人性论的

① 荀况.荀子[M].牟瑞平,译注.济南:山东友谊出版社,2001:607.
② 荀况.荀子[M].牟瑞平,译注.济南:山东友谊出版社,2001:70-71.
③ 荀况.荀子[M].牟瑞平,译注.济南:山东友谊出版社,2001:618.
④ 荀况.荀子[M].牟瑞平,译注.济南:山东友谊出版社,2001:70.
⑤ 荀况.荀子[M].牟瑞平,译注.济南:山东友谊出版社,2001:3.
⑥ 杨国荣.儒家的人格学说[J].华东师范大学学报(哲学社会科学版),1998(1):32.

基本特点。

（三）心理学思想

传统儒家的人格心理理论首先看到的是人的优点及其高贵之处，肯定了人的价值，儒家的"人贵论"就是一个很好的证明。早期儒家经典《尚书·泰誓》就说过："惟天地，万物父母；惟人，万物之灵。"这一开先河的观点，为后来的大儒们所极力尊崇。《孝经·圣治章》曾引孔子的话说："天地之中，人为贵。"孔子认为，人区别于野兽，是具有社会属性的高等动物，"鸟兽不可与同群，吾非斯人之徒与而谁与？"[1]人既然具有社会属性，就必然有着某种共同的特征，这就是"性相近也"。孔子创立"仁"学思想体系正体现了他对人的地位、价值和尊严关注的思想。孟子则提出了"民为贵，社稷次之，君为轻"[2]的论断，从理论上阐述了民众在国家中的重要地位。到了荀子，则明确提出了"人为天下贵"的命题，指出："水火有气而无生，草木有生而无知，禽兽有知而无义；人有气、有生、有知，亦且有义，故最为天下贵也。"[3]正是基于此，儒家创立了包括为人之道、处世之道、治人之道在内的关于人的学说体系。

先秦儒家人格心理思想的另一重要内容就是人本论。中国文化历来重视人，倡导以人为本，这一理论与"人贵论"同萌芽于殷周之际，彰显其光彩于春秋战国时期（当时的思想家多言"民本"，古语中，在一定意义上"民"与"人"相通，"民本"即"人本"）："是阴阳之事，非吉凶所生也。吉凶由人。"[4]《管子·霸言》更是明确提出"以人为本"的观点，尔后人本思想在儒家的"仁"学思想中获得了集中的体现与理论的升华。

传统儒家人格学说在一定程度上是符合人的道德完善的心理过程的。人作为"天地之心""五行之秀"，是生物圈中最高级的生灵，具有独立而完善的心理功能。人的一切目的或行为，都源于内在心理的支配。人格的完善，没有心理的支配力量，没有心理品质的健全，是不可能的。任何道德的规范和道德的实践，只有通过人的心理意识的自觉才会成为生动的现实。儒家认为人的本质是道德，一个人有没有做人的资格和尊严，全在于有没有道德。孟子说："仁也

---

① 杨伯峻.论语译注[M].2版.北京:中华书局,2017:275.

② 杨伯峻.孟子译注:简体字本[M].北京:中华书局,2015:258.

③ 荀况.荀子[M].牟瑞平,译注.济南:山东友谊出版社,2001:197.

④ 四书五经:上[M].陈戍国,点校.长沙:岳麓书社,2014:782.

者，人也。合而言之，道也。"①这是他给"仁"和"人道"所下的定义。为什么要把"人"规定为"仁"呢？他说："无恻隐之心，非人也；无羞恶之心，非人也；无辞让之心，非人也；无是非之心，非人也。恻隐之心，仁之端也；羞恶之心，义之端也；辞让之心，礼之端也；是非之心，智之端也。"②在他看来，人与禽兽的区别就在于有没有"四端"，有"四端"就可能有道德，没有"四端"就不可能有道德。儒家所说的道德，主要是指"仁"。在儒家学说中，"仁"既是最高的道德，又是道德的总目，还是有道德的人的精神境界。在孟子看来，道德人格的培养也就是道德心理的培养。所以，他把道德人格建立的过程看作心的存养和扩充的过程。他说，"君子所以异于人者，以其存心也。君子以仁存心，以礼存心。仁者爱人，有礼者敬人"③。一个人的心中始终保持对他人的爱敬状态，这个人就不会丧失本心。

早在两千多年前，儒家就十分重视通过心理自觉使道德观念在灵魂深处生根发芽。孔子把修身作为人生的根本。他曾说："德之不修，学之不讲，闻义不能徙，不善不能改，是吾忧也。"④孟子进一步强调："天下之本在国，国之本在家，家之本在身"⑤，"壮者以暇日修其孝悌忠信"⑥。《荀子》中有专篇《修身》，强调修身的重要意义，提出了修身的方法，诸如习礼明道、征知解蔽、化性起伪、隆师亲友等。儒家这些修身明德的主张，确也发现了人的心理自悟的功能，找到了人的道德实践的一种途径。传统儒家人格理论在强调人的心理意识的自觉、自省的同时，注重了道德实践的人际关系性，从而为人格的社会性发展提供了指导。人不仅是有思维活动、有心理机能的高级生灵，而且是群居共生的存在物，是社会、历史的存在物。按照儒家道德实践的程序，一个人首先应当完善、净化自己的心灵，然后把内在的道德能量逐一释放出来，去影响家庭、社会，乃至历史。这种修身—齐家—治国—平天下的过程，其宗旨在于解决人与人之间的关系问题。在迫不得已的情况下，独善其身固然可以，但这不是目标，目标是兼善天下。因此，圣贤人格、君子人格要走出一家一户的圈

---

① 杨伯峻.孟子译注:简体字本[M].北京:中华书局,2015:259.
② 杨伯峻.孟子译注:简体字本[M].北京:中华书局,2015:59.
③ 杨伯峻.孟子译注:简体字本[M].北京:中华书局,2015:152.
④ 杨伯峻.论语译注[M].2版.北京:中华书局,2017:95.
⑤ 杨伯峻.孟子译注:简体字本[M].北京:中华书局,2015:125.
⑥ 杨伯峻.孟子译注:简体字本[M].北京:中华书局,2015:8.

子，以天下为家，"老吾老，以及人之老；幼吾幼，以及人之幼。天下可运于掌"①，由推己及人，而德化世人，调整社会关系。在人际关系中，传统儒家特别强调人的义务性，提出用特定的义务、责任去黏合、稳定人际关系。

道德虽不同于法律的外在强制性，但也有其底线。不过，这种原则最终靠耻辱感来实现。在宗教与现实生活的张力相对狭小的传统社会，人格理想的追求与实现，重要的心理结构之一就是耻辱感。孔子说："道之以德，齐之以礼，有耻且格。"②孟子说，"人不可以无耻"③。《中庸》将"知耻"之"勇"作为"三达德"之一。这说明，儒家的理想人格把个体感受耻辱的能力放在一个特殊的地位，认为是人间的德行之一，也是人之为人的重要标志之一。从心理学上说，羞耻心是内心的自我谴责或自我检讨能力。一个人若丧失了对自身本性的自觉能力，就"化为物"了。所以，先秦儒家十分重视对理想人格羞耻心的培养。如《论语·泰伯》云："邦有道，贫且贱焉，耻也；邦无道，富且贵焉，耻也。"④孟子认为："位卑而言高，罪也；立乎人之本朝，而道不行，耻也。"⑤耻辱感对于儒者而言，虽是一个自然而然存在的底线，但比任何有形的东西更有意义。有耻辱感才有生命的格调和尊严，这不仅为人格塑造提供了正确的价值导引，而且为人格教育奠定了充分的理论依据。

三、传统儒家人格教育思想资源的当代审视

传统儒家文化中有着丰富的人格教育思想，儒家教育也是中国传统教育的主流，最能体现中国古典文化教育的基本特色，是我国也是世界教育史上珍贵的财富。传统儒家的圣人、君子人格教育思想源于孔子，随后经过孟子、荀子的进一步发展，在先秦时期就已经塑造成型。儒家主张以"仁"为本，学以成人，通过个人刻苦的道德修养，完善自己的道德情操与人格，成为"贤人"或"君子"，然后推己及人，达到齐家、治国、平天下。传统儒家的人格教育思想包括以"仁"为核心的道德人格理想，"内圣外王"的理想人格模式，注重内省

① 杨伯峻.孟子译注：简体字本[M].北京：中华书局,2015：12.
② 杨伯峻.论语译注[M].2版.北京：中华书局,2017：15.
③ 杨伯峻.孟子译注：简体字本[M].北京：中华书局,2015：235.
④ 杨伯峻.论语译注[M].2版.北京：中华书局,2017：118.
⑤ 杨伯峻.孟子译注：简体字本[M].北京：中华书局,2015：187.

的人格修养途径等内容，构成了完整的人格教育理论体系，为中国人及其人生提供了绵长、有效的生存实践原则。传统儒家人格教育思想凝聚了我们的先哲对人生意义和价值目标的深刻理解和不懈追求。

冯契先生说："传统是个庞杂的库藏，精华与糟粕难分难解。"[①]传统中的糟粕必须抛弃，不能愚守；传统中的精华必须传承，不能失守；对传统中需要通过修改、更新、完善的内容，不能死守。传统儒家人格教育思想也是如此，所以，我们必须用唯物史观辩证地分析传统儒家人格教育思想资源，既要看到它的积极作用，又要看到它的消极影响。

（一）传统儒家人格教育思想资源的积极作用

传统儒家的人格教育思想，是我国民族文化传统中的宝贵财富。虽然它具有不可避免的时代局限性，但它影响了历史上一代又一代有作为的仁人志士、清官廉吏和善良百姓，对社会发展、文明进步起到了积极的推动作用。正如李泽厚先生所评论的那样："由孔子创立的这一套文化思想，在长久的中国社会中，已无孔不入地渗透在广大人们的观念、行为、习俗、信仰、思维方式、情感状态……之中，自觉或不自觉地成为人们处理各种事务、关系和生活的指导原则和基本方针，亦即构成了这个民族的某种共同的心理状态和性格特征。值得重视的是，它由思想理论已积淀和转化为一种文化—心理结构。不管你喜欢或不喜欢，这已经是一种历史的和现实的存在。"[②]

第一，传统儒家树立的理想人格的榜样作用，有助于提高人的道德水准，改善社会道德风尚。作为中国传统文化的主流，儒家始终把培养和追求理想人格作为其出发点和归宿，并以其系统性和独特性奠定了中华民族特有的理想人格的基础。所谓理想人格，就是对一种人格模式的理想化设计，是人们在自己的心目中塑造出来的，最值得追求和向往的、最完美的人格典范，是人格所应达到的最高境界。任何理想人格模式都属于特定的时代，每个历史时代都有自己的理想人格形象，这个理想人格形象突出地体现着该时代人们的文化理想、价值取向和人生追求。君子理想人格是儒家设立的人格基点，君子是人们追慕的人格范型和道德典范。儒家设定的君子理想人格对道德秩序的建立具有非常

① 冯契.中国哲学通史简编[M].陈卫平,缩编.北京:生活·读书·新知三联书店,2013:443.
② 李泽厚.中国古代思想史论[M]北京:生活·读书·新知三联书店,2008:30.

重要的意义，对促进社会和谐起着非常重要的作用。孟子讲："圣人，百世之师也，伯夷、柳下惠是也。故闻伯夷之风者，顽夫廉，懦夫有立志；闻柳下惠之风者，薄夫敦，鄙夫宽。奋乎百世之上，百世之下，闻者莫不兴起也。非圣人而能若是乎?"①理想人格是人们道德精神追求的目标，它激励着人们见贤思齐，做正人君子，乃至成贤成圣。荀子指出人的努力方向是"其义则始乎为士，终乎为圣人"②。对君子理想人格的追慕与学习，使普通人通过"修己"力图达到或者接近君子理想人格，虽然不可能每个人都成为君子，但是对君子理想的追慕与向往本身就是社会和谐的前提，是社会进步的重要表现之一。因此，从汉、唐到宋、元、明、清，历代进步思想家、学者都注重树立和宣传利国、利民的理想人格，如讴歌志士仁人、褒扬英雄豪杰、赞美清官廉吏等。重视理想人格的榜样示范作用，成为中华民族的一大优良传统。

孔子、孟子、荀子都将"内圣外王"的"圣人""君子"作为先秦儒家理想人格的追求。不过，荀子比较自觉地察觉到了二者之间的一些细微的差异，故说："圣也者，尽伦者也；王也者，尽制者也；两尽者，足以为天下极矣。故学者，以圣王为师。"③"尽伦"为人道之极，是主观的；"尽制"为事功之极，是客观的。只有兼两"尽"于一身的"圣王"，才是主客观统一的体现，即尊圣者王，这可以视为对"内圣外王"的确切解释。之后的《礼记·大学》提出了三纲领八条目，这就建立了一个比较完整的"内圣外王"之学的理论体系，对后世封建社会有极大的影响。儒家"内圣外王"的理想人格理念深层次地积淀在中国的思想文化之中，其重视伦理作用，注重修身养性之乐，强调积极入世、关注现实的人生态度，倡导经世济民之道，对后世社会有着深远而积极的影响。两千年来，这种"穷则独善其身，达则兼善天下"④的人生追求，铸造了一代又一代中国知识分子的自强人格。同时，传统儒家虽强调人格构成的道德要素，但不排斥才能要素。先儒们继承了春秋时期鲁国大夫叔孙豹提出的"三不朽"的人生目标和人格标准，如孔子对于"九合诸侯、一匡天下"辅佐齐桓公成就霸业的管仲，对于使郑国大治的郑相子产，都十分推崇，称他们为"仁人""惠人"。孔子讲"举贤才"，孟子讲"俊杰在位"，荀子讲"尚贤使能"，《中庸》讲

① 杨伯峻.孟子译注:简体字本[M].北京:中华书局,2015:259.
② 荀况.荀子[M].牟瑞平,译注.济南:山东友谊出版社,2001:11.
③ 荀况.荀子[M].牟瑞平,译注.济南:山东友谊出版社,2001:569.
④ 杨伯峻.孟子译注:简体字本[M].北京:中华书局,2015:236.

"仁、智、勇"三达德，都是强调德才兼重。《大学》提出"修身、齐家、治国、平天下"的人生目标，强调要培养治国、平天下的人才。儒家崇尚的所谓"内圣外王"，也是将仁德和才智结合起来的一种人格理想。以才从德、德才兼重的人才观和人格观，应该说是中华民族传统文化的一大优长。

西方的人格理想强调个人的独立性，尊重个体个性，追求矛盾性和多样化，而中国先秦儒家的人格理想则是乐天知命、谦恭待人、稳健温和、含蓄隐忍、严于律己、宽以待人、胸怀坦荡的"谦谦君子"，更强调集体、义务和奉献，重视个人修养和道德完善，追求平衡、统一和协调。因此，中国传统人格理想造就的人才具有极强的适应能力和应变能力。

第二，"君子"和"大丈夫"等理想人格在历史上对人们的影响呈现出多元色彩。"所谓'君子风度'、'大丈夫气概'，在日常语言中已被注入了不同内涵：凡生活中谨言慎行、束身寡过、诚实厚道、彬彬有礼者，多被誉为有修养的君子；而立志高远、敢作敢为、不畏强暴、宁折不弯者，常被尊为气节高尚的'大丈夫'。这种语言习惯的差别正是对孔孟学说中'君子'和'大丈夫'原始意义的承袭。我们翻检历史，更为清楚地看到：古人何时以'君子'自律，何时以'大丈夫'自励，两者是不会出现"彼可取而代也"的现象的。一般说来，在和平稳定的社会环境中，在利益一致的阶级、阶层和团体内部，'君子'人格更被人们崇奉和追求，人们也自觉或不自觉地将'君子人格'作为修身养性的道德追求目标。可以说，在中国几千年的历史进程中，'君子人格'是和平稳定环境里人生修养的主导方向。可是，当人们想有一番大的作为或碰到大灾大难及恶势力的压迫时，在信仰、利益受到外来威胁时，在人生的十字路口需要作出必居其一的重大选择时，想到的精神力量之源，往往不是'君子'，而是雄强刚健的'大丈夫'……'大丈夫'人格确实是大志向、高气节、宽胸襟的象征。作为一种精神力量，它对后人的鼓励、鞭策和激扬有不可低估的作用。正是这种'大丈夫'人格，培育了中华民族自尊自强的心态和刚直不阿的品格，形成了中华民族宁为玉碎、不为瓦全的'硬骨头'精神。"[1]

几千年来，"君子"人格和"大丈夫"人格已成为我们民族精神的重要内容。中国人始终秉承强不执弱、众不暴寡、富不欺贫的精神，与人为善，建立和谐、友爱的人际关系；在对外关系方面也坚持亲仁善邻、协和万邦的原则，

---

[1] 徐新平.论孔孟人格思想的差异及其不同影响[J].求索,1995(3):77.

与世界其他国家平等相待、互相尊重；推崇仁爱原则，崇尚和谐，爱好和平成为中华民族的优良传统和高尚品德。孟子的"养浩然之气"的理论，高度推崇理性的自觉与意志的坚定，这种坚守气节、不屈不挠的献身精神，对于培养中华民族正气起到了积极的作用。孟子的这一"浩然之气"的"大丈夫"理想人格，千百年来一直影响着中华民族传统观念中的仁人志士品格的形成，也鞭挞着猥琐鄙陋小人的丑行，使那些小人在伟大人格光辉的比照下相形见绌，从而树立了高尚人格的鲜明标准，彰显了理想人格的魅力。这种精神特征在志士仁人和民族英雄身上更为突出。他们在专制暴政当道之时，为伸张正义，反抗邪恶，揭露黑暗，以维公利，宁死不屈。他们在民族受侮，国家受侵，危及民族国家存亡之际挺身而出，为维护民族尊严，维护民族独立，捍卫国家主权，不惜牺牲自己的生命。在中国历史上，可歌可泣的志士英雄伟大人格精神，自古至今都是熠熠生辉，永垂不朽的。纵观漫长而复杂的中国历史，源源不断涌现出的那些以天下为己任的伟大人物，就是孟子这种理想人格的具体体现。在中国古代，有心志高洁、不愿随波逐流，虽被楚王疏远放逐却还要在江边仰天长叹"路漫漫其修远兮，吾将上下而求索"的爱国诗人屈原；痛恨黑暗的官场，誓死"不为五斗米折腰"而亲躬垄田的东晋诗人陶渊明；不愿"摧眉折腰事权贵"的唐代浪漫主义诗人李太白和写下气贯长虹的《正气歌》的民族英雄文天祥；等等，他们都是儒家传统文化中理想人格具体化的见证。

儒家人格理想还包含着灵巧而富于活性、机智而富于生机的理性色彩和辩证思想。孔子一面极力推崇"礼"，一面又说"当仁，不让于师"[①]；一面强调"信"，一面又主张"君子贞而不谅"[②]。不拘泥于形式而以实质为本，给予具体把握，体现着原则的坚定性与策略的灵活性的统一，实用理性味非常浓厚。这是以儒家思想为核心的中华民族人格理想的重要内涵，也是它在漫长的历史岁月中几经冲击而久盛不衰的主要原因，跟现代生活中大力倡导、普遍遵循的辩证思想不无相通之处，因此，它的社会价值也是不容忽视的。

第三，传统儒家理想人格中的"中庸""和谐"是解决当今社会矛盾与冲突的有效方法。"中庸"是儒家文化的基本精神和理论前提，"和谐"是君子的价值理想和价值尺度。西方一些学者提出，如果人类要在21世纪继续生存下去，

---

① 杨伯峻.论语译注[M].2版.北京:中华书局,2017:242.

② 杨伯峻.论语译注[M].2版.北京:中华书局,2017:242.

必须回到2000多年前去吸收孔子的智慧。这主要是指要以儒家"中庸""和谐"的理想人格价值标准，来处理国与国、家与家、人与人的关系，即虽有不同而趋和谐，不因不同而结党营私，以致危害国、家、人及他国、他家、他人，特别在当今世界文化多元冲突、多元融合的错综复杂的形势下，价值观念往往成为导致世界动荡和文化冲突的原因之一。只有建构一种以融合各种文化价值观念为基础的文化价值体系，人类才能共同面对自然、社会、自我、心灵和文明这五大冲突的挑战。当今学界正在探讨的建构"全球伦理"，业已明确地看到了儒家这种"中庸""和谐"思想及其理论对全球伦理建构的价值和意义。所以，建构21世纪的人类伦理文化，儒家理想人格的"中庸""和谐"文化精华，应该是合乎人类共同需求的最佳选择。另外，"中庸"还可作为市场经济行为的准则。市场经济旨在追求利益最大化，个人或群体在谋求利益时，若能恪守中庸之道，那将是日常经济行为的最佳适中，带来的必然是共荣双赢。心中有中庸，己他两利就不再失控而滑落为利己损人，我国的社会主义市场经济秩序也会因此而日臻完善。

（二）传统儒家人格教育思想资源的消极影响

人格作为人的心态和行为的集聚，凝结着人自身的多种因素。从个体精神方面讲，人格体现着人的秉性和气质；从社会道德方面讲，人格蕴含了人的品格、良知和义务；从生命生存方面讲，人格对应着人的权利和利益。完整的、健全的人格，在人的外在结构上必须顾及人性（气质）、人品（道德）、人权（权益）三个方面，在人的内在结构上必须顾及智慧力量、道德力量、意志力量三个方面。虽然先秦儒家人格学说强调个体道德品质的完善，社会群体关系的和谐，外部环境的生态协调，具有重大价值；但是，与此同时，先秦儒家人格学说只承认人的道德和义务，忽略人的利益和权利；只注重人的德行主体，不注重人的知性主体；只强调思想教化的力量，不强调经济基础的决定作用，因而导致许多偏弊的出现。传统儒家人格教育思想的消极影响也是显而易见的。

第一，传统儒家对人的认识和理解，对人的价值的追寻和探讨，都是从宗法意识出发，以特定阶级的伦理道德为塑造人格的绝对标准，从而导致其人格理论的单一性和片面性。传统儒家人格学说尽管提出了"仁、知、勇"三种素质，要求整体人格的完善，形式上的多面性似乎有了，但实质上是以伦理道德为中心和绝对支配力量。在儒学辞典中，"知"不是纯粹的、客观的知识体系，而是指向伦理道德的"知"。《论语》将"知"的内容伦理化、道德化，或解释"知"为"知者利仁"，或认为"知"是"知人"，或断定"知及之，仁不能守之；虽得之，必失之"①。人的智慧不在于对事物本体结构和运动规律的了解，而在于对人伦礼序的认知、掌握。人的知性主体受制于道德主体，后者处于优先的统治地位，前者处于次要的被统治的地位，这便是"择不处仁，焉得知？"②孟子说："仁之实，事亲是也；义之实，从兄是也；智之实，知斯二者弗去是也……"③意思是说，仁义就是事亲从兄之类的伦理准则、道德规范，充分认识这种伦理准则和道德规范并牢牢加以保持、勿使消失丢弃便是"智"，因为"是非之心，智之端也"④。作为意志力的"勇"，自然不是为求知、为真理而奋斗，而是为道义、为伦理而拼搏。这样一来，先秦儒家对人格的含义囿于狭窄的伦理道德圈子。在对道德关注压倒一切的人格模式前，人格的许多其他品性自然也就被置于视野之外，由此而形成整个传统价值观念的"重道轻器"，必然造成整体国民人格的偏移，形成一种较为片面的道德型人格。

这种单一的、狭窄的人格说教，用于教化、熏陶多极的社会人生时，就会显现出天赋人格的等级性，理想人格的空疏性和现实人格的分裂性流弊。具体地说，传统儒家的理想人格设计所主张的"内圣外王"，把人的理性限制在对人伦关系的认识上，造成了民族的"内倾性"性格，使人们对于未知世界的探索精神、求异思维和创造性思维都相应地受到压抑甚至萎缩，消极地追求心理平衡、自我反省和内心修炼；传统儒家的理想人格设计由于片面强调伦理道德要求，而抑制人的理性诉求和意志发展，使得人的丰富的情感欲望受到严重的压抑，个体不能也不敢在直面现实、抗争不公正的活动中发抒一己情绪，久而久之，情感渐趋麻木；传统儒家的理想人格设计所高扬的"圣人气象"，造成了普通人普遍的崇敬、仰慕、畏惧、依附权威的文化心态，使人因循守旧、恪守传统、拒绝创新、随波逐流，限制了人格的独立性、主动性和创造性。

第二，儒家的中庸之道有消解人格的独立性、原则性的一面，导致了历史上一些具有双重人格的人出现。君子人格的中庸特性有许多优长，并不会因事

---

① 杨伯峻.论语译注[M].2版.北京:中华书局,2017:240.
② 杨伯峻.论语译注[M].2版.北京:中华书局,2017:48.
③ 杨伯峻.孟子译注:简体字本[M].北京:中华书局,2015:138.
④ 杨伯峻.孟子译注:简体字本[M].北京:中华书局,2015:59.

过境迁而失去其价值。但因儒家的君子人格过于注重角色性，其深层结构中的独立人格、个体主体性要受到"礼"对其角色的具体规定和制约，所以中庸作为角色的适度原则，人格的内在特性无法在个体独立自主的人格展开上发挥其创造性、开放性的取向，而是最大限度地克制情欲，牺牲个体的利益，搁置自己的权利，要求超越自我的欲求，完成自己承担的社会角色，这在先秦以降封建专制主义的社会背景下，导致人们压抑自身的独特性，削弱角色中的"自我"，淡化个体主体性的人格。此外，中庸的人格品质与处世方法虽然充满着人文底蕴，闪烁着人性的光辉，但在封建官僚系统中变形为一种高明的"为官之道"：有些官员"在皇帝和长官面前，唯唯诺诺，极尽曲意奉承之能事，为了加官晋爵可以欺上瞒下，在下级官员和平民百姓面前则装腔作势、巧取豪夺、专横跋扈、唯我独尊、草菅人命。这种双重人格经近代启蒙思想家和五四新文化运动的先驱们的严厉批判和揭示，曾经使中国人对国民的劣根性有了较深刻的认识，但宗法等级制和官本位的遗毒直到今日仍未彻底清除，溯源双重人格的文化根由，儒家人格理论的中庸性的负效应恐怕难辞其咎"①。另外，中庸以系统的和谐、稳定为目标，珍视人际关系，讲求关系，反对冒险，轻视创新……它们表现在思维方式上就是"通而同之"，所谓"求大同，存小异"，强调统一；反映在人生观上就是不认真探究真理，不仔细查清底细的一种处世原则。"夫称君子者，心无措乎是非"，便是对这一观点的准确概括。这种无是无非的观念，不论对国家还是对个人，无论对真理的探讨，还是对个人独立理性的判断力，都有极大的消极性。表现在情感方面，就是使情感一般不越出人际界限，理智一般也不越出经验界限。本来，"喜怒哀乐之未发，谓之中；发而皆中节，谓之和"，这对于情感不过度以免造成身心失调是有积极的意义的。但是，在现实中，对于情欲的抑制却大大超过了合理的界限，导致中国人情感单一、表现幅度狭窄。同时，情感的强度和力度也不足。也正因为如此，大部分中国人在生活中喜欢随和与克制，避免在任何理论或实践上的过火行为，庸见为所有的普通人所具有。这种中庸之道，使中国人太讲人道，讲人情，这从另一个角度来说，它又严重阻碍了科学、民主的发展。

第三，传统儒家过分强调人格的社会群体价值和利他性，忽视了个人主体的价值，把个人主体的价值依附于社会价值。他们在要求人们以群体利益规范

---

① 邵龙宝.儒家人格理论的特性[J].道德与文明,2007(2):38.

和制约个人利益的同时，又明显带有忽略个性和轻视个人利益、个人价值的倾向。由于个体存在的目的就是维护整体的利益，因而个体自身的利益往往被轻视、忽略。这种群体本位的人格模式越来越压抑人的个性发展，一切要符合社会群体价值，以此为绝对义务，人生在世，只是为了给社会群体及他人尽义务，不必关注自身的权利、自由和幸福。例如，孔子谈及"己所不欲，勿施于人"，"己欲立而立人，己欲达而达人"，"克己复礼为仁"[①]时，都片面地强调应该如何对待别人，即"利他"，而极少阐明个人欲望满足的合理性，缺乏个性自由的内涵，易使人畏首畏尾，放弃权利，从而造成社会氛围的僵化、呆板，人际关系的教条，这就大大限制了个性的自主能力，禁锢了人的创新能力。

第四，重理性而轻感性的理想人格设计影响了人格塑造的普适性。传统儒家认定完美的人格就是由完美的道德所组成的，而这种完美的人格的实现则有赖于个体对欲望的压抑和克制。儒家把人的基本的生物性欲望和高层次的道德精神要求对立起来，把它们视为不可同时存在的两面，使人格发展成为无本之木，无源之水。这种道德至上，以道德涵盖一切的思想，必然导致人格培养的偏向和人格自身的畸形发展。传统儒家建构的这种片面道德型人格，将人的基本需要的满足看作不道德行为，迫使人们轻视最基本需要，而直接向高层次发展，从而形成一个没有地基的空中楼阁。而且，高层次的发展需要也只单单指向道德层次，将善当作人格最完满的极致和全部内容。这样，就必然造成理想人格的实现缺乏发展的阶梯，从而成为一个可望而不可即的模型。按照马斯洛的需要层级理论，作为人格发展健全的生命个体，其需要是多方面、多层次的：有偏重感性的生理性需要、安全性需要；有偏重精神理性的社交的需要、尊重的需要和自我实现的需要；等等。人都潜藏着这五种不同层次的需要，但在不同时期表现出来的对各种需要的迫切程度是不同的，人的最迫切的需要才是激励人行动的主要动因。诚然，高层次的需要比低层次的需要具有更大的价值，但高层次的需要是建立在低层次需要得到满足的前提之上的；低层次的需要基本得到满足以后，它的激励作用才会降低，高层次的需要才会取代它而成为推动行为的主要原因。而且，任何一种需要并不因为下一高层次需要的发展而消失，各层次的需要相互依赖与重叠，高层次的需要发展后，低层次的需要仍然存在，只是对行为的影响力减轻而已。而中国传统的道德型人格直接指向人的

① 杨伯峻.论语译注[M].2版.北京：中华书局，2017：174.

高层次需要，将人的某些基本需要满足看作不道德行为，迫使人格力量轻视最基本的生存发展需求，而且，高层次的发展需要也单单指向道德层次，将善当作人格最完满的极致和全部内容。这种片面的道德型理想人格范式将义与利对立起来，抑制甚至否定个体生存发展的基本需求，违背了人的心理发展规律，这就势必造成理想人格难以在社会整体中的更大范围内推广。同时，显露于先秦儒家理想人格之中的"重道轻器"的价值观念，后来便顺理成章地成为中国传统社会的基本价值取向（重德行，薄技艺），形成了中国国民重社会、轻自然，重伦理、轻科学，重人治、轻法治，偏向感悟与直觉，轻理性思维的思维方式及行为定式，缺乏对自然现象的深刻的理性认识和严密的逻辑性，缺乏科学理性精神。它窒息了中国传统社会原本就已十分淡薄的科学意识，因而不利于技术理性在中国古代的生成。正如韦政通所指出的："传统的儒者们误以为人的本能愈压抑，人的理性的光就能越发扬……殊不知，唯有使人的本能欲求（食，色）获得相当的满足，人的理性才能有充沛的表现。亦唯有使人的本能欲求获得满足，人的生命，甚至人格，才有健全的发展。"[①]

以现代的眼光来看，儒家强调道德型人格也是片面的。从人的生理结构看，欲望是与生俱来的，是人生存、发展的基础和动力。欲望或需求是人的一切心理活动和个性积极的动力源泉，也是社会发展的一种动力，个体正是在满足需要的过程中形成自身的人格的。"一个人格健全的人，其人格必定顺利经历了由基本需要到发展需要的过程。当然，人格的健全发展依赖于外部环境和内部人格力量的双重作用，个体所处的环境越是良好成就人格的力量越是强大，其需要就越能由生理、安全、归属、自尊的需要顺序由低往高扩展，直至达到顶峰，形成健全的完美的人格。"[②]

人格塑成是主客观多种因素的交互作用和内外部条件相互影响的结果。传统儒家理想人格的重德倾向和重义观念，必然强化人们自律意识和自我反省能力，要求人们通过严格的自我控制、自我检讨、自我约束，不断地克服个人欲求，使自己的言行合乎人伦的规范。这种修行渠道强调了个体在人格修行中的主观能动作用，有利于培养人的道德自觉性，有利于培养人们谦虚、谨慎的作风，但同时会限制人的创造性思维，限制个性、潜能的发挥，使人做事往往循

① 韦政通.儒家与现代中国[M].上海：上海人民出版社,1990:77.
② 张晔,秦华伟.人格理论与塑造[M].北京：国际工业出版社,2006:161.

规蹈矩，谨小慎微，唯唯诺诺，甚至会发展到问题的反面，养成依赖、保守和自卑的心态。西方人格修成强调外部约束机制，认为法律能维系人际关系，维系社会秩序，但是应该看到法律也有涉及不到的地方，不能解决所有的社会问题。如道德问题就很难都用法律手段来解决，一旦人的自由性扩大，个人的欲望膨胀到自我失控的程度，就会引起人格的裂变、心理变态，从而导致社会的动荡和混乱。因此，理想人格的塑造不能单用一种手段，通过单向渠道，要既重视人的觉悟的提高，又加强社会秩序环境的优化。

社会是人的社会，人是社会化的人，因而社会的现代化与人的现代化是同一过程的两个方面。人既是社会制度、技术、管理方法等现代化的创造主体，又是自身现代化的客体。人格的现代建构，必须处理好现在与未来和传统之间的关系，尤其是对传统要有正确的态度。人格的现代化脱胎于传统，又区别于传统，是传统人格的现代转化和创新。那种一谈现代就视传统为静止，认为应该将其扔进历史尘埃的观点是不正确的。传统作为动态的存在，是过去与现在交融的产物，它渗入了每个时代的新内容，并不断地焕发出生机和活力。社会主义市场经济的形成和发展，对现代人格提出了较高的要求。现代人格的确立和完善，一方面有赖于现实社会的政治、经济、文化等因素的制约和影响，另一方面又需要人们进行自觉的修养活动，积累一定的内在功力。现代人格的实现离不开修身，修身又要借助于一定的理论指导。在现代人格的培养过程中，我们要构建完备的修身理论体系，然而现代修身理论不能割断与传统修身观的联系，需要对传统儒家修身观具有永久性、普遍性的价值进行认真反思，要使其富有现实积极意义的因素在今日发扬光大，以激励我们完善自身人格。

就人格而言，传统的阻力和惰性就是依附、保守、怯懦、僵化、盲从等其他负向人格，而这种阻力和惰性又在于人自身。这就需要我们正视传统文化的正、负面影响，对传统人格中的刚健有为、自强不息、贵和尚中、慎独自省等进行传承和新的创造，摒弃负向人格。同时，对现代观念中的自立、自强、竞争、敢为、风险等意识进行合理融合，使二者相得益彰。

人格是文化的产物，文化是人的生存环境，它塑造了个体的人格，这一过程是动态的，包括为人们提供一个完整的价值观和意义体系、有效的行为规范，影响人们对身份和角色的认同，塑造人们的心理、态度和气质。信息时代和网络时代的到来，使传统的文化与人格都遭到前所未有的冲击。中国人的人格在社会转型的背景下，经历着从传统人格向现代人格的转换。

总而言之，人格有着鲜明的时代性，不同的时代赋予人格不同的具体内容。同样，传统儒家的人格教育思想也只是他们那个时代的产物，他们做出的结论具有那个时代的局限性。但是，传统儒家丰富多彩的人格教育思想不是一个沉重的历史包袱，而是一笔宝贵的精神财富，是一份厚重的文化遗产。传统是现代的历史和渊源，现代是传统的发展和延伸。在建设新时代中国特色社会主义的今天，我们深入探究儒家博大精深的人格教育思想，并对其进行创造性转化，对塑造当代国民的健全人格具有重要的现代价值，它能为国民提供健康的价值舆论导向，帮助国民树立正确的人生观、价值观和世界观，可以为国民的人格完善提供有益的养料。

第三章 传统儒家人格教育思想资源
当代转化的必要性

中华传统文化的创造性转化，包括在理念、内容、表达、形式等各层面的现代转型。其内涵主要有：一是以"现实"为尺度，按照当今时代要求、现实社会标准、当代中国人思维进行转化；二是以服务于现实为旨归，力求与现代社会接轨、与民众需求吻合，达到古为今用；三是以创造性为特征，不是简单移植过来，而是必须具有新生、新造之韵，体现为"老树发新芽"。如此来看，传统儒家人格教育思想资源创造性转化主要是立足于传统儒家人格教育思想本身而做出的努力，本体是"传统儒家人格教育思想"，目标是"转化"，要求有"创造性"，旨归是"服务"。

一、时代呼唤

一家一派思想的形成过程，可以看作人们对客观事物变化发展的不断认识、深化过程，它必然脱胎于与其相对应的时代背景等条件之中。人类文明的进程是历史延续的过程，一如社会发展有其独特的方式，思想观念的形成与发展也有着一脉相承的特性。探究儒家人格教育思想资源转化的必要性，最为有效的途径就是将这一问题置于现今的历史环境中考量，如若不然，则难以获得相对客观的认识。当前，我国正处于历史发展的新时期，政治、经济、文化等多方面的发展，处于转型期的现实条件要求我们迎接多方面的挑战。如何对这些问题做出回应，如何以一种较为统一的思想去引领现今社会平稳、有序发展，传统儒家人格教育思想资源给我们提供了一条路径、一种策略、一点启示。传统儒家人格教育思想是对纯良、高尚的中华优秀传统文化的继承，是对以社会主义政治体制为内涵的准确把握，还是对社会主义市场经济价值诉求的积极反映，三者的交融统一、和谐共生，为我们正确处理社会与个人、公平与正义以及现阶段存在的种种问题指明了方向。

（一）传承中华优秀传统文化的现实需要

互联网的发展使得世界成了地球村，网络世界的高效、快捷和丰富多彩改变了人们的生活方式和生活内容，极个别国人的言谈举止和精神风貌与作为礼仪之邦的中华民族格格不入。传承中华传统优秀思想文化是历史的客观要求，无论是一个民族也好，一个国家也罢，他们都不会舍弃自己在过去的生活实践中逐渐形成的根深蒂固的思想文化传统。中国社会发展到今天，经济基础和政治制度虽然早已发生了根本性的变化，但传统儒家思想对国人的影响既未自动消失，又未因人为的干预而终结。这种影响的存在，是任何人无法否认、无法消除的客观事实。我们一定要对其进行现代转化，将这种影响朝着有利于现代化社会发展的方向引导。其实，现代中国人仍然承载着中国文化传统，而儒学是阐明和体现中国文化传统的最佳学说。传统儒家人格教育思想资源是中华大地上生长出来的一朵绚丽的奇葩，烙上了华夏文明的精神印记，具有很强的民族性，这是区分中华传统文化与不同国家、不同地域文化的一种独特性元素。我们处于相同的时代背景，但因政治制度的不同，经济基础的等差排序，视角和思维意识的多元发展，各国家、各地区都会形成独具特色的文化思想体系。

传统儒家人格教育思想资源根植于中华优秀传统文化之中，它之所以能够流传千年，与其自身的合理性不无关系，将时代性带入传统儒家人格教育思想之中，就是对优秀的传统文化保持高度的自信，这既是传统儒家人格教育思想资源当代转化的契机，又是使优秀传统文化在现今社会重新焕发光彩的必然选择。中国五千多年的文明史孕育出博大精深的传统文化与思想体系，这是华夏文明的精华所在，从心灵去体悟这种思想文化，进而产生一种积极的文化自觉，这种循序渐进的内化过程，无疑对社会、对个人的发展都有极大的促进作用。如果能将我国优秀的传统文化推及开来，运用于现今的社会发展进程之中，就好似给社会的和谐、稳定注入了一股清新、醇厚的理论源泉。我们要在兼收并蓄、与时俱进的背景下，始终保持一种对优秀传统文化的自信，在这种自信的基础上，发挥传统儒家人格资源应有的理论作用。

时代的发展不仅给优秀传统文化带来了无限生机，同样给传统儒家人格教育思想资源的转化提供了契机，这就要求我们在理解、运用传统思想理论之前，对优秀传统思想理论有一定的认识与理解。不同于西方"个人主义"至上的理论准则，传统儒家人格教育观念的核心是"仁"，它要求人们要有"仁爱"之心，我们可以把它看作一种培养"仁爱"品质的内容与手段。人与人之间的交往，怀有"仁爱之心"是开端，"义"则可看作处理人与人之间利益关系的道德准则与价值取向，人与人交往的起点是"仁"，"义"则是应遵循的道德原则和行为方向，从这一点看来，传统儒家的人格教育思想的目的也可以说是对"仁义"关系的诠释。

时代在要求我们对优秀的传统文化保有信心和自觉的同时，也向我们提出了较高的标准。思想体系的形成是智慧的结晶，传统儒家人格教育思想的内容既包含了基本原则、基本道德规范，又囊括了民族精神等方面。传统儒家人格教育的培养目标是"君子"，这既是道德要求，又为"君子"在做人做事等方面提供了一系列的正确原则和标准，"君子"以自身具备的道德自觉为先导，通过后天的培养、磨砺，最终达到至高至远的理想人格境界。时代性要求传统儒家人格教育思想资源的转化必须以优秀的传统文化为依托，这是中华文化的底蕴所在。不可否认，传统文化脱胎于封建社会，由于受到时代环境的限制，其难以避免地掺杂了腐朽、愚昧、落后的成分，例如儒家对"欲"的阐释，墨家的"兼爱"，封建礼教思想对人性的束缚，等等，但这不能成为我们抛弃传统文化，并以一种轻蔑的态度将其丢弃在角落的理由。儒家人格教育思想是传统文化思想的代表，其中必然有符合现今时代发展的有益成分，也注定包含了腐朽的封建残渣。既然是转化，就要对其进行细致、深入的分析，厘清其内在的精髓，批判地继承，以审慎的态度去考量传统儒家人格教育思想，而不是蔑视、丑化传统文化。须知，传统文化是中华民族的根，华夏文明之所以源远流长，靠的正是这源源不断的"养料"。

对传统儒家人格教育思想资源的转化，其重要的目的就是增强人的道德素养。传统儒家人格教育思想资源是一种精神资源，但这种精神资源经过转化之后，会带来不可估量的巨大动力。将传统儒家人格教育思想资源作为一种道德评判的标准，肯定人的内在道德品质，这种精神力量势必会深刻影响我们的生活方式和对传统文化传承、发展的态度，同时会为社会主义道德建设提供积极的借鉴。现今的时代发展，促使人们不断地变革与发展自我意识，更新认识观念，并最终将这种意识与观念付诸实践。传统儒家人格教育思想资源的变革性发展，创新性转化，在保持道德自信与自觉的同时，兼收并蓄、去其糟粕，伴随着时代性的应有理念与内容，最终会成为中华民族乃至整个世界不朽的精神源泉。

（二）中国特色社会主义政治制度建设的必然要求

中国共产党通过革命的手段，推翻了"三座大山"，人民成为国家的真正主人，国家权力主体为人民所有，人民在享有民主权利和自由的同时，广泛参与国家的各项事务，这种行使权力、参与政治的过程，就是一种意识形态的建设过程。民主意识和参与意识的不断提升与发展，有利于自由、独立、民主人格的形成，传统儒家人格教育思想资源在这一方面更像是对人民"德育目标"的提升，只不过这种"德育目标"的范畴主要限定在政治领域。

传统文化在一定条件下，可以转化为符合时代需要的新型文化。区分传统文化中的精华与糟粕，抛弃其糟粕，吸收其精华来为社会主义服务，也就是使传统文化走向现代化，更好地为社会服务。

中国共产党不断致力于政治体制改革，深化完善社会主义民主制度建设，建立健全社会主义民主法制体系。通过一系列的举措，时至今日，我国已经形成了中国特色的社会主义政治体系，人民充分享有国家赋予的权利，普通民众不再是政治的附属，政治生活不再远离现实生活。自由、独立、民主人格和能动的精神不断内化、散发，现代公民应具有的人格最终逐渐形成，这无疑为传统儒家人格教育思想资源的当代转化提供了坚实的政治基础。

不可否认，政治对人格发展具有极大的影响，不同人格类型的形成必然脱胎于不同的政治体系，独特的人格类型总是形成于特定的政治制度之下。我国五千多年的传统社会，维系社会稳定的纽带主要依赖于以血亲礼法为主的宗法制以及以尊卑有序为主的等级制，家国同构的政治制度存在了数千年。在高压专制制度下，人性不断被异化，人格被严重扭曲，百姓对政府只是一味盲从，几乎没有较为顺畅的途径去抒发自己的意见和情绪，这就导致出现了病态的人格——愚昧无知、封闭自大、奴颜婢膝、迷信鬼神成了一部分中国病态人格的写照。鸦片战争中，被西方列强的枪炮敲打得体无完肤的中国人逐渐清醒，他们放眼世界，迫切希望寻找出根治自身"疾病"的"良方"。一时间，通过解决人格问题，进而解决"国格"问题成为无数中华志士探寻救亡图存的新路。新中国成立后，国家将权力赋予人民，人民当家做主，政治环境和谐，促发了公民意识的不断增强，人民参与政治的热情不断高涨，这对自由、独立、民主的人格形成必然是极大地促进。就现今的政治格局看，社会政治发展的总趋势是一路前行的，政治发展的需要必然催生出传统儒家人格教育思想资源的当代转化以及现代自由、独立、民主人格的形成。

总之，社会主义法制建设和制度建设的步伐不断加快，对人民权利保障的逐步完善，为传统儒家人格教育思想资源的当代转化，为自由、独立、民主人格的形成，提供了坚实的政治基础。从目前来看，如何加快传统儒家人格教育思想资源的当代转化步伐，形成与新时代中国特色社会主义相适应的自由、独立、民主人格，是这一时期亟待解决的重要问题之一。

（三）社会主义市场经济的价值诉求

古人说："仓廪实则知礼节，衣食足则知荣辱。"①就其实质而言，这是一种物质方面的要求，强调了物质条件对人格发展的影响。传统儒家人格教育思想资源的当代转化，对现今中国国民人格的塑造，都需要与之相符合的经济条件作为保证。

自新中国成立至改革开放之前，高度集中的计划经济体制一直是我国经济体制的主导。随着拨乱反正工作的开始，改革开放的序幕拉开，之前高度集中的计划经济体制逐步被打破，具有社会主义特色的市场经济体制随着改革的深入而逐渐获得长足的发展，并最终建立起社会主义市场经济体制，为经济发展带来了活力，极大地刺激了市场参与的主动性，从而强有力地推动了社会财富的累积。正是遵循价值规律原则，寻求最优化的经济效益，社会主义市场经济充分利用人力资本、科学技术等资源，优化资源配置比重，极大提高了劳动生产率与产品的质量、科技含量，这在最大限度上促进了生产力的提高，真正做到了人尽其才、物尽其用。传统儒家人格资源的转化虽是迫切的时代要求，但没有经济基础的支撑，无疑是镜中花、水中月，中国特色社会主义市场经济作为坚强的后盾，无形中为现代国民人格的形成奠定了物质基础。

中国传统社会以小农经济为基础，每个具有小农经济的家庭组织，以男耕女织的经营形式构成了自给自足的传统社会模式。分散的小农经济，特定的生

---

① 管仲.管子[M].梁运华,校点.沈阳:辽宁教育出版社,1997:1.

活格局，造成了封建经济的封闭性，个体难以离群索居独立生活，从而造成了思想僵化、因循守旧的依附性人格。中国特色的社会主义市场经济体制具有竞争性、开放性、求索性等特点，个体的意识、思维在市场经济的洪流下不断变化发展，促使人们形成自主意识、探索意识以及竞争意识，这种人格意识的转变，促使了与之相应的创新、包容、探索性独立人格的发展。传统的依附性人格已经不适应现代社会的发展步伐，那么根据现代经济特点、社会发展方式、社会生产力水平，对传统儒家人格教育思想进行一定程度的转化，既是市场经济的时代要求，又是传统与现代的经济发展的激烈碰撞带来的必然结果。

总之，具有中国特色的社会主义市场经济刺激了经济的发展，为社会发展带来了巨大的财富，这为传统儒家教育思想资源的现代性转化提供了坚实的物质基础。社会主义市场经济自由、平等的意识也促使民主、独立的现代人格形成，经济的快速发展必然要求人与之相适应，传统儒家人格教育思想资源的当代转化，已经刻不容缓。

二、国家需要

创造性转化与创新性发展，既是中华传统文化数千年传承内在规律的现代彰显，又是它历经抗争磨难之后寻求新的作为的真切呼唤，更是当代中国语境下民族复兴伟业对中华传统文化释放能量、发挥作用的客观要求与现实需要，是承载民族复兴伟业的执政党和人民大众面对历史文化传统必然怀有的主体使命和责任担当。

从现实需要看，大到民族复兴和中国特色社会主义事业发展，小到和谐人际关系，都有传统的因素参与其中，都与中华传统文化有着千丝万缕的联系。马克思所讲的旧中国的社会体制犹如"木乃伊"一样解体了，但其思想文化并不随之消散。传统与现在、未来一脉相承，历史上已经消亡而未曾流传下来的东西只能进入历史学家的视野，唯有传承至今并存在于我们生活中的历史文化才被称为传统，而被赋予应有的价值。也正是在这种意义上，我们才说文化既是历史的，也是当代的。文化积淀着民族最深层的精神追求，代表着民族独特的精神标识。当代中国正满怀信心地全面建成小康社会，实现社会主义现代化，这其中既包括文化小康、文化现代化的内容，又需要强大文化（包括传统文化）

的力量支撑和精神保障。而全面建成小康社会和实现社会主义现代化，又恰是完成古老中国对未来美好生活的憧憬，完成近代以来民族独立、国家强盛的孜孜追求。这就把我们当前的事业与作为源流的历史文化紧密联系在一起，把现实文化建设与传统文化紧密联系在一起。而说到现实文化建设及其任务要求，我们必须看到，一方面，现实文化建设需要传统文化的参与、支持，需要将中华传统文化的精华成分、积极因素吸纳其中，使之转化、提升为适应新要求、新任务的新内容与新形式；另一方面，我们重视传统文化及其当代价值，又不能将其奉为圭臬，更不能唯此至大、至上、至尊。

（一）人才培养、民族复兴的需要

如今，我国要想在激烈的国际竞争中处于有利地位，并如期完成民族复兴大业，人才是关键。从全国教育大会精神看，习近平同志所提出的时代新人有特定内涵，这就是既要有坚定理想信念和爱国情怀，又要有世界眼光和人类情怀。要培养这样的时代新人，必须对学生实施全面教育。要开展马克思主义世界观、历史观和价值观教育，使学生树立坚定的理想信念，关注人类前途和命运，并以人类解放为终生使命；开展中华优秀传统文化教育，使学生形成爱国主义情怀，以民族独立为己任，担当起民族复兴的大任；开展民族历史教育、世界发展史教育，使学生拥有世界眼光和人类情怀，在把握世界大势中思考中华民族伟大复兴事业，从而积极、主动担当民族复兴大任。

教育的根本问题是"培养什么人，为谁培养人，怎么培养人"。这个问题的主旨和灵魂是培养担当民族复兴大任的时代新人。整个人类历史，就是人的发展与时代进步相互契合、相互依存、相互作用的过程。从提出"培养德智体全面发展的社会主义事业建设者"，到提出培养"四有"新人，再到提出"培养德智体美劳全面发展的社会主义建设者和接班人"，每一个人才培养目标，都是与时代进步相契合的。今天，实现"两个一百年"的奋斗目标，实现中华民族伟大复兴的宏伟事业，既能够造就时代新人，又要靠时代新人来完成。中华民族在人类历史上创造了光辉灿烂的文化，以之对学生进行教育，无论从内容还是思想方面看，都是具有优势的，应当高度重视并积极加以利用。要在中小学乃至大学开设中华优秀传统文化课程，从而促进中华优秀传统文化的传承和发展，为培养时代新人奠定思想文化基础。文化对未来国家发展和民族复兴发挥着巨大作用，我们既要整理、转化和创新发展中华优秀传统文化，又要广泛吸收人类创造的一切文明成果，把文化的民族性和世界性结合起来，只有这样，才能创造出更加丰富、灿烂的民族文化，从而为培养担当民族复兴大任的时代新人创造更好的条件。

历史上，每个民族的复兴都伴随着大批人才的出现，并且民族的复兴也是靠这些具有时代特征的新人来推动、来完成的。当前，中国特色社会主义进入新时代，中华民族正迎来从站起来、富起来到强起来的伟大飞跃。新时代需要新的人才，新事业需要新的人才。这种新的人才，就是担当民族复兴大任的时代新人。提出培养担当民族复兴大任的时代新人这一重大命题，将时代新人与民族复兴、担当精神、历史重任、过硬能力紧紧关联在一起，体现了新时代的鲜明特征，适应了未来建设发展需要。只有培养造就大批时代新人，才能更好实现中华民族伟大复兴的中国梦。

从习近平同志对"时代新人"多次阐述的要求和标准来看，坚定的理想信念、强烈的担当意识、过硬的本领能力、不懈的奋斗精神，就是担当民族复兴大任的时代新人应具备的主要内涵特征。"时代新人"应当具有坚定的理想信念。实现中华民族伟大复兴中国梦，是长期而艰巨的伟大事业，需要付出极其艰辛的努力。"没有理想信念，理想信念不坚定，精神上就会'缺钙'，就会得'软骨病'"①，就不可能承担和完成历史使命。担当民族复兴大任的时代新人，必须牢固树立共产主义远大理想和中国特色社会主义共同理想，以坚定的理想信念筑牢精神之基。有了坚定的理想信念，就能够开阔眼界、提升境界，在历史发展中找准定位，将个人发展和国家命运紧密联系起来，经受各种风险、困难考验，做到"乱云飞渡仍从容"，担当起民族复兴大任。

"时代新人"应当具有强烈的担当意识。士不可以不弘毅，任重而道远。古往今来推动社会前进的历史人物无不怀有强烈的担当意识。实现中华民族伟大复兴中国梦，必然会面临各种重大挑战、重大风险、重大阻力、重大矛盾，最需要担当、最考验担当。习近平同志强调："有多大担当才能干多大事业，尽多大责任才能有多大成就。"②"时代新人"必须勇于担当、担起所担，心怀中华

---

① 习近平.紧紧围绕坚持和发展中国特色社会主义 学习宣传贯彻党的十八大精神[EB/OL].(2012-11-19)[2019-04-02].http://jhsjk.people.cn/article/19615998.

② 习近平.做焦裕禄式的县委书记 心中有党心中有民心中有责心中有戒[EB/OL].(2015-01-12)[2019-04-02].http://cpc.people.com.cn/n/2015/0112/c64094-26371148.html.

民族伟大复兴中国梦，把忠诚和智慧献给党和人民的事业，对工作任劳任怨、尽心竭力、善始善终、善作善成。"时代新人"应当具有不懈的奋斗精神。宝剑锋从磨砺出，梅花香自苦寒来。我们的国家和民族，从积贫积弱一步一步走到今天的发展繁荣，靠的是一代又一代人的顽强拼搏。梦在前方，路在脚下。实现中华民族伟大复兴，需要时代新人锲而不舍、驰而不息的奋斗。要立足本职、埋头苦干、攻坚克难，保持永不懈怠的精神状态和奋斗姿态，勇于到条件艰苦的基层、国家建设的一线、项目攻关的前沿经受锻炼，以辛勤的汗水成就非凡业绩、创造美好生活，做走在时代前列的奋进者、开拓者、奉献者。

（二）和谐社会构建的需要

目前，中国社会重建秩序之必要性已成共识。现代中国社会与古代中国社会同为"伦理社会"，但社会结构有根本的变化。古代中国社会是家族联合体，现代中国社会是党组织与社会一体性结构，整个社会由党组织整合为一体，呈现出牢固的整体性和稳定性。"伦理社会"就是以人际关系主导社会关系的社会。中国社会结构的演变要求儒学现代化。

在我看来，人类今天面临的种种问题，诸如社会问题、经济问题、政治问题、宗教问题、环境问题等，需要各种层次的解决方案，但根本问题是人的问题。要解决这些问题，儒学不仅能局部地提供"一些资源"，而且能更全面地解决这些问题。当然，这要有个前提，即我们今天需要的儒学不能是原封不动的旧儒学，而是必须得到了某种重新阐释或创造性转化的新儒学。

三、个体发展需要

（一）人的全面发展的需要

马克思认为，人的全面发展是与人的片面发展相对而言的，马克思主义从分析现实的人和现实的生产关系入手，指出了人的全面发展的条件、手段和途径。所谓人的全面发展，即指人的体力和智力的充分、自由、和谐的发展。全面发展的人是精神和身体、个体性和社会性都得到普遍、充分而自由发展的人。"人的全面发展"首先是指人的"完整发展"，即人的各种最基本或最基础的素质必须得到完整的发展，我们通常所说的"人的全面发展"，是把人的基本素质分解为诸多要素，即培养受教育者在德、智、体、美、劳等方面获得完整发展。

"人的全面发展"原理的本土化，集中地表现在它植根于中国传统文化的土壤，特别是与中国传统的全面发展教育思想相融合，成为民族教育思想意识的有机组成部分。"人的全面发展"学说是相对于"人的片面发展"的现实而提出来的。唯物史观认为，人类精神和物质劳动的社会分工导致大多数社会成员处于"片面发展"状态。作为解放自身的一种战略，无产阶级必须争取受教育的权力，通过生产劳动与教育相结合造就全面发展的新人。恩格斯认为，教育可使年轻人很快就能够熟悉整个生产系统，可使他们根据社会的需要或他们自己的爱好，轮流从一个生产部门转到另一个生产部门。因此，教育就会使他们摆脱这种分工造成的片面性。马克思主义经典作家所设想的"人的全面发展"是资本主义走向灭亡，无产阶级革命取得胜利的必然结果，是人类社会发展的终极目标。我国的全面发展理论虽然直接继承了马克思的全面发展学说，但不可避免地受到传统文化特别是儒家全面发展教育思想的影响。儒家主张"入世"哲学，孔子认为"君子不器"①，不可片面发展。孟子认为"善政不如善教之得民也"②，主张通过教育来发展人的多方面才能。他说："君子之所以教者五：有如时雨化之者，有成德者，有达财者，有答问者，有私淑艾者。此五者，君子之所以教也。"③这种朴素的全面发展教育思想经过两千多年的积淀，逐渐形成了儒家以德为首、德智体美全面发展的教育思想传统。

历史已经表明，物质文明的高度发展并不一定能给每个人带来同样的幸福感。早在资本主义蓬勃兴起的阶段，马克思就警觉地发现，大工业生产使人自身所创造的各种力量和事物反过来变为支配、统治和控制人自身的异己力量和事物。由于劳动异化，才使人变得畸形化、片面化。要想使人得到解放，就得最终扬弃异化，使全体社会成员都得到解放，使人身得到全面"复归"。其实，推进人的全面发展，同推进经济、文化的发展和改善人民物质文化生活，是互为前提和基础的。人越全面发展，社会的物质文化财富就会创造得越多，人民的生活就越能得到改善，而物质文化条件越充分，又越能推进人的全面发展。

---

① 杨伯峻.论语译注[M].2版.北京:中华书局,2017:22.
② 杨伯峻.孟子译注:简体字本[M].北京:中华书局,2015:238.
③ 杨伯峻.孟子译注:简体字本[M].北京:中华书局,2015:250.

当代中国进入了全面建设小康社会的关键时期和深化改革开放、加快转变经济发展方式的攻坚时期，文化越来越成为民族凝聚力和创造力的重要源泉，越来越成为综合国力竞争的重要因素，越来越成为经济社会发展的重要支撑，丰富精神文化生活越来越成为我国人民的热切期望。作为中华传统文化重要内容的儒家人格教育思想资源，有许多宝贵的精神养分值得我们去汲取。

（二）自我核心竞争力提升的需要

所谓个人核心竞争力，是指不易被别人效仿的、具有竞争优势的、独特的知识、技能和个性特征。打造个人的核心竞争力，其目的就是增强个人的竞争优势，让别人无法取代你，让你成为某个领域的佼佼者。一个人的不可替代性不是只看他拥有什么技能，而是要从整体去评估他的这些个性知识和经验的组合与别人有什么不同。在工业时代，技术发展相对缓慢，社会组织关系也基本确定，一个人的不可替代性有可能是指你在某一岗位是不可被替代的，你的能力只要满足某个岗位的需求，作为社会的一颗螺丝钉，你就可确立你的不可替代性。但随着社会变革和技术革命的不断演进，方方面面的变化都在快速地发生，我们其实很难保证自己能在一个固定的工作岗位上干一辈子，很难保证自己拥有的知识技能能够胜任不断变化的社会需求。我们每个人都应该在承认拥有生而为人的共性的同时，相信自己具备独特的价值。在我们短暂且宝贵的生命中，我们能否探寻到自己独一无二的特质，对于我们认识自己、完善自己，去度过与特质匹配的无憾一生，非常重要。认识自己很难，但值得我们每个人不断地跟自己对话，去找寻，去探索。可能大部分人听说过"木桶理论"，讲一只木桶能装多少水，取决于它最短的那块板。其实，一个人能成就多大的事，也取决于他的"短板"，所以我们一定要善于学习，查漏补缺，让自己成为一个更优秀的人。当然，在我们的心智成长过程中，弥补自己在基础知识和性格上的不足，确实有助于我们成为一个综合素质更加全面的人。一句话，就是把自己塑造成一个人格健全的人。

一个人的自我核心竞争力是其综合素质的集中体现。综合素质是人文精神、科学素养与创新能力的统一。一般认为，一个人的自我竞争力是以个人专长为核心的知识、能力、素质等各方面的综合体，概括来说，它体现为五个"力"，即思维力、意志力、凝聚力、适应力和创造力。简单来说，一个人的自我核心竞争力就是自己与其他人相区别的素质。每个人都有个性，但并不是每个人都具有鲜明、突出的个性。所谓个性，是指个人比较稳定的心理特征的总和，包括气质、性格、智力、意志、情感、兴趣等方面。一般来说，个性特点鲜明、突出的人更富有创造性，而个性特点平淡的人其创造的活力与欲望就相对匮乏。由于自我核心竞争力具有独特性的特点，因而具有鲜明个性及专长的人在其工作中具有不可替代的作用和地位，其在某一项工作中的业绩也不会轻易被其他人所替代。

（三）自我价值实现的需要

根据美国人本主义心理学家马斯洛的研究，自我价值指的就是人都需要发挥自己的潜力，表现自己的才能；只有当人的潜力充分发挥并表现出来时，人们才会感到满足。可见，自我价值是自我情感认同的一种表现形式，它是一个人自信的基础，是实现个人成长的资本。当你无所事事混过几年之后，发现自己仍然在原地踏步，回顾过去的浑浑噩噩，对过往懊恼不已，禁不住后悔当初没有好好努力，这就是自我价值没有得到提升、没有自我认同的典型。而实现自我价值则表现为一个人的人生实践活动，对自己的物质和精神生活的充实提高，对自我完善、全面发展所起的作用以及自我对此作用的肯定和认可。我认为，从字面上看，就是自己的潜能。实现自我价值就是要努力开发自己的潜能，服务社会，从而获得满足。这个观点也是大多数人所认可的。我认为，实现自我价值可以算作一个人最高的追求。如果一个人认清自己的价值，并且为之付出，结果给社会带来或大或小的积极的影响，那么在很多人看来，这个人实现了自我价值。不过，要想实现自我价值，并不是一件容易的事。人们必须不断努力，并且不断完善自己，才有可能达到最终目标。

人生的价值和意义，不是由个人来简单评估的，而是由社会关系来衡量的。个人在主观上，也许能够做到按照自己的人生意愿去设计自己的人生历程，但是，在客观上，个人的这些意愿在多大程度上能够实现，则不是个人的一厢情愿，关键要看受社会关系制约的诸多因素，为这些人生意愿的实现创设了什么样的条件。人生价值的确定及价值量的增减，也是个人人生拼搏的结果。一方面，人生价值的实现受社会关系的制约；另一方面，个人对人生价值的实现具有较大的主观能动性。只有个人奋力拼搏、积极进取，才能获得更有价值的和有意义的人生，才能创造出更大的人生价值。人生价值的大小，由人生价值目标的境界及实现程度来决定。个人价值大多是自己对自己的评估和鉴定，要把实现个人价值与实现个人成长结合，与实现社会价值结合，真正把个人价值转化成社会财富。

我认为，要想实现自我价值就必须先融入社会、认清世界。没有任何一个人是可以脱离社会群体而单独存在的，每一个人都应该为社会进步出一份力，不管这份力量是大是小。所以，我们必须知道实现自我价值的目的也不仅是获得自我心理的满足，而是要在一定程度上满足社会的需求。因此，我们在实现自我价值之前，必须认清这个事实。我想，这就是实现自我价值的基本条件。所以，首先，我们要学会接纳他人，融入这个世界。其次，我们要认清自己。要认清自己实属不易。自卑的人，把自己看得太不起眼；自恋的人，把自己看得太完美；自负的人，以为自己什么都行。其实，每个人都有自己的缺点和优点，没有完美的人，当然，也不会有一无是处的人。许多人都不会花时间去认清自己，而是片面从他人对自己的评价中为自己下定论。其实，他人的评价固然重要，不过对自己最清楚的人还是自己。只要平时多花一点时间去了解自己，发现并挖掘自己的潜能，才可以知道自己的价值。如果只是从别人口中得到答案，并不一定是正确的，这样就有可能埋没了自己的潜能和天赋，更谈不上实现自我的价值。

还有一点在自我价值实现中是很关键的，就是我们必须分清世俗价值与自我价值。在我们成长的过程中，我们的父母或者长辈会向我们提出很多意见和要求，这些都是他们打拼这么多年后得出的宝贵经验。我们也许会接受父母为我们做好的种种安排，这些之中有的是真正适合我们的，有的只是跟随大流，像考名校、挣大钱等，因此有些人分不清父母对自己的期望和自己对自己的期望。我们要找到真实的自己，倾听自己心底真正的声音。因为一旦有了对自己的深刻了解和认知，我们才会更清楚自己努力的方向。所以，在众多的观点中，我们一定要能够理智地认清自己的价值所在，不要认为大多数人认同的，就是自己需要实现的自我价值。

第四章　传统儒家人格教育思想资源当代转化的可行性

　　华夏大地经过几千年的洗礼，形成了自己独具一格的华夏文化。华夏文化是中华民族当之无愧的瑰宝。在此之中，传统儒家的众多资源无疑最为亮眼。在历史的长河之中，这些资源不仅没有随着时光消逝，反而博采众长，成为华夏文化的主流。我们回头审视为何传统儒家文化风采依旧，会发现传统儒家在漫长岁月中，以儒家自身基本观点为根基，积极摄取时代养分，适应了变化的时代。而如今的我们，不但要使传统儒家继承灿烂的华夏文明，更要使其能够继往开来，能够开放、完善儒家的思想学说。因此，传统儒家文化需要做到不断转化。如果说要想使传统儒家资源当代转化获得成功，那么最为根本的还是要转化传统儒家人格教育思想资源。一切文化最为基本的载体是人，传统儒家人格教育思想资源当代转化对当代人格教育予以启示，健全现代人的人格，从而更好地继承传统儒家文化，同时能更好适应当代中国社会的发展潮流。

　　既然传统儒家人格教育思想资源当代转化如此重要，我们不禁需要思考传统儒家人格教育思想资源当代转化是否可行。本章将集中探讨传统儒家人格教育思想资源当代转化的可行性，从而深化对传统儒家人格教育思想资源当代转化价值的认识。顾名思义，传统儒家人格教育思想资源当代转化就是要把传统儒家人格教育思想资源放在当代这个大环境下思考转化，从我国当代大环境下的经济、政策、文化发展、教育改革以及人民群众的关注等方面来思考传统儒家人格教育思想资源当代转化的可行性。通过以上五个方面对传统儒家人格教育思想资源当代转化的可行性进行分析与研究，可以帮助我们坚定对传统儒家人格教育思想资源成功实现当代转化的信心，同时帮助我们深化对传统儒家人格教育思想资源的认识。

一、经济条件支持

每个时代都有自己的特色，这些特色能够让人们很准确地分辨出时代的归属。当然在此之中，最为基本的还当属每个时代最具代表的经济特征。可以说，经济是一切的基础，没有经济作为奠基，很多建设都无从开展。传统儒家人格教育思想资源当代转化作为人格建设，自然而然无法脱离经济基础的支持。人格建设就是帮助人们塑造健全人格，传统儒家人格教育思想资源当代转化也是为了帮助当代人实现健全的人格建设，帮助当代人成为有价值的人，更好地适应我国当代社会的发展。这若是没有物质上的保障，是难以实现传统儒家人格教育思想资源当代转化的。孔子早就揭示了经济基础对文化教育的决定作用，他阐释道："子适卫，冉有仆。子曰：'庶矣哉！'冉有曰：'既庶矣，又何加焉？'曰：'富之。'曰：'既富矣，又何加焉？'曰：'教之。'"[1]孟子亦曾云："易其田畴，薄其税敛，民可使富也。食之以时，用之以礼，财不可胜用也。民非水火不生活，昏暮叩人之门户求水火，无弗与者，至足矣。圣人治天下，使有菽粟如水火。菽粟如水火火，而民焉有不仁者乎？"[2]他们都强调了物质财富对于人格建设与人类发展的基础性作用。那么，传统儒家人格教育思想资源当代转化的实现，符合时代发展所需的健全人格的养成，自然需要与之相适应的经济条件的支持。

（一）生产力发展为其当代转化提供原动力

我国社会从原始社会发展到奴隶社会，从奴隶社会到封建社会，在封建社会被帝国主义打醒，在人民群众百折不挠的斗争中成功进入如今的社会主义社会。从原始社会满足生理需求，不再与动物一样，人有了羞耻之心，有了自己作为人类的语言与文明；到奴隶社会、封建社会大力发展农耕经济，不再简简单单地追求吃饱穿暖、有屋可居，而是开始挖掘人自身的伦理道德，儒家先贤们不断提出"成人""君子""圣人"与"士"等人格，也形成了很多传统儒家人格教育思想资源，期望百姓能够以这些人格为目标，不断地完善自身，成为

---

① 杨伯峻.论语译注[M].2版.北京：中华书局，2017：193.
② 杨伯峻.孟子译注：简体字本[M].北京：中华书局，2015：242.

社会所需要的人。如今，我国集中力量建设小康社会，我国的经济也由于不断改革而处于高质量发展的状态中。那么，传统儒家人格"圣人""君子"与"士"等人格能否适应当今社会的发展呢？传统儒家人格教育思想资源又能否为当今直接运用呢？

回溯历史，我们可以知道，答案是否定的。

人格教育是一种着眼于心灵改造、品格建塑、道德自觉、情感培育、意志锻炼的教育，其目标就是造就全面发展的、自由的人。传统儒家人格教育思想资源不可避免地会烙上时代的印迹，这种历史印迹是由当时社会的经济特征决定的。数千年前的小农经济以家庭为单位，依赖大自然，风调雨顺则国泰民安。这种经济条件下的人格教育一定拥有"小农"的色彩，这种人格教育也一定会带有保守性、封闭性和依赖性等缺点。由小农经济所培养出来的我国传统人格，由于其保守性、封闭性和依赖性等，必然导致不能满足社会变革所带来的对人格的新要求。

社会的剧烈变革，让我国从近现代到当下不断改革我国的经济体制，来与之相呼应。我国的经济体制随着改革开放进程的不断推进，一步步地走上中国特色的社会主义市场经济体制的轨道。原有的在传统社会形成的小农经济与带有资本主义色彩的买办经济，以及后期在摸索中形成的计划经济，都随着改革的深入逐渐退出历史的舞台，被实践证明真正适合中国国情的、能促进中国生产力高速发展的经济体制只有社会主义市场经济体制。在中国特色社会主义的大前提之下，国家需要掌握一定比例的国有资产，不再像过去那样，国家建立高度集中的计划经济，予以市场经济一定的自由发展空间，使得市场经济获得能够深入发展的机会，给我国经济发展增加了活力。因此，我国最终建立了社会主义市场经济体制，与之相应的，我国的基本经济制度与分配制度也随之改变，不但形成了以公有制经济为主体，多种所有制经济共同发展的经济制度，而且形成了以按劳分配为主体，多种分配方式并存的分配制度。实践证明，我国经济正是由于建立了中国特色的社会主义市场经济体制，有多种经济成分和多种分配方式并存于中国特色的社会主义市场经济体制之中，提高了经济发展的原动力，进而促进了我国的生产力以前所未有的速度发展，使得我国人民的生活水平大幅度提高。同时，社会主义市场经济遵循经济发展的规律，在尊重规律的前提下，充分而合理地利用了劳动力、资本、科技、信息等资源，极大地提高了劳动生产率和产品的科技含量，实现了资源的优化配置，收到了较佳的、合理的经济效益。不难发现，要想中国特色社会主义市场经济体制下的生产力高质量发展，需要的是能够真正做到人尽其才，物尽其用，只有这样才能最大限度地促进生产力发展，创造人民受益的物质财富，从而充分满足人们对于物质的需求。社会生产力的发展程度和社会生产关系的性质决定了人格发展的层次，中国传统社会以小农经济为基础，小农经济是以家庭为单位，是以男耕女织的方式所形成的一种自给自足的经济。小农经济具有分散性，人们生活在特定的生活格局中，不可避免地产生封闭性和狭隘性，这就决定了个体无法离开群体而生活，从而形成知足保守、因循守旧、僵化封闭的依附型人格。那么，在如今社会主义市场经济体制下的生产力所需要的现代人格自然而然不能是知足保守、因循守旧、僵化封闭的依附型人格，这就要求我们要想实现传统儒家人格资源的当代转化，就要牢牢抓住生产力发展的机遇。在我国社会的不断进步之中，在我国社会主义市场经济的不断发展之中，我们会发现社会主义市场经济不同于我国以往的小农经济，市场经济实际上是不断地参与社会生产、交换、消费等环节，这就不难发现社会主义市场经济的竞争性、合作性、探索性、开放性、自由性和自主性等特质，这也要求我们不断改变我们个体传统的思想观念和行为方式，摒弃在小农经济下形成的保守性、依赖性、封闭性、僵化性、守旧性等人格特质，促使人们据此形成竞争合作意识、探索意识、开放意识与自由自主意识，并呼唤与之相适应的新型现代人格。这就需要我们实现传统儒家人格教育思想资源的当代转化，转化传统人格中的不符合社会主义市场经济体制的部分，发展人格中开拓进取、开放包容、勇于创新和自主独立等特质。因此，我们可以说生产力发展是传统儒家人格教育思想资源当代转化的源源不断的动力。

（二）经济全球化为其当代转化提供条件

经济全球化使每一个国家、地区乃至民族都不再沉浸在自己的"世外桃源"之中，不去关注世界经济格局，而是都不可避免地参与经济全球化。可以说，每一个国家、地区乃至民族参与的时间有早晚，程度有深浅，而做不到自己孤军奋战地实现经济的高质量发展。因此，人格教育自身的发展，同样也必然要受到经济全球化的辐射影响，而人格教育中传统儒家人格教育思想资源部分也必然会受到经济全球化的间接影响，我国的人格教育已经不可能完全孤立地、脱离世界经济形势的联系而发展。要想使人格教育积极、健康地发展，要想使传统儒家人格教育思想资源能够继续存在于新世纪中，并焕发生机，那么就必须思考经济全球化这一大环境。

经济全球化的形势所带来的是全球范围内经济的更为激烈的竞争和更包容的合作，因此各个国家、地区与民族要想在如此形势之下实现自身经济的发展，就需要有"合格"的人来参与经济建设。所谓合格的人，是指能够在经济全球化中发挥重要作用，帮助建设本国、本地区经济的人。而"合格"的人必然拥有健全的人格，这就少不了人格教育。因此，经济全球化在导致全球经济竞争日益激烈的同时，必然伴随全球对人格教育的日益重视，毕竟人格教育的根本目的是为了培养"合格"的人——只有"合格"的人才能培养出有竞争力的人才，这样才能提高我国经济的竞争水平。有竞争力的人才也是具有创新性、实践性的"全球性人才"。上海师范大学教授杨德广在《经济全球化与教育国际化》一文中写道："借鉴外国的经验，我国各级各类学校也应制订在教育国际化方面的培养目标。……（1）培养学生具有国际观念、国际意识，克服狭隘的民族主义，树立为全球服务，向全球开放的观点；（2）培养学生具有国际交往能力，能与外国人和谐相处，尊重外国的风俗和宗教信仰，维护中国的民族尊严和法律权威；（3）培养学生至少熟练地掌握一门外语；（4）培养学生具有一定的国际知识，了解外国的历史、政治、地理、风土人情等"[①]。虽然我们不否认传统儒家人格教育思想资源有其合理之处，例如对真、善、美的追求，对仁、义、礼、智、信的培养，这些对培养健全的人格有积极作用。但是在经济全球化的形势下，仅仅保持对人格教育本质上的要求是远远不够的。经济全球化下，人格教育的资源、理念、目标、技术、资本、资金等都会发生变化，人格教育会更具灵活性、开放性、前瞻性和包容性。在全球范围内相互学习，能够在全球的人才竞争中斩获先机，从而帮助我国在教育竞争、经济竞争以至综合竞争中获得期望的胜利。

所以，在研究经济全球化条件之后，我国人格教育中的重要组成部分——传统儒家人格教育思想资源需要做出相应的改变，也就是传统儒家人格教育思

---

① 杨德广.经济全球化与教育国际化[C]//王革,申纪云.经济全球化与高等教育——2001年高等教育国际论坛文集.长沙:湖南师范大学出版社,2002:123.

想资源的当代转化。对传统儒家人格教育思想资源的人格培养目标、人格教育内容、教育原则等方面进行当代转化，有利于实现人格教育理念的全面更新，有着重要的理论价值和实践意义。同时，我们还需要明确一点：经济全球化是一把"双刃剑"。一方面，对于人格教育来说，我们也必须谨慎对待传统儒家人格教育思想资源的当代转化。经济全球化使得我国经济高质量发展，生产力大幅提高，为人格教育的发展，为传统儒家人格教育思想资源的当代转化积累了充足的物质财富。与此同时，经济全球化带来的西方关于人格教育的理念与经验，对我国人格教育有所启示：守旧的人格教育理念可以有所扬弃，解放人格教育思想，吸取西方自由意识、民主意识、平等观念、竞争合作意识。但是如果把西方这些自由意识、民主意识、平等观念、竞争合作意识作为我国人格教育的培养目标，就不能彰显我国人格教育的特色了。另一方面，经济全球化加强了我国与世界在人格教育上的交流与联系，增加了我国人格教育与国外人格教育接触的机会，大大开拓了我国人格教育者的视野，让我们能够更好地吸收诸多的国外人格教育思想资源。人格教育是在经济全球化的现实背景下展开的，经济全球化对人格教育而言，所处的时代背景和国内外环境都发生了剧烈的变化。我国在经济全球化的潮流下拉近了与世界的距离，加强了彼此之间联系的频率，为我国人格教育发展提供了更为广阔的空间，使得我国人格教育能够在实现我国传统儒家人格教育思想资源当代转化后，以其具有全新化、高度社会化、现代化的人格来融入现代社会。

我们需要明确，一方面，经济全球化带来了更加开放、更加强调竞争与共赢，也更加突出自由、民主的环境，也要求我国人格更具有开放、民主与自由等性质，我国传统人格中的保守、封闭与依赖自然而然需要摒弃，那么随之就需要对传统儒家人格教育思想资源进行革新；另一方面，经济全球化所带来西方的一些不良思想也对我国人格教育造成影响，这些概念会削弱我国人格教育中的国家概念与民族特色，若是动摇我国人格中自古以来的关于国家、民族的坚守性，那这样的人格也是不健全的。我们要清醒地看到，经济全球化深入发展，科学技术日新月异，国际环境中不确定、不稳定、不安全因素明显增多，世界范围内各种思想、文化交流、交融、交锋日益频繁，国内社会思想意识多样、多元、多变特征更加凸显，如何用中国特色社会主义伟大旗帜凝聚社会共识，引导人们坚定不移地走中国特色社会主义道路，这是对我们的重大考验。

这就需要科学地分析我国传统儒家人格教育思想资源，对我国传统儒家教育思想资源中的合理部分进行发扬，用既健康又健全的人格，正确的价值观和生活方式，来面对经济全球化带来的挑战与机遇。

由此可见，传统儒家人格思想教育资源所培育出的依附型人格已不适应社会主义市场经济的发展需求，已经不能适应我国生产力高速发展的社会现实，已经不能顺应经济全球化的时代潮流。我们必须根据我国现代生产力发展水平和社会生产性质，对传统儒家人格教育思想资源进行转化。在社会主义市场经济体制下，实现传统儒家人格思想教育资源的当代转化是切实可行的。

总之，中国特色社会主义市场经济体制与经济全球化共同促进了我国的生产力发展，为我国人民创造了巨大财富，为传统儒家人格教育思想资源的当代转化提供了物质保障。同时，社会主义市场经济的自由、平等、开放意识催促独立、自由、民主人格的形成，从而实现经济与人格的同步发展，传统儒家的依附型人格已不适应经济发展，传统儒家人格教育思想资源当代转化刻不容缓。我们在生产力发展之中，找到了传统儒家人格教育思想资源当代转化的动力，也看到了经济全球化对传统儒家人格教育思想资源当代转化提出的间接要求。所以，我们要坚定不移地对传统儒家人格教育思想资源进行当代转化。

二、国家政治稳定

不同国家、民族、地区的社会经济制度、经济体制、经济发展的状况和水平以及经济发展模式各具特色，因而对人格教育的要求也各具特色，自然人格教育也受到现实的经济状况的制约。虽然经济上的制约对于人格教育以及传统儒家人格教育思想资源来说是本质上的，但是我们不能机械地理解"人格是由社会经济关系决定的"这一基本观点，我们同样不能回避"人格是在创造历史的实践中一步步塑造出来的"，我们需要认真思考政治这一因素对于人格塑造的影响。对于传统儒家人格教育思想资源的当代转化来说，有没有为传统儒家人格教育思想资源当代转化的施行提供政治上的保障呢？毕竟社会经济不是唯一的影响因素，我们不能单一地只把社会经济纳入考虑之中。在历史的长河之中，我国的经济体制不断地变革，政治也同样经历了动荡与安定，人格教育在历史之中被塑造，也自然不能脱离政治的色彩。所以，我们需要从政治的角度出发，仔细分析传统儒家人格教育思想资源当代转化的可行性，发现我国政治基础对于传统儒家人格教育思想资源的当代转化所发挥的作用。下面，将从我国的根本政治制度、我国的执政党与我国的基本政治制度出发，来阐述传统儒家人格教育思想资源当代转化的可行性。

（一）人民代表大会制度为其当代转化明确了方向

几千年的时光，见证了我国从氏族部落逐渐走上西周的分封制与宗法制，随后又慢慢变革为带有封建性与集权性、专制性的中央集权制。继秦之后，各个朝代都极力发展中央集权制。我国的古代封建社会强调血缘纽带的宗法分封制与强调身份等级的专制主义制度，宗法分封制与专制主义制度二者始终是相联系的，这使得我国古代封建社会形成了以家国一体为特征的社会政治结构。在此社会政治结构之下，皇族权威不容挑战，全社会弥漫着做官为本的气息。我国的传统人格在封建专制制度之下，难免会受其影响。在封建专制的统治下，国家统治者需要人民的绝对服从，需要"听话"的百姓。长期的奴性教育培育出来的人一味迎合统治者，造成了百姓对权力的畏惧与盲从，透露出了传统人格的愚昧性和封闭性，这无疑是阻碍人格健全发展的"拦路虎"。这样的传统人格是扭曲的，会极大地限制国民人格的健康发展。

虽然在当时的社会背景下，分封制、宗法制与中央集权制等政治制度都彰显了其合理性，但是随着时代的发展，政治制度也需要随之变革。相对较为激烈的，也让人深思的一次政治变革发生在中国近代社会之中——西方列强强行打开了中国的大门，中国社会被迫承受西方列强的冲击，中国政治制度则表现得最为敏感。我国一些开明之士纷纷思考如何应对西方的冲击：龚自珍认为，国家必须要改革，必须要向西方学习，只有更法、改革，才能化解危机；魏源作为我国放眼看世界的第一代中国人之一，提出了一个非常著名的口号"师夷之长技以制夷"，认为只要是对国家发展有重要作用的，只要对社会民生有好处的，我们都可以学习与创造。龚自珍、魏源勇于接受新事物，他们都呼吁变法，提出向西方学习。这体现了当时中国的地主阶级为了维护封建地主阶级的利益，就简单地认为中国只要照抄甚至照搬西方制度，地主阶级就可以维持自己的统治，而中国就会像西方那样实现国富民强，不再受到西方列强的压迫。对于人格教育而言也是如此，单纯地认同西方人格的优越性，简单地呼吁当时的人格需要民主、需要自由，却很少对中国本质的社会问题和现实状况进行冷静而理智的分析，是不适合中国国情的。

西方的政治制度是西方在长期发展中应运而生的产物，是适应西方的历史、文化和社会生产关系的，这样而形成的制度又如何能照搬运用于中国社会呢？所以，近代中国社会在制度上的摸索屡屡碰壁，人格教育的发展方向也饱受争议。随之，中国人民在艰难的摸索之中，在经历了与帝国主义、官僚资本主义和封建主义斗争的种种失败之后，中国共产党领导人民经过多年流血牺牲、历尽千难万险探索出符合中国国情的政治制度。这种政治制度以中国广大人民群众的根本利益为出发点，科学而理智地分析中国社会的性质与存在的主要矛盾，结合当时中国的各阶级，确立了人民代表大会制度为新中国的根本政治制度，为新中国的国体。自此以后，在新中国，人民是当家做主的人，是新中国的主人，不再像封建社会那样，权力被少数特权阶级所占有，国家的一切权利归人民所有。因此，我国的人民代表大会制度规定了人民享有广泛的民主权利与自由，享有选举权与被选举权，还规定了我国人民具有管理国家各项事务的权力，拥有集会、结社、游行、示威等自由权。显而易见，人民代表大会制度与封建社会的中央集权制有着本质上的区别，这主要就体现在人民享有的权利上。在封建社会中，人民是皇权的附属品，人民需要按照统治阶级的意志而生存，这就导致当时封建社会的人格带有依附性的特征，自然人格教育也要朝着依附性的方向发展。

不难发现，在人民取得了当家做主的地位之后，真正成为国家的主人之后，人民不需要再像过去那样唯唯诺诺地卑躬屈膝去迎合统治阶级，也不需要过去传统人格中的依附性与封闭性，这就需要对传统儒家人格教育思想资源进行当代转化，这也是我国人民代表大会制度下对我国传统人格提出的新要求。实际上，人民代表大会制度明确了传统儒家人格教育思想资源当代转化的方向。人民代表大会制度在对人民所拥有的权利做出一一规定之后，也表明了新中国是需要更加民主、更加独立、更加自由的人民，这就对我国国民的人格提出了新要求。因此，在我国人格塑造的过程中要格外注重人格的民主性、独立性与自由性。人格的民主性要求我国的传统人格摒弃对特权权威的盲从，真正做到对待一切人与事务的民主；人格的独立性要求我国的传统人格脱离对统治阶级的依附，真正做独立的自己；人格的自由性要求我国的传统人格祛除封建社会遗存的封闭性，真正做到自由地迎接一切新事物。所以说，在新时代下，在人民代表大会制度的政治环境下，我国传统儒家人格教育思想资源的当代转化要朝着正确的方向转化，否则转化出来的人格也是不符合我国的实际情况的，也是不符合现实对我国现代人格的要求的，对培育健全而又合格的人格也是无益的。

（二）中国共产党执政地位的不断巩固为其当代转化提供了政治保证

中国早期的原始社会以亲族关系为基础，以氏族公社为形式存在。在早期的原始部落，受自然环境的制约，人口数量很少，生活资源匮乏，社会生活事务均依靠原始氏族部落中的全体氏族成员通过民主管理来解决。这种氏族自治组织实际上是一种以血缘亲疏为基础自然形成的联盟，它是由氏族全体成员组成的，每一个成员拥有平等的地位，凡是有关氏族的一切重大事务都由该氏族的全体成员共同讨论决定，参照辈分高者的意见来决断或是依靠传统留下的方法来解决，而不是依靠政府这种专门管理社会的特殊权力机构的权力和以法律为手段来进行决断。每当氏族部落里的人们有争执，就按照以上的传统准则调停，人们普遍遵守这些准则。因此，在原始社会，是由氏族部落里有威望的人充当首领，氏族首领是在社会生产和管理活动中产生出来的德高望重的长者，在日常生活中是与其他氏族成员一样平等地参加劳动，也同样平等分配劳动产品，他们没有任何特权，而他们作为首领的权威主要来自他们自身所具有的良好品质以及氏族成员对他们的信任。氏族部落里的相同年龄与性别的人具有同等社会地位，没有高低贵贱之分。对于当时的人们来说，怎样在恶劣的自然环境和生产水平低下的现实中生存更为重要，当时的人更为崇拜神秘力量，崇拜宗教。到了原始社会末期，随着生产力的发展，生产工具的改进，使得劳动产品出现了剩余，人们除去必需的生产劳动之后有富余的时间去从事其他劳动，个别的人拥有了更多的劳动产品，由此产生了私有制，随之出现了阶级。氏族中出现了贵族阶层和平民阶层，使得以血缘关系结成的氏族开始破裂，不同阶级之间出现了斗争，而贵族阶级往往会最终获得对人民进行统治的权力，在原始社会解体后逐渐进入了奴隶社会。此时的贵族阶级作为国家的领导阶级，为了维护统治，要求人民顺服，不要反抗他们的统治。

中国共产党领导各族人民取得革命的胜利之后，不断地巩固中国共产党作为执政党的领导地位，这与封建社会的君主执政具有本质上的区别。中国共产党不会像过去的统治阶级那样，要求人民无条件服从，也不要求国民去依附统治阶级，更不会以牺牲人民的利益来保全统治阶级的利益，因为中国共产党始终代表着全体人民，始终是为全体人民争取利益的，这对于封建社会统治阶级对人格的要求同样有着本质上的区别。封建统治阶级要求我国人民的人格具有强烈的依附性与保守性，具有依附性人格的人民是非常便于统治阶级管理的，因为他们除了听从统治阶级的安排之外，别无选择，到后期甚至有些人发展出了奴性的人格。这对健全人格的培育来说，是个严重的打击，而具有保守性人格的人民则会安于现状，不敢去尝试新事物，不敢去改变自己的现状，这种依附性与保守性的人格是封建社会的统治阶级非常乐于接受的。中国共产党对中国特色社会主义事业需要什么样的人来建设有着清晰的认识，是不需要这种依附性与保守性的人格参与我国特色社会主义事业的建设的。中国特色社会主义事业的建设需要具有独立人格的人，没有独立人格的人是不知道生存的意义的，只会不断地尾随他人；没有创新性人格的人是没有生机与活力的。历史证明，中国特色社会主义事业既不是依靠别的政党领导，又不是依靠别的国家建设出来的，而是中国共产党带领全国各族人民艰苦奋斗出来的。得到人民拥护的中国共产党在实践中更加明确了，没有独立性与创新性人格的人民是不能以其良好品质参与中国特色社会主义事业的建设的。

（三）我国的政治制度与法制建设对其当代转化提出了新要求

我国除了人民代表大会制度这一根本政治制度以外，还有各项基本政治制度，比如中国共产党领导的多党合作和政治协商制度、民族区域自治制度以及基层群众自治制度。如果说人民代表大会制度的确定为其当代转化明确了方向，那么中国共产党领导的多党合作和政治协商制度、民族区域自治制度以及基层群众自治制度也对传统儒家人格教育思想资源当代转化提出了新要求，我国一直以来的法制建设所取得的成果也对此提出了新期望。

从抗日战争时期的"三三制"到抗战结束前的民主联合政府，再到1949年正式建立起中国特色的基本政治制度，中国共产党领导的多党合作和政治协商制度真正确定下来。中国共产党领导的多党合作和政治协商制度，与封建社会的君主专政有着本质区别。封建社会的权力高度集中在君主手中，只有统治阶级才有权力参政议政、治理国家，普通百姓是没有参与治理国家事务的权力的，这体现了极大的专制性与阶级性。而中国共产党领导的多党合作和政治协商制度是以中国共产党为执政党，全国各民主党派参政议政，是以马克思主义的基本原理为出发点，充分结合中国的实际情况，按照中国的基本国情与政治主张确立起来的一种新型的政党制度，展现出与封建社会君主专制显著不同的民主性与平等性。毕竟封建社会的统治阶级是不会容许除本阶级之外的阶级长期存在于国家治理中的，也不期望受到别的阶级的权力监督，全社会的普通百姓都会被要求成为支持专制性与阶级性的人，都会被培养成具有附属性的人格。因此，在中国共产党领导的多党合作和政治协商这一基本制度下，所期望的更多是具有民主性人格的人民。只有人民具有民主性人格，才能真正理解中国共产党领导的多党合作和政治协商制度这一基本政治制度的内涵，才能坚定地支持此制度在我国的实施，才能让民主的精神充分发挥出来。因此，我们需要对传统儒家人格教育思想资源进行当代转化，以传统儒家人格教育思想资源中的精华为基础，汲取历史的养分，并结合中国共产党领导的多党合作和政治协商制度对于民主性人格的要求，实现其当代转化就成为时代之必然。

在中国封建社会，大多数时候是由汉族统治者统治国家，汉族人排斥外族统治。他们认为，只有汉族才是正统，只有汉族才是礼义的化身，才能统治华夏大地、传播文明。对于汉族人而言，外族是蛮夷，是不懂礼义的，久而久之，这种观念也带入了人格教育之中，对传统儒家人格教育思想资源也造成了影响，导致我国传统人格很自然就带有排他性，缺乏包容性。而民族区域自治制度作为我国另一种基本政治制度，是主要在中国的少数民族聚居地实行的一项重要的政治制度，是强调在多民族聚居地区，以民族聚居的人口数量和区域范围的大小为基准，建立各种民族自治机关，实行民族区域自治，给予少数民族人民自我管理的权力，这对加强民族团结是十分有利的。若是人格中没有包容性，是不能真正支持民族区域自治制度，也是不能真正理解中华民族的内涵的。可以说，包容性是对传统人格的进一步要求，这也需要对传统儒家人格教育思想资源进行当代转化，没有转化的传统人格是不符合民族区域自治制度对于人格的要求的。因此，在人格教育中需要着重培养包容性，从而健全人格。

随着中国民主政治建设进程的深化，基层群众自治制度这一基本政治制度逐步建立起来。基层群众自治制度规定，城乡居民可以在相关法律法规、政策的依据之下，在城乡基层党组织的帮助下，在居住地范围内形成基层群众自治组织，参与选举、决策、管理和监督。和封建君主专制制度相比，基层群众自治制度更具民主性。在封建社会中，群众能够民主地享有一系列的权力去选举、决策、管理和监督，这是不可想象的，封建社会的老百姓只有把期望寄托在统治阶级的良好品性之上，如若统治阶级具有仁德之心，百姓的事务才能得到关注。为了方便统治阶级的管理，百姓被教化成没有独立性与自主性人格的人。但是对于今天的中国社会而言，基层群众自治制度不需要依赖统治阶级来参与，因此，对传统儒家人格教育思想资源进行当代转化是应需而产生的。同样，除我国的根本政治制度与基本政治制度的保障外，我国还以《中华人民共和国宪法》为核心，在此基础之上，制定并完善适合我国国情的相关法律法规和条例，从而大力实施依法治国的基本方略，形成中国特色社会主义法律体系，对社会生活的各个方面均从法律上做了规范，使得一切有法可依，也在最大程度上赋予了人民民主的权力，充分体现了人民群众是国家真正主人的地位。那么，对于人格教育来说，需要公民具有独立的人格参与各项社会公共事务。因此，为了有效实施法律赋予人民群众的各项权力，让公民能够自主参与和管理国家大大小小的事务，必然需要公民形成与之相适应的独立、民主、自由等人格。而传统儒家人格中的封建性、保守性、依附性和封闭性人格已经不能适应现代社会主义民主政治对人格的发展要求，为了让公民具有符合需求的人格，就必然依据社会主义民主政治发展水平，充分利用法律的保障对传统儒家人格的内容进行改造，即对传统儒家人格教育思想资源进行转化。

总之，社会主义民主政治在不断深化政治体制改革之中，需要现代的民主、独立的人格；在不断加强制度建设和法律建设之中，需要现代的民主、独立人格。这对传统儒家人格教育思想资源的当代转化都提出了新的要求，也从政治的角度证明传统儒家人格教育思想资源的当代转化是切实可行的。

三、文化发展支撑

我国的文化在长期的经济、政治乃至历史的实践中确立，受到了众多因素的影响，形成了自己独一无二的特征。传统儒家人格教育思想资源作为我国传统文化中不可或缺的组成部分，对人格塑造的影响较大。一般而言，文化在人格的形成中具有重要的意义，文化也影响着人格发展的现实性，人们会使用文化来界定人格的正常与否。从人出生成为个体以来，就生活在社会中，在成长的过程中接受着社会文化潜移默化的影响，逐步学会各种知识、技能，培育自己个体的人格，从而适应这个社会。文化于人而言，无疑是根之于树。根为树之本，无文化之国，无文化之人，就犹如无根之木，是无法成为参天大树的。在社会主义新时期，我国的文化建设取得一些成绩，力求把我国的文化建设成适合时代发展、社会需求的文化，这对培育健全人格来说，亦是营造了良好的氛围，也为传统儒家人格教育思想资源的当代转化提供了文化环境。以下将从我国的传统文化、中国特色社会主义的文化与多元文化的时代背景下，探讨传统儒家人格教育思想资源当代转化是否切实可行。

（一）对传统文化的重视为其当代转化奠定了文化基础

在中国文化中，中国的传统文化占据了重要的地位，哪怕走进新时代，中国传统文化依旧影响着现代的人们。由此可见，中国的传统文化是中华民族在过去的岁月里，不断改造自然、发展自己的过程中所创造出来物质财富和精神财富的总和，是中华民族当之无愧的瑰宝。在中国的传统文化之中，有着中国古代的先人对自然、对社会以及对人生的各种认识与体会，智慧的成果，是中华民族的精神风貌、文化传统、风俗、心理特征与价值取向的集中体现，这是前人具有鲜明民族特色的优良传统与博大精深的内涵，是应该为中华民族世世代代所继承、发展的优秀文化。然而，每当人们提及中国的传统文化，脑海中率先浮现出的便是中国的儒家文化。在中国的传统文化中，中国的儒家文化可以说是重中之重。我们仔细回顾中华民族五千年的文明史，会发现传统的儒家文化蕴藏在"天下为公、大同小康"的社会理想中，蕴藏在团结统一、爱好和平的和谐意识里，蕴藏在忧患意识和爱国主义思想里，蕴藏在天人合一、自然与社会的统一性里，蕴藏在与时俱进、自强不息的思想里，蕴藏在人们浩然正气的道德情操与崇尚气节的人格修养里，蕴藏在中国古代文化的典籍中，蕴藏在古代仁人志士的思想和行动里……中国传统儒家文化的身影渗透在中国人的骨髓里。

因此，我国对中国传统文化愈来愈重视，也在不断地思考中国传统的儒家文化对现代人的意义。实际上，这也是思考什么样的传统文化对现代人具有重要意义，更为具体而言则是在思考什么样的儒家文化对现代人格的培育具有重要价值，怎样从传统儒家文化中汲取养分来塑造人格，使之适应时代与社会的要求。而儒家文化在中国传统人格教育中地位颇高，中国传统人格乃至我国现代国民的人格很大程度上都有儒家的道德人格的色彩。儒家文化强调人的价值，人格的尊严。《说文解字》云："人，天地之性最贵者也。"①荀子亦云："人有气、有生、有知，亦且有义，故最为天下贵也。"正是因为人的宝贵，所以人才是有价值的，一个有价值的人必须要有人格。除此之外，要无时无刻地把别人当作人，关心他人，爱护他人，尊重他人，也就是"仁者爱人"。用"仁"要求自己，去培育爱自己与爱他人的人格，从而爱自己的国家与民族，爱自然，达到天人合一。当我们回顾儒家文化时，会发现"仁"充实了人格，当人格不再停留在肤浅的境界，才会实现人格的更高层次，一直到突出对民族、对国家的热爱，这是传统儒家人格教育的核心。而传统儒家人格教育中另一不可忽视的要素就是"德"。"德"是个体的道德修养，是呼吁个体发展道德人格、修身养性，从而在实际的社会交往活动中"以德服人"，在政治上"以德为政"，在教育上"以德为先"，在人格教育上不断地追求道德人格，在方方面面体现"德"的色彩。由此可见，中国传统儒家文化的关注点在于人生，在于探究人生，在于挖掘人生，这就涉及儒家思考人生问题的核心：培养理想人格。也就是带有"仁""德"特质的理想人格，与之相呼应的是传统儒家人格教育思想资源，所关注的焦点在于塑造高尚的人格，这既涉及中国古代儒家先贤们关于人生价值的探索成果，又是道德修养与道德教育的根本目的。成功塑造理想人格自然就成了中国传统儒家人格教育思想资源的核心，由此也成了历朝历代实施人格教育的目标。

中国传统文化有着独一无二的理念、智慧、气度、神韵，是我们中华民族的血脉之源，是我国人民的精神家园，是我国屹立于世界民族之林的自信来源，是支持中华民族不懈奋斗的文化力量，是中国人民和中华民族不可磨灭的骄傲和自豪。儒家文化作为中华优秀传统文化，在我国传承了千年，在现代社会依旧可以发现儒家文化的踪影。因此，对于传统文化的重视，对于儒家文化的思索，是建设社会主义文化强国，增强我国的文化软实力，实现中华民族伟大复

---

① 张章.说文解字:上[M].北京:中国华侨出版社,2017:42.

兴的中国梦不可缺少的。当然，在新时代的背景下，重视中国传统文化也是我国文化建设的重要基础，但是这并不意味着儒家文化绝对的"复古"回归。何为"复古"回归？就是对中国传统文化，对儒家文化的全部，毫无保留地照搬硬套，不考虑我国当下的实际情况——这是不可取的。我们要凭借我国文化建设对于传统文化重视的有利条件，挖掘出我国传统儒家理想人格中具有重要的现实意义的部分，使得中国传统儒家中以道德为主的高尚人格与今天的文化建设需求相结合，对传统儒家人格教育思想资源进行当代转化。不得不说，正是由于在我国的文化建设中，重视传统文化对于人格塑造的基础性作用，才为传统儒家人格教育思想资源的当代转化提供了良好的文化基础。

（二）建设有中国特色社会主义的先进文化为其当代转化营造了文化环境

我国的文化建设同我国的经济建设、政治改革一样，不是一帆风顺的，都是经过时间的考验，经过全国人民持之以恒的艰苦奋斗，才逐渐建立起来的。现在，我们强调建设中国特色社会主义文化，那么这与传统儒家人格教育思想资源的当代转化有何关系呢？

建设中国特色社会主义首先要实现的是经济现代化、政治现代化与文化现代化。我们所提倡的文化建设，是需要建设现代的中国文化。现代的中国文化不仅是现代化的中国社会的一个必要的建设目标，更是人类实现现代化，人格实现现代化的可靠基础，而现代的中国文化也为传统儒家人格教育思想资源的当代转化提供了良好的条件。现代的中国文化本质上就是建设有中国特色社会主义的文化，中国共产党对这一点非常清楚，在党的十五大报告中，中国共产党做了十分明确而简洁的概括，准确地告诉了人民群众何为建设有中国特色社会主义的文化："建设有中国特色社会主义的文化，就是以马克思主义为指导，以培育有理想、有道德、有文化、有纪律的公民为目标，发展面向现代化、面向世界、面向未来的，民族的科学的大众的社会主义文化。"[①]建设中国特色社会主义的文化，是帮助我国在现实中更好地面临各国综合国力激烈的竞争，帮助我国在现实中面对科学技术高速发展的需求，帮助我国在现实中面对全球各

---

① 孔静.从一大到十八大——中国共产党历届党代会典藏[M].北京:中国言实出版社，2014:159.

种思想文化的冲击，帮助我国在现实中面对高素质人才资源的渴望，等等，体现了我国人民群众在小康社会中日益增长的文化需求，这也是与我国的现代生产力水平和科技水平与中国特色社会主义民主制度在文化上的要求。事实上，中国特色社会主义的文化，不仅仅是建设中国特色社会主义的重要组成部分，更是一种重要力量，我们需要它来凝聚和激励全国各族人民，增强综合国力。毕竟，在当今的世界中，仅仅依靠科学技术就想屹立于世界前列，而忽视精神文明建设，那国家的发展也是不健康、不全面的。人们已经发现，一个国家要想得到长远的发展，不单单是积累物质财富与提高社会发展速度这么简单，而是需要物质财富、社会发展与文化事业以及精神文明建设相结合发展。因此，文化建设是至关重要的，是培养人才资源、提高人民素质的必要手段，是一个国家在综合国力竞争中取得成功的关键因素。从这个意义上说，文化建设是现代化事业进程中的决定性因素，建设中国特色社会主义的文化更是实现中国的社会主义现代化，是实现经济、政治和文化三位一体的现代化的有效途径。

建设有中国特色社会主义的文化，不仅需要一种对于现代文化的思考，而且是对中国传统文化以及儒家文化的再探。儒家文化在古代的经济政治基础下，其思想成为中国封建社会的指导思想，是当时的权威。当今社会的复杂性远远高于古代封建社会，儒家思想作为一个思想体系更是无法适用于现代社会，我们不能简单地认为建设有中国特色社会主义的文化就是让中国传统文化成为主流，让儒家思想体系成为指导思想。现在的中国文化是以马克思主义为指导的，当然儒家文化也是作为现代的中国文化的思想来源之一，儒家文化中的许多因素对于建设中国现代文化、建设中国特色社会主义的文化有很大的参考价值。因此，在建设中国特色社会主义的文化的过程中，在不断发展与完善中国特色社会主义文化的过程中，都不得不考虑儒家文化的因素，思考如何使儒家文化符合中国特色社会主义文化的要求。儒家文化中对于中国特色社会主义文化建设最有价值的还是其中的人格教育思想资源，毕竟一切文化的创造者与发扬者都是人类自身。我们可以在传统儒家人格教育思想资源的当代转化中，借鉴一切有利于建设中国特色社会主义的文化的部分，实现人的现代化，实现人格的现代化，保留中国人几千年来最美好、最有价值、最有魅力的人格部分，适合中国现代的国情，适应以马克思主义为主导的中国特色社会主义的思想文化体系。不得不说，建设有中国特色社会主义的文化为传统儒家人格教育思想资源的当代转化营造了良好的文化环境。

（三）多元文化汇集的时代坚定了其当代转化的文化立场

在中国的现代社会中，多元文化主要表现在三种思想文化体系的汇集上，这三种思想体系分别是马克思主义、儒家思想和西方自由主义思想。儒家思想是中国本土所创造出来的，是基于中国传统社会与封建文化而产生的，一直是中国文化的主流。虽然儒家思想是中国的本土思想，土生土长，源远流长，在两千多年的时间中，一直是中国文化的根本，是最适合中国社会生存与发展需要的，但是由于历史原因，一直是中国主流思想的儒家思想在近代受到了西方文化思想的冲击。当时，西方的自由主义思想与马克思主义登上中国的历史舞台，震惊了整个文化界，文化界的有识之士陷入思考之中，纷纷希望通过学习西方的思想文化来改变当时中国的状况。

马克思主义作为对中国文化建设起指导作用的思想，指导着整个国家和全体人民的实践活动，但在马克思主义刚传入中国时，就有人提出异议，认为马克思主义不是中国本土的，而是西方传来的舶来品，它的传播会造成我国传统的民族文化走向衰落，使之黯然失色。然而近一个世纪的实践证明，中国共产党领导人民在实践中找到了马克思主义与中国国情相适应的具体作用形式，形成了毛泽东思想、邓小平理论、"三个代表"重要思想、科学发展观和习近平新时代中国特色社会主义思想等理论，它们是马克思主义的普遍原理与中国社会实践相结合的产物，在中国的实践中成长，又成功地指导了中国实践。即使中国历史的发展充满复杂性和曲折性，以及今天充斥着的多元文化，我们的中国文化仍然是中国文化，它没有凭借着马克思主义变成德国文化，也没有变成苏联文化，是因为中国人还是中国人，我们依旧保持着国人的人格，我们依旧需要具有带着中国人特性的人格来丰富当代人的情感，这就不可避免地存在着对中国传统文化的重新认识和评价，需要对传统儒家人格教育思想资源进行重新分析，吸取其积极部分，实现其当代转化，但这也离不开马克思主义的指导，离不开毛泽东思想、邓小平理论、"三个代表"重要思想、科学发展观和习近平新时代中国特色社会主义思想的指导。正是有了这些科学的指导思想，才使传统儒家人格教育思想资源的当代转化在多元文化的冲击下保持了基本的文化立场；正是因为我们有着坚定的文化立场，才让传统儒家人格教育思想资源的当代转化成为可能；传统儒家人格教育思想资源的当代转化也进一步培养了具有中国特性人格的人。

对于儒家思想而言，即使受到了冲击，也可以在现代文化教育与人格教育上找到它的影子。儒家思想中的四大思想依旧影响着国人。其一是人与自然的"天人合一"思想。儒家一直秉持着"天人合一"的思想。在儒家看来，天是人的道德观念和原则的本原，人心中亦具有道德原则，这种"天人合一"乃是一种自然的但不自觉的合一，但人类在后天的成长过程中会受到各种世俗名利、欲望的诱惑，从而忽视自己心中的道德原则。"天人合一"就是人类自我修行、摒除外界欲望，最终达到一种自觉地履行道德原则以"求其放心"的境界，到后期发展为认为人与自然应该保持和谐的关系，而不是人类无休止地只顾自己的利益向大自然索取，不去遵守自然规律。其二是关注人与国家、集体的关系，强调整体利益原则，主张国家的、整体的利益高于个人利益，个人利益应服从整体利益，"先天下之忧而忧，后天下之乐而乐"表达的就是此思想。其三是人与人之间的人文精神，从人自我的实际需要出发，用人的标准来看待事务、从事活动、解决问题。其四是人的为人处事之哲学：中庸，不追求极端，不过度地追求自己的利益，凡事都力求适中，不偏不倚。

西方的自由主义思想宣扬自由、民主。当时的一些人甚至在新文化运动中寄希望于西方的民主与科学思想，希望通过建立资产阶级共和国来改变当时中国的命运。但是，我们应该理性地看待西方自由主义思想。西方自由主义思想是建立在西方社会的基础上，是资本主义的产物和资本主义文化的核心，是西方文化的指导思想，如果简单地采取西方的自由思想，并以此为指导思想来指导我国的建设工作，那么我国就会在经济上走向资本主义，在科学技术、经济思想、政治思想、文化娱乐、文学艺术、宗教、哲学等各个领域都会被西方文化大量渗透，国民的生活方式也会随之全盘西化。现代化不等于西化，更不等于全盘西化。中国社会在各个方面都需要吸收西方的合理的东西，但绝不是照搬。因此，中国在文化建设中，在建设中国特色社会主义国家中，更需要坚定自己的文化立场；这份坚定的文化立场更需要以传统儒家人格教育思想资源为有效手段，汲取有价值的、有利于塑造现代人格所需要的部分，使得传统儒家人格教育思想资源能够成功实施当代转化。

四、教育改革深化

中国自古以来都很重视教育，《礼记·学记》曾言："玉不琢，不成器；人不学，不知道。是故，古之王者，建国君民，教学为先。"①孟子曾言："君子有三乐，而王天下不与存焉。父母俱存，兄弟无故，一乐也；仰不愧于天，俯不怍于人，二乐也；得天下英才而教育之，三乐也。君子有三乐，而王天下不与存焉。"②可见，教育在国家发展中的重要性，在人才培养方面的重要性，在人格塑造上的重要性。因此，为了保持我国教育的生机与活力，我们需要通过教育改革来适应时代的变化，需要把握好教育改革提供的良好条件，对传统儒家人格教育思想资源实行合理的当代转化，从而促成健全人格的培养，进一步支持教育改革。

（一）培养目标的改革可以确定其当代转化的目标

培养目标是指各级各类学校培养人的具体要求，有时培养目标也表述为教育目标，它包括三个部分，即培养受教育者的总目标，各级各类学校各专业的具体培养要求，教育事业发展的目标。古代封建社会教育的培养目标主要是"学而优则仕"，为封建王朝培养官员，维护当权者统治。但是在现代中国，培养目标发生了改变，《国家中长期教育改革和发展规划纲要（2010—2020年）》提出："全面贯彻党的教育方针，坚持教育为社会主义现代化建设服务，为人民服务，与生产劳动和社会实践相结合，培养德智体美全面发展的社会主义建设者和接班人。"③因此，现代中国教育培养目标的改变间接明确了人格发展的方向，使得传统儒家人格教育思想资源当代转化明确了人格培养的目标。因此，无论在小学、中学、大学或更高层次的教育中，我们可以在各级各类教育的培养目标中发现《国家中长期教育改革和发展规划纲要（2010—2020年）》中所提到的本质性要求，我们从中总结出爱国主义、奉献自己、全面发展等内容，事实上培养出具有以上特性的人，也需要与之相呼应的人格，这为人格塑造指

① 孟宪承.中国古代教育文选[M].孙培青,注释.3版.北京:人民教育出版社,2014:95.
② 杨伯峻.孟子译注:简体字本[M].北京:中华书局,2015:240.
③ 国家中长期教育改革和发展规划纲要(2010—2020年)[EB/OL].(2010-07-29)[2019-04-02].http://www.moe.gov.cn/srcsite/A01/s7048/201007/t20100729_171904.html.

明了方向，也帮助确定了传统儒家人格教育思想资源当代转化的目标方向。

我们需要通过学校教育培育富有积极的、爱国情怀的个体。这样培养出来的生命个体，对国家与民族有着强烈的归属感与丰富的感情，有着不由自主地维护自己祖国与民族的心态。乐于建设自己祖国的人，会对本民族与国家的自然与社会无限热爱，对本民族与国家的未来有着积极向上的心态，这与传统儒家人格中的精华部分是一致的。教育并培养此类人格，我们可以从传统儒家人格教育思想资源中汲取营养，需要继承与发展传统儒家人格中的爱国主义与民族性的部分，也需要将其进行当代转化，不仅要保留爱国主义与民族性，而且要发展它。

我们还强调要培养为人民服务的人，这就需要培养出具有奉献与无私精神的人格。诚然，这是对人格发展更高层次的要求。在西方文化的冲击下，国人在一定程度上受到了西方自由主义思想的影响，有些人盲目地认为自由与民主就是一切为了自己，将自由与民主发展成享乐主义与利己主义。不可否认，在人性中的确存在利己的因素，但是不能把人性当中的利己性无限放大与发挥。司马迁曾说："人固有一死，或重于泰山，或轻于鸿毛。"每当中国面临生死存亡之际，都会有无数仁人志士站出来，放弃自己的个人利益，甚至牺牲自己宝贵的生命，就是为了让人民从水深火热之中走出来，让人民过上好日子。说起利己性，我相信大多数人都会有，有谁不想与自己的家人、爱人、朋友幸福、快乐地生活着？但是为了受苦的人民，他们决然地将这些个人利益抛弃，为了人民挺身而出，哪怕到了和平年代，依旧可以看到很多人兢兢业业地为人民服务。具有奉献与无私精神的人格可以从我国的传统人格看出，但是也要根据现代要求进行转化，从而赋予其时代内容，这就需要对传统儒家人格教育思想资源进行当代转化，培育出既保留传统儒家人格精髓又符合现代要求的人格。

我国教育的培养目标从"成才"发展为"做人"与"成才"齐头并进，也就是要实现人的全面发展。实现人的全面发展首先需要的是人的"完整发展"，"完整发展"意味着人在发展的过程中，人的各种最基本的素质必须得到完整并且均衡的发展。在素质教育中，把人的基本素质进行了更为细致的分解，分解成为德、智、体、美、劳等诸多要素，即希望学生们在德、智、体、美、劳等方面获得完整的、健全的发展。这些都需要健全人格的支持，有了健全的人格才能是完整的人，也为德、智、体、美、劳等方面的发展打下坚实的基础。健全人格是构建人全面发展的支柱，没有健全的人格，人的发展就是有缺陷的，又怎能创造壮丽与辉煌的人生呢？现代社会正处于复杂的转型时期，经济建设等各类建设对现代人的要求也越来越高，极个别人在社会生活中容易受到各种消极因素的影响，使一些国人在不同程度上存在着人格上的缺陷。比如说，极个别人会过于计较自己的得失，把自己看得过重，在处理个人与集体、自己与他人的关系时会以自己的利益为先，甚至有极个别人缺乏最基本的社会责任感及道德感，形成冷漠的人格，这样的人就是片面发展的人。因此，就需要培育健全的人格，拥有健全人格的人才会更好地在德、智、体、美、劳方面学习并得以发展，也更能理解全面发展的含义。我们要在自身人格的基础之上不断地去发展、完善，可以采取最为便捷的方法，那就是在传统儒家人格教育思想资源中汲取精华并获得启示，把传统儒家人格教育思想资源中合理的部分加以继承，并推陈出新进行当代转化，以健全的人格为转化方向，充分地利用教育改革的有利条件，使得传统儒家人格教育思想资源当代转化成为切实可行的工作。

（二）教育内容的改革可以丰富其当代转化的内容

教育改革的深化离不开教育内容的改革，教育内容的改革也是为了更好地培育所需的人。根据人的全面发展培养目标，教育内容的改革也要体现出人的全面发展的要求，这也丰富了传统儒家人格教育思想资源的当代转化的内容。教育内容的改革主要集中在以下几个方面：教育内容要突出本国特色，教育内容要重视责任感与价值感教育，教育内容要强调意志力培养。

教育内容要突出本国特色，也就要求传统儒家人格教育思想资源当代转化的内容要注重本国的特性。也就是在教育内容上要注重国家发展和国家统一的要求，建立具有我们自己国家特色的教育内容。由于近代以来西方大肆进行文化传播的影响，造成绝大多数发展中国家在一定程度上照搬西方国家的模式，在教育方面也不例外，我国教育内容的设置也受到西方的影响。因此，现在很多发展中国家都很关注教育改革，也会伴随着教育改革的深化，在教育内容上更突出体现本国的特色。新中国成立之后，我国一直都在进行教育改革，希望建立起中国自己的教育。按照我国文化建设以及教育改革的要求，我国对原有的教学内容进行了相关的修订和调整，剔除了那些不适合本国国情的教育内容，力求教育内容结合中国的实际，注重体现本国特点。我们需要继续学习传统儒家人格教育思想资源，并结合我国当前社会的实际进行当代转化。

教育内容要重视责任感与价值感教育，也就要求传统儒家人格教育思想资源当代转化要注重道德、价值。通常，我们评价一个人的人格是否健康的标准之一，就是看这个人有没有责任感，一个具有健全人格的人必然是勇于承担责任的人。一般来说，"责任感：是健全人格的重要组成部分。是指个人对自己和他人、对家庭和集体、对国家和社会所负责任的认识、情感和信念，以及与之相应的遵守规范、承担责任和履行义务的自觉态度而产生的情绪体验。"①因此，要想使教育内容的改革取得成效，在人格教育中获得成绩，就需要把培养学生的责任感纳入人格教育的内容之中，这对学生的成长非常有意义。学生只有具有责任感，才会明白自己需要承担的责任，才会明白自己对家庭、对他人、对社会、对国家的责任，才能体现一个人的健全人格。这也是教育工作与人格教育工作的重心。我们不难发现，极个别学生过于自我，责任意识淡薄，与父母沟通较少，喜欢沉溺在自我的世界里，对家庭的责任感不强，对他人比较冷漠，对国家、社会没有责任感，这就需要我们在教育内容尤其在人格教育内容中加强责任感教育。价值感主要是自我价值感，"班德纳等人（Bednar，Wells＆Peterson 1992）认为：自我价值感是一种持久的、建立在准确的自我知觉基础上的个人价值的情感感受"②。我们需要明确在人格教育过程中，自我价值感的教育是为了引导学生树立正确的人生价值观，提高他们辨别是非的能力，而不是一味地强调对自我价值的情感体验。我们所呼吁的"正确的人生价值观"，是有利于集体和人民利益的，是有利于社会进步和国家发展的，是符合时代潮流的人生价值观，而不是过度追求物质，追求自身利益，强调享乐主义，一味索取却不知奉献的人生价值观，这是错误的人生价值观。帮助学生形成正确的价值观，对他们今后的人生至关重要，因此要抓住学生人生价值观形成的关键时期，对其进行合适的教育。现代人格教育的内容要重理想轻金钱，重集体轻个人，重艰苦奋斗轻奢侈享受。传统儒家人格教育思想资源中有很好的价值观内容，对于现代的人格教育而言，可以通过对传统儒家人格教育思想资源进行当代转化而获取更符合时代要求的、正确的价值观。

---

① 关月玲.教师品质教育[M].杨凌：西北农林科技大学出版社，2013：180.
② 范蔚.人格教育的理论与实践——青少年学生自我价值感的培育[M].重庆：西南师范大学出版社，2003：22.

　　教育内容要强调意志力培养，也就要求传统儒家人格教育思想资源当代转化要侧重意志力与忍耐力等方面。良好的意志力与耐挫力是健全人格的重要组成部分，因而相关的教育也自然而然成为人格教育当中的一项重要内容。我们在人生中会遇到很多风雨，没有人会一直一帆风顺，如果没有坚强的意志力与对困难的忍耐力，是不能形成良好的人格的。可以说，意志力是人格心理素质的核心。没有坚强意志力人格的人，可以说是温室里的花朵，经受不了任何风吹日晒；没有坚强意志力的人，可以说是没有铠甲的勇士，抵挡不了刀剑的厮杀；没有坚强意志力的人，可以说是在羽翼遮掩下的雏鸟，是不能经历风雨的。传统儒家人格教育思想资源中有着丰富的内容，例如，孟子曾言："故天将降大任于是人也，必先苦其心志，劳其筋骨，饿其体肤，空乏其身，行拂乱其所为，所以动心忍性，曾益其所不能。"①这就是强调人要具有意志力才能在艰难困境中锻炼自己，这也对教育内容提出了新要求，使教育内容要凸显意志力教育；这也使得我们可以从传统儒家人格教育思想资源当中得到启发，进行当代转化，让传统儒家人格教育思想资源中的意志力内容吸收时代的活力，培育出具有坚强意志人格的人。

（三）教育课程的改革可以影响其当代转化的内容

　　教育改革的核心是课程改革，而课程改革也直接影响着传统儒家人格教育思想资源当代转化之后在教育中实施的课程上的选择。课程改革是一项有目的、有计划的行动，以一定的理论为基础。我国的课程改革从新中国成立的那天起到现在，几经变化，到目前的课程改革，我们期望的是在学校的所有课程的制订上，哪怕是课程的教育教学策略、方式方法的使用上，都建立在"以人为本"的基础上。教育上的"以人为本"就是以我们的学生为根本，就是以促进学生健康成长为基础。当然，这里的"学生"，是指在学校里的每一位学生，教师为了每一位学生的发展，要让每一位学生在学校的一切教育教学及课外的活动中，能够得到有利于终身发展的教育，能够培养出有利于他们日后走出校园、走向社会所需要的基本生存能力，掌握自主学习的技能，既能懂得独立自主又能与人合作，更会在信息社会中学会收集与处理信息，学会办事，从而保证我们的下一代能够在未来社会更好地生存与发展。

---

① 杨伯峻.孟子译注：简体字本[M].北京：中华书局，2015：231.

课程改革的"以人为本"，要求我们注重人格教育。"以人为本"是课程改革的核心理念，在上文中我们也说明了以人为本是以在学校里的每一位学生为根本，就是以促进学生健康成长为基础，在教育上，更强调"教育的出发点是人，教育的归宿也是人"这个理念。我们期望每一位学生都能得到全面、和谐、充分、持续的发展，这是课程改革所期待达到的效果。不难发现，要想使每一位学生都能得到全面、和谐、充分、持续的发展，做到"以人为本"，就不得不重视对学生进行人格教育。在长期的旧课程模式中，我们的学生一直以掌握学科知识为目标，通过学习严密知识体系中的学科教材来掌握知识，把"成才"作为课程目标的核心，却忽视了"做人"这一最为基本的内容。没有健全人格的支托，学生就不能成为合格的"器皿"来承载知识，很容易造成"教师教教材，学生学教材"，使得教师成了教材的简单"复制者"，而学生则成了教材的盲目"容载者"。教师只有懂得如何真正做到"为了每位学生的发展"，才会从内心明确课程改革与实施要从学科知识本位走向学生发展本位，教材与知识都只是学习的工具，并不能作为学生发展的全部。而学生有了健全人格，才会不再简单地学习教材，而是把教材当作学习的手段，师生才能获得心灵交流。这就要求我们在课程改革的同时，做好相关的人格教育。现代的人格教育可以从传统儒家人格教育思想资源中吸取经验，激发传统儒家人格教育思想资源中的符合现代的价值内容，实现当代转化，为学生在课程改革与人格教育中获得终身发展奠定坚实的基础。

课程改革的立德为先，要求我们注重人格的道德性。立德为先，也就是落实立德树人，这也是我国课程改革的根本任务之一。课程改革作为教育改革中的必要一环，也必须体现中国特色社会主义教育事业的核心：立德树人。这也是德、智、体、美、劳全面发展的要义所在，是培养社会主义建设者和接班人的本质要求。人作为教育的主要对象，在整个教育过程中需要集中体现国家意志和社会主义核心价值观，培养出具有高质量的人才，首先需要人具有道德，道德是有用之才的先决条件。因此，落实立德树人，是符合党的十九大的要求，也是提高国民素质、全面提高育人水平以及实现教育现代化的必然要求。立德为先，必然需要人格教育，需要人格具有道德性。课程改革可以充分关注道德知识，有目的、有计划地在课程中安排道德知识，为学生的道德发展与精神升华提供必备的智力基础，这与人格教育的目标是一致的。我国的传统人格尤其是在儒家人格教育思想资源中都非常突出道德性，儒家一直强调"以仁待人，以德治世"，我国的人格教育可以在传统儒家人格教育思想资源中的道德性方面找到着手点，与课程改革的立德为先一起影响人的全面发展，共同促进教育改革的成功实施。

课程改革的民主化，要求我们更注重人格的民主性。课程改革的民主化不仅体现在课程改革的理念上，而且体现在课程改革的目标之上。课程改革一直将民主化作为重点，希望通过全面而又和谐发展的教育，通过改变以往的课程过于强调学科本位、过于注重知识的倾向，建立起新的课程结构，适应不同学生的发展要求。这就需要考虑到每一个地区的经济、文化差异，考虑到不同学校的特点，考虑到学生之间的个体差异，在促进学生个性发展中体现尊重学生人格，这就体现出了课程改革具有很强的民主性。同时，课程改革希望体现课程内容的现代化，这自然要加强相关知识的教学。民主是现代社会所体现的时代特征，对个人、社会发展至关重要。同样，课程改革也期望在管理中体现民主化与适应性，改变课程管理中权力过于集中的状况，充分体现"以人为本"的理念，在课程管理中实行国家、地方、学校三级共同管理，增强课程对地方、学校及学生的适应性。而课程的实际参与者也必将体现民主化，师生关系也会重新定位，教师不再是高高在上的支配者，学生也不再是被支配者，师生关系由传统的"师道尊严"变成为"互尊互爱"，师生关系由支配、控制变成为平等、合作的民主关系。这些都需要具有民主性、自主性人格的支撑。没有民主性、自主性人格的人，无论是课程改革的制定者，还是教师、学生这些课程改革实际参与者，都不能成功地完成课程改革的任务。因此，人格教育必须予以支持，在人格教育中也要与课程改革的民主化要求一致，培养出具有民主性、自主性人格的人。现代的人格教育内容也可从我国传统儒家人格教育思想资源中获得灵感，将传统儒家人格教育思想资源中的内容进行当代转化，为我国现代的人格教育所用，把握好教育改革所带来的有利条件，促进人格的现代化发展。

五、社会大众关注

事实上，除了以上所说的经济、政治、文化的改变为传统儒家人格教育思想资源的当代转化提供了各种条件之外，从社会的角度，我国人民对于人格的广泛关注，也为传统儒家人格教育思想资源的当代转化积累了强大而可靠的群众基础。我们都明白，人是社会的人，人不能完全脱离社会而生存，因此人会在社会之中经历各种矛盾，人格也会在各种社会关系中形成矛盾。由于这些社会矛盾给人们带来的各种冲突，比如说人们各种需与求之间的冲突，各种利益之间的冲突，各种价值观念之间冲突，等等，都会存在于每一个人的人格之中，会在一个人的人格世界之中不断地交汇、冲撞，也因此会形成人格的矛盾。人若是在人格上存在着矛盾，就会造成人格失调。人格矛盾表现在各个方面，表现的形式各不相同。人们越来越意识到，如果这些人格矛盾不能缓解和消除，对个人来说，会导致个体心理障碍，对社会来说，有可能引发社会问题。因此，我国的人民越来越关注人格问题，分析人格问题，强调人格教育。这不仅是对我国现代化事业的健康发展具有重要的现实意义，而且有利于支持我国的现代化建设，推动我国各项改革的深入。

从近代我国大门被西方帝国主义强行打开之后，我国的社会变革剧烈。仔细分析社会变革，主要表现在价值观动荡、社会生活变化、社会地位变动与社会利益分配变化等等方面。价值观动荡，主要是因为西方文化的入侵，它冲击着我国传统文化的根基，自然而然地动摇了我国传统的主流价值观念。社会变革的时期，我们的社会生活也发生了翻天覆地的变化：生活方式日益更新，生活节奏日益加快，人们不再像过去那样仅仅满足于"日求三餐，夜求一宿"的生活方式，而是更为重视社会生活中的学习、就业、恋爱、婚姻、教育子女等方面，社会生活更加多元化，人们自身有限的关注需要分散给多元化的社会生活。人们在选择自己想要的社会生活时，有可能会因为分散的关注点、丰富的选择机会而陷入迷茫的困惑之中。不仅如此，多元化的社会生活带来了比以往更为复杂的状况，有些人的内心可能会受到更大的压力，精神世界也会受到冲击，人们的角色、身份以及社会地位也越来越多。这时候，就需要人格教育来帮助我们塑造更健康的人格，这就少不了对于我国人格教育的审视。众所周知，我国的人格教育是我国的历史宝藏，人格教育的发展也不是一蹴而就的，我们不能忽视传统儒家人格教育思想资源在人格教育中的作用，就如同我们不能不打地基就直接建造房屋一样。传统儒家人格教育思想资源是今天人格教育的"根基"，当然这"根基"也会因为时间而留下"腐朽"的物质，我们需要祛除

"腐朽"的物质，巩固根基，再在此基础上建造起符合要求的"人格教育"大厦。这一过程实际上就是对传统儒家人格教育思想资源当代转化的过程，转化后的传统儒家人格教育思想资源只有"取其精华，去其糟粕"与推陈出新，才能够培育出与现代社会相适应的新型人格。

综上所述，传统儒家人格教育思想资源的当代转化可以从经济、政治、文化、教育以及社会层面等得到有力支持，传统儒家人格教育思想资源的当代转化是切实可行的。

第五章　传统儒家人格教育思想资源
当代转化的价值意蕴

　　传统儒家人格教育思想资源在当代进行转化，对传统儒学本身的复兴，对人的全面发展以及社会和谐与稳定、民族发展与复兴，均具有积极的现实价值。对于传承千年的儒家文化来说，无疑是以此为新生。自汉武帝"罢黜百家，独尊儒术"以至新文化运动推崇西方文化，儒家的思想文化一度是中国传统文化的正统。随着工业文明的发展以及现代科学技术的发展，传统儒学中的神化色彩、君权思想、伦理观念受到现代科学以及追求自由的现代人的诟病，同时受到多元文化的冲击，传统儒学的光芒逐渐暗淡。新时期，对传统儒家人格教育思想资源的转化，就是客观、公正地重新正视传统儒学，取其精华，去其糟粕，在新时期重新焕发传统文化的勃勃生机。文化对人具有潜移默化的影响。文化的发展，最直接的受益者就是人。一直以来，众多中外学者一致认为中国的哲学就是一门关于人的哲学。儒家的人格教育思想集中于人的发展、人与人之间的相处、人与社会以及环境的关系，儒家提倡"仁""知""勇"，构建人格的道德支持，提升人的内在精神境界，标榜人与人之间的相处之道，缓解人与社会、环境的冲突。但是传统儒家人格教育思想对人的发展也具有不可避免的局限性与片面性，过于重视道德对人的熏陶，在某种程度上忽视人的才能的养成，尤其是人的能力的培养，使得很多的读书人只知书中自有黄金屋、颜如玉，而不知道如何身体力行地创造黄金屋、颜如玉——社会实践能力低下；同时，将人的价值束缚在家与国之间，将人的关系约束在君臣、父子等纲常伦理之中，使人紧紧依附于传统的家族礼法，人的思想受到家族利益、国家利益以及宗教礼法的限制，人的独立性很难真正实现；此外，封建社会的等级性注定了儒家的人格教育思想并不能真正地惠及每一个人，能够接受完整的教育的人毕竟是少数，劳苦大众挣扎在生死的边缘，根本无心追求更高的道德境界。因此，传统儒家人格教育思想资源的当代转化，具有以下四方面特点。第一，在人的教育上，有利于继承传统人格在智育中重视学与思的为学之道，在普及教育的背景下有利于强调教育公平。第二，遵循自然教育理念，注重培养人的独立与自主精神，同时兼具理性的判断与感性的思维，使人具有全面而充实的发展。第三，人是社会中的个体，整个社会由形形色色的人所构成。社会的和谐与稳定依赖于人与人之间的关系，依赖于社会治理中的公平、公正，也依赖于人在与环境相处时的和谐。传统儒家倡导"和谐""中庸"思想，其实不仅倡导在人际关系中谨守中庸之道，而且在为人处世的方方面面中都倡导中庸之道。但是，过度遵守"中庸"，往往会被诟病为无原则。所以，在传统儒家人格教育思想资源的当代转化和秉承传统儒家的中庸之道的同时，应鼓励人们养成积极、进取的精神，善于应变的处事能力。这样，社会矛盾会相对减少，社会更趋向于和谐、稳定。第四，由个体到集体，由局部到整体，由个人到民族。传统儒家人格教育思想资源的当代转化是文化领域内对传统的思想文化的重新审视，是重新挖掘传统文化的当代价值。文化在综合国力的竞争中处于重要地位，是国际竞争的软实力。因而，对于传统儒家人格教育思想资源的当代转化，可重拾对民族文化的重视与保护，通过民族文化的复兴与时俱进，可推动民族经济的复兴。同时，在转化的过程中，正视民族精神有利于赋予传统的民族精神以时代的内涵，在注重个性发展与素质教育的新时代，培养年轻一代的爱国情怀。

传统儒家人格教育思想资源的当代转化对传统儒家人格教育思想在当代的与时俱进是转化的固有价值，对人的自我完善与提升是当代转化的核心价值，对社会的和谐与稳定和对民族的复兴与崛起是当代转化的延伸与扩展价值。

一、有助于传统人格思想的继承与创新

传统儒家人格教育思想本身内涵丰富，以孔子、孟子、荀子等为首的儒家学者对儒家的人格教育思想进行了不断发展，但是随着时代的发展，传统儒学不可避免地带有时代局限性和阶级局限性。在注重传统文化的当代价值，不断挖掘传统文化的精华，注重传统文化对当代人的道德品质、思想熏陶的今天，对传统儒家人格教育思想资源的当代转化尤为重要，尤其是对传统儒家人格教育思想本身来说，是一次新生。

在我国传统儒家伦理观念中，人格是一个伦理道德范畴，即道德人格，指的是人内在的精神品格，做人准则。一个人不仅有自然生命，更要有人格生命方才成为真正的人。综合伦理学、心理学、哲学、社会学对人格的阐释，结合传统儒家对理想人格的想象与设定，人格可以概括为：人在一定的社会与文化中所形成的、旨在调节人与自然、人与社会、人与人（包括自身）关系的行为准则，以及在实际行为中所凸显出来的精神素质。同时，作为人格的承担者的人，是具有自我意识和自我控制能力的认识、意志、情感等机能的综合体，它的内驱动力是人所固有的求真、向善、爱美的主观意向，当人在实现这些主观意向时，往往会表现为智慧的迸发、道德的选择与审美的追求，这就不仅仅是一种外在的行为表现，而且是渗透在种种行为之中的精神素质。因而，在儒家的观念中，人格是人在精神领域内不断追求的一种模型，这种模型适应当时的生产力与时代的要求，注重人的内在道德品质的修养，通过对内在的修塑，从而使外在的言行举止契合社会道德规范的要求，既为传统社会提供理想的"社会公民"，又希冀通过这种"公民"来治理国家，进而实现儒家所提倡的社会理想。

传统儒家始于春秋末期孔子所创立的儒家学派，经过孟子、荀子的继承与发展，历经朝代更迭，逐步由辉煌走向衰落。传统儒家人格教育思想的精华集中于以孔、孟、荀为代表的先秦儒家思想之中。传统儒家人格教育思想历经发展与充实，形成一套完备的思想体系。在人格教育的目标上，根据道德层次，传统儒家将"圣人"和"君子"作为理想人格的典范，同时将"士"的人格作为现实人格的追寻目标。在人格教育的内容上，提倡"仁民爱物""重义轻利""自强不息""尊道忘势""中庸和谐"。此外，遵循"立志乐道""反求诸己""改过迁善""慎独慎染""知行统一"的基本原则。然而，随着时代的发展，传统儒家理想人格的时代局限主要表现在人格依附、重德轻才、重义轻利和循古保守等方面。历经两千多年不断发展的儒家人格教育思想，在新的社会环境与多样的文化氛围下，需要面临新的转化与创新，以适应时代的需求。传统儒家过分强调"仁""义""礼"等具有伦理色彩的思想，在当前重视集体概念，同时注重个性发展的社会生活中，这种思想无疑过于理想化了。过于理想化的人格目标对于多数的人来说，只是用来仰望的，而非真正躬身去践行的。

近代以来，科学技术的发展使得人们日益重视在经济上的实际利益，而忽视传统道德的社会价值。在市场经济的不断发展中，人们在深刻认识、改造和利用自然的基础上，不断地创造出满足人们社会生活的物质财富。过度地征服自然环境，可能会产生一系列的生态问题；过度地依赖科学技术，可能导致人类生存的巨大危机。在科技的引领下，人们过度依赖科技，在这种思想意识的驱使下，人们极其重视教育环节中的科学技术教育，而忽视道德的教化。同时，在全球化的背景之下，各国的传统文化都展现在世界面前。在此过程中，各民族的文化发生了激烈的碰撞与冲突。西方发达国家正是利用全球化背景，借助于大众传媒和网络技术，向发展中国家传播具有其本国价值观念的文化，入侵发展中国家的传统文化，严重威胁发展中国家本民族文化的生存。面对西方的文化入侵，中国的传统文化受到重大的影响，传统社会道德教育受到外来价值观的冲击。如何在全球化视野下，既保持开放的胸怀，尊重世界文化的多样性，又保持清醒的头脑，认识传统文化的独特个性和现代价值，是现代道德教育亟须解决的问题。

传统儒家人格教育思想的当代转化，"就是通过对传统儒家人格教育思想的辩证分析，识别传统儒家人格教育之精华和糟粕，然后取其精华，去其糟粕，同时结合社会实际，赋予其时代意义，做到推陈出新，与时俱进，实现对传统儒家人格教育思想新的选择、诠释与更新，形成新的人格教育理论和人格教育实践模式"[1]。在对传统儒家人格教育思想资源进行当代转化的过程中，第一，要注意抓住传统儒家人格教育思想的精髓，并以之为起点，将对传统儒家人格教育思想的重新阐释回归传统儒家的经典著作之中，融合现代社会所要求的公民人格教育观念以通俗易懂的方式表达；第二，借鉴现代社会生活所需的独立自主精神以及西方社会的人格观念，在批判、吸收的基础上，构建符合中国人性格的、适应时代需要的新的人格模式，在满足现代人生活需要的同时，提升当代人的思想道德境界。因此，传统儒家人格教育思想在当代的转化首先是一个回顾历史、正视传统的"温故"的过程，通过对传统文化的梳理与分析，会发现其中对现实的社会生活有价值的部分。同时，这种过程也是重新审视现实生活，理性对待当前社会生活的文化氛围，以开放且理智的态度面对现实，迎接新时代，从而不断创新。

传统儒家人格教育思想资源的当代转化对其本身的发展是"温故"的过程。"温故"的过程首先是回顾、重新学习、理解的过程，本义是在学习的过程中温

---

[1] 鲍俊.传统儒家人格教育思想资源当代转化的路径分析[D].芜湖：安徽师范大学，2016：14.

习旧的知识。而对传统儒家人格教育思想资源的回顾与学习，是为了掌握传统儒家人格教育的思想内涵，厘清人格教育的思想脉络，对传统儒家人格教育思想有着深刻的理解，是"温故"的首要任务。在理解的基础上，明确传统儒家人格教育思想当代转化的内容和范围。"温故"有利于重新认识传统儒家以"仁"为核心的人格修养内容，认识以"仁义礼智信"为基本内容的道德准则，认识内省克己、学思结合、反求诸己等以自我为中心的修己之道。"温故"的过程也是一个筛选的过程，"温故"是以当代社会的立场，以符合社会主义核心价值观的价值观念和道德准则，以科学的、人民的、进步的、现代的眼光审视传统儒家人格教育思想内容的合理性，肯定具有现实价值的优秀思想资源，同时批判或否定其中不符合时代要求的思想内容，因而有利于正确认识传统儒家人格教育思想资源中的合理成分。"温故"过程的实质就是继承，继承的是优秀传统儒家人格教育思想资源。

同时，传统儒家人格教育思想资源的当代转化也是"知新"的过程。"知新"在对旧知识的认识和理解之上，有了新的体会和发现。"知新"的关键在于顺应时代发展的需要，与时俱进。在"知新"的过程中，要牢牢把握时代的要求和在社会主义核心价值观的引领之下，立足于传统儒家人格教育思想资源，同时合理吸收和借鉴其他的文化观念和社会意识。"知新"的过程就是在继承的基础上的创新和发展，传统儒家人格教育思想当代转化的真正目的在于对文化本身的创新和发展。传统儒家人格教育思想由于社会环境和阶级观念的差异，难免带有时代局限性，在继承基础上的发展不可避免。创新是在发展的过程之中创新，创新是时代的需要，创新是推动发展的源源动力。因而，对传统儒家人格教育思想资源的"知新"过程，有利于传统儒家人格教育思想资源在当代的发展和创新。

二、有利于人的自我提升与完善

人格教育的对象是人，因而传统儒家人格教育思想的当代转化首当其冲的是对人的影响。同时，人格教育的重点在于提高人的道德修养，注重个人道德意识、道德行为以及良好品质的养成。因而，传统儒家人格教育思想资源的当代转化，对于当代人的道德意识、道德行为以及道德品质的养成具有借鉴价值，对于人的全面、协调发展具有积极的促进作用。

（一）对人道德主体意识的觉醒作用

传统儒家人格教育思想资源的当代转化对人的影响首先表现在对人的道德主体意识的觉醒与提升上。教育的对象是人，人格教育的重点在于对人德行的塑造。传统儒家人格教育是以"仁"为核心的道德修养理论，重视个人道德修养。《礼记·大学》言："身修而后家齐，家齐而后国治，国治而后天下平。自天子以至于庶人，一是皆以修身为本。其本乱而末治者否矣。"[①]"修身"就是"修己"，修养自身的道德，以修身为本，通过道德境界的提升，继而实现齐家、治国、平天下的人生目标，传统儒家认为个人只有拥有良好的道德修养才能实现其政治抱负和人生理想。传统儒家人格教育注重道德修养，形成以"仁"为核心的道德修养思想，其中涵盖传统儒家所倡导的"义""礼""诚信""孝"等思想。传统儒家道德修养思想有利于儒家圣人君子理想人格的塑造。在当今时代，圣人君子人格的内涵与时代不相适应，亟须赋予新的含义，但是塑造圣人君子的某些道德思想对现代人的道德意识具有警醒作用。

1.传统儒家人格教育资源中"仁爱"思想的当代转化

传统儒家人格教育注重人的道德修养，强调个体的道德修养意识。孔子曾将"仁"解释为"人"，认为人只有具有"仁"的道德意识，才能成为真正的人。因而儒家的人格思想注重不断提升人的道德修养，使人在道德修养上具有自主意识。"'仁'是儒学的核心，也是最高的品德。"[②]以孔子为代表的儒家，将"仁"作为其思想的核心。孔子对"仁"有众多的论述，孔子的弟子们对"仁"有不少探讨。"仁"究竟是什么，孔子没有明确定义，却在字里行间从不同的角度不断地阐释"仁"。首先，"仁"是一种道德情感。在《论语》中有："樊迟问仁。子曰：'爱人。'"[③]孔子将"仁"诠释为"爱人"，因而"仁"的基本含义就是对他人的爱。但是这种爱是有先后的，"孝弟也者，其为仁之本与!"[④]由此可见，对父母的爱是"仁"的根本，即"孝悌"。孔子认为人与生俱

---

① 礼记[M].崔高维,校点.沈阳:辽宁教育出版社,2000:222.

② 陈太彬,杨雪英.论儒家仁爱精神与大学生思想道德教育[J].淮阴师范学院学报(哲学社会科学版),2003,25(4):448.

③ 杨伯峻.论语译注[M].北京:中华书局,2006:146.

④ 杨伯峻.论语译注[M].北京:中华书局,2006:2.

来的对父母的情感应高于其他，亲情是人最自然的情感。由对父母的爱继而扩展到有血缘关系的亲属，而后推及身边的朋友、熟人，最后延伸至其他人。因而，这种以"孝悌"为核心的爱人是有差别的。儒家的理想是通过这种对亲人的爱，形成在日常的生活中推己及人的"仁爱"，使人与人的关系更加亲近，即"君子笃于亲，则民兴于仁"[①]。同时，儒家对他人的"仁爱"有两方面的要求，其一是"己所不欲，勿施于人"，其二是"己欲立而立人，己欲达而达人"。其一是对个体自身的要求，做事将心比心，不强加于人，强调对有损于他人利益的事，秉承着"不为"的态度；其二是由己及人，即自己想在社会上立足，也要帮助他人立足，自己想在社会上显达，也要帮助别人显达，为他人的利益着想，表现为利他主义的关心。这两者就是儒家所提倡的"忠恕之道"。"忠恕之道"是儒家"仁爱"思想对爱他人的表现，体现了对他人的关爱与尊重。其次，"仁爱"作为一种伦理道德，表现了一种对人的和睦友爱的情谊，表现了对人的尊重、同情与关爱，充满了人道主义精神。"仁"被看成伦理道德品质。"子张问仁于孔子。孔子曰：'能行五者于天下为仁矣。'"[②]当"仁"作为一种道德品质时，儒家所提倡的知、勇、义、恭、宽、敏、惠、信等品德都从属于"仁"，都是"仁"的体现。"能行五者于天下"中包含五种道德品质："恭"（仪态庄重）、"宽"（待人宽厚）、"信"（待人诚实）、"敏"（行事敏捷）、"惠"（施惠于人）。一个人如若具备"仁"的道德品质，在人与人的交往中就会更加容易被他人接受和拥戴，进而实现自己的理想。最后，"仁"是对自身修养进行约束的目标。"颜渊问仁。子曰：'克己复礼为仁。一日克己复礼，天下归仁焉。为仁由己，而由人乎哉？'"[③]克己是对自身进行约束，复礼是依礼而行，也就是约束自身的言行，按照礼的要求行事就是仁。因而要想实现"仁"，重在对自身的要求，并且依礼而行。

在传统儒家人格教育思想资源当代转化的过程中，让当代人重新认识"仁"所蕴含的人文意义，具有以下几方面的积极意义：首先，"仁"的思想最初来源于家庭生活中父母与子女之间的孝悌之情，在这层意义上，仁爱思想可以增强当代人的家庭伦理意识，在生活中尊老孝亲，发挥人固有的自然情感。其次，

① 杨伯峻.论语译注[M].北京:中华书局,2006:90.

② 杨伯峻.论语译注[M].北京:中华书局,2006:206.

③ 杨伯峻.论语译注[M].北京:中华书局,2006:138.

对现代人的情感进行全面的启蒙。"仁"的本质是"爱人",最简单的理解就是爱。在普遍的认识中,爱没有时间和空间的限制,是人与生俱来的情感。人也不是完全独立存在的个体,人时时刻刻都处在家庭、社会与国家之中,都在与父母、朋友、社会中形形色色的人存在不同程度的交往关系,爱可以看作维持个人与他人、社会的关系中的情感支撑。以爱为基础,培养个人的道德品质,使人能够正确处理与他人、社会的关系,形成以"仁爱"为核心的道德准则。

2.传统儒家人格教育思想中"礼"观念的当代转化

"礼"在儒家人格修养中不可或缺。"君子义以为质,礼以行之,孙以出之,信以成之。"①在儒家圣人君子人格的养成上,不仅需要具备"立于礼"的道德追求,而且需要"知礼""行礼"。"仁"是儒家在道德修养上的最高追求,而"礼"对个体来说则是外在的社会规范和要求,是个体进入社会必须适应的规则。因而,"仁是礼的基础,仁的具体内容要由礼来规定,依礼而行是仁的根本要求;礼是仁的外在表现,离开仁,礼就成了无源之水,无本之木。仁是内在的,礼是外在的,二者一内一外,相得益彰"②。"礼"在儒家经典中有多重含义。在孔子看来,"礼"首先是指西周以来的周礼,根据场合,人的地位、身份、关系的不同,形成一整套等级森严的礼乐制度,包括各种祭祀之礼以及人际相处之礼,有君臣之礼、父子之礼、兄弟之礼、夫妻之礼与朋友之礼。依礼使人各安其位,各谋其事,各守本分,使社会秩序在"礼"的编排下正常运行,营造一种和谐的社会氛围。春秋战国时期,礼乐崩溃,社会秩序混乱,孔子提倡恢复周礼,并亲身实践。"朝,与下大夫言,侃侃如也;与上大夫言,訚訚如也。君在,踧踖如也,与与如也。"③孔子认为"礼"的作用在于使人的言行得体,面对不同的人、身处不同的场合以及在不同的时间,人的行为依礼而变。"礼"的作用在于使人与人打交道时找准自己的位置,对上位者不卑不亢,不僭越造次;对同辈谦虚有礼,不骄傲放纵;对地位低下者怀有仁爱之心。这种"礼"对于君子而言,是其应有的礼仪。当"礼"不再限定于传统的周礼时,"礼"可以概括为一切行为规范和制度建构,当其上升到道德领域时,"礼"可以抽象成一切外在的约束和制约。《论语》曾多次强调外在的约束和制约对人格

---

①　杨伯峻.论语译注[M].北京:中华书局,2006:187.

②　吴晓霞.先秦儒家理想人格思想及其对大学生健全人格塑造的价值[D].兰州:兰州交通大学,2013:25.

③　杨伯峻.论语译注[M].北京:中华书局,2006:112.

修养的作用。"君子博学于文，约之以礼，亦可以弗畔矣夫！"①，"恭而无礼则劳，慎而无礼则葸，勇而无礼则乱，直而无礼则绞。"②"礼"作为一种外在的道德约束，只有将恭、慎、勇、直置于礼的约束之下，才能成为"仁"的美德。反之，则会变成劳、葸、乱、绞的弊病。礼仪是为人处世的外在准则，但过度纠结于繁文缛节之中，就会本末倒置，真正忽视"礼"的真谛。"质胜文则野，文胜质则史。文质彬彬，然后君子。"③本身的言行质朴不加后天的教养就会显得粗野，然而后天过多的教养也容易掩盖原有的朴实，就会显得虚浮而不真实。事实上，"质相当于仁，文近似于礼，只有质朴与文采、仁德与礼仪规约配合恰当，才能真正称得上君子"④。在人格的培养上，要把握好"礼"作为外在约束的力度，使人固有的天性在外在条件的约束和规范下呈现各自的特点，为社会培养不同的经世之才。"礼"的当代价值首先表现在个人的言行上，一个具有良好品行的人，在言谈上虽不博学但应对自如，在行为举止上不矫揉、不做作，举止有度且得体，给人留下深刻印象。其次，在与他人的相处中，对长辈恭敬有礼，与朋友和谐相处，对晚辈平易近人，能够合理协调人际关系。再次，在社会中立身处世，遵守社会规范和道德准则，进退有度，遇事不急躁，沉着应对，形成良好的处事风格。最后，对他人的教化上，以自身的言传身教感染身边的人，形成良好的社会风气。

3.传统儒家人格教育思想中"诚"与"信"观念的当代转化

《中庸》言："诚者，天之道也；诚之者，人之道也。"⑤在儒学中，"诚"既象征着"天道""天理"，又象征着"人道"——为人处世之道。因而，"诚"既是做人的道德准则，又是道德修养的重要内容。在儒家的相关著作中，"诚"的寓意丰富。第一，"诚者物之终始"⑥，说明了"诚"是"物之终始"，是事物的开始，即"诚"是万物的本源。第二，"悦亲有道，反身不诚，不悦于亲矣。诚身有道，不明乎善，不诚其身矣。是故诚者，天之道也；思诚者，人之道也"⑦，将"诚"作为道德之本，行为之源，"诚"成为为人处世的标尺，追求

---

① 杨伯峻.论语译注[M].北京:中华书局,2006:71.

② 杨伯峻.论语译注[M].北京:中华书局,2006:90.

③ 杨伯峻.论语译注[M].北京:中华书局,2006:68.

④ 叶豪芳.孔子君子道德理想人格思想及其现代价值[D].昆明:云南大学,2010:14.

⑤ 礼记[M].崔高维,校点.沈阳:辽宁教育出版社,2000:190.

⑥ 礼记[M].崔高维,校点.沈阳:辽宁教育出版社,2000:191.

⑦ 杨伯峻.孟子译注:简体字本[M].北京:中华书局,2015:130.

"诚"是做人的基本准则之一。第三，"鬼神无常享，享于克诚"①，在这里，"诚"指的是"诚实无欺的人"。在儒家看来，"诚实无欺"就是在言行上一致、知行统一。《礼记》中，"诚意"成为修身的基础之一，可见儒家在道德人格的修养上注重"诚"的道德实践意义，并将其作为社会道德的内容之一。"信"是儒家五常之一，与仁、义、礼、智构成儒家的伦理道德，在中国传统的社会伦理道德中占据重要的地位。"信"最初是指在祭祀神明和祖先时所怀有的虔诚的态度，这种"虔诚"应包含不欺骗、不妄言、说到做到。后来，先秦儒家将"信"与"诚"连在一起使用，暗示"言行一致""讲究信用"。在儒家的相关文献中，"信"可以从不同的角度诠释。对个人来说，"信"是自身所具有的一种美好的道德品质。孔子在谈及"信"时曾说："与朋友交，言而有信"②。《孟子》中提道："父子有亲，君臣有义，夫妇有别，长幼有叙，朋友有信"③。孟子将"信"上升到儒家的"五伦"之一，使其融入儒家的纲常伦理之中。"信"是作为个人人格修养所必须具备的道德品质——诚信，讲求个人的言行一致以及有言必践行的为人处世之风。在人际交往中，"信"表现为双向的行为要求，即人与人之间的相处要相互信任，对他人不存在过多的猜忌。"信"在人际交往中力图构建一种和谐、稳固的交际情感，从而维护、协调、巩固与他人的关系。由自身的德行之"信"延伸到人际交往中的对人之"信"，体现儒家通过自身的内在修养，推己及人地将儒家的道德修养应用于社会生活之中。最早将"诚"与"信"连用的是管仲："先王贵诚信。诚信者，天下之结也。"④他认为"诚信"是统治者对人民的保证和承诺，统治者因为"诚信"而使天下信服，才能一呼百应，人民才能团结在一起。荀子认为："诚信如神，夸诞逐魂"⑤，"公生明，偏生暗；端悫生通，诈伪生塞；诚信生神，夸诞生惑。此六生者，君子慎之，而禹、桀之所分也"⑥。可见，荀子认为"诚信"是有德者所具有的，前代的圣贤君主与昏君的区别是有没有得到人民大众的信任以及有没有让人民大众信服的德行，因而作为儒家所推崇的君子，更应当注重自身的德行。后世儒家

---

① 四书五经：上[M].陈戌国，点校.长沙：岳麓书社，2014：233.

② 杨伯峻.论语译注[M].北京：中华书局，2006：5.

③ 杨伯峻.孟子译注：简体字本[M].北京：中华书局，2015：94.

④ 管仲.管子[M].梁运华，校点.沈阳：辽宁教育出版社，1997：38-39.

⑤ 张觉.荀子译注[M].上海：上海古籍出版社，1995：290.

⑥ 张觉.荀子译注[M].上海：上海古籍出版社，1995：42.

将"诚信"作为伦理道德观念来阐释，成为标榜正人君子的重要品德之一。"君子"是儒家所追寻的现实理想人格，儒家将"诚信"作为达到君子人格的道德基础。在现代生活中，每个人每天都会与不同的人交往，只有将诚信作为个人安身立命、人际交往的基本原则，在生活中讲求诚信，以诚实守信为本，才能形成正确的人生观和价值观。

4.传统儒家人格教育思想中"见利思义"观念的当代转化

许慎在《说文解字》中说："義，己之威仪也，从我从羊。"①原始的"義"由"羊"和"我"构成。在奴隶社会，羊是作为祭祀的祭品。而在祭祀过后，主持人都会将祭祀的羊肉分给参与者。而"我"字形似斧子，寓意用斧子分割羊肉，引申过来就是在分割祭品时的平均和公平。《礼记·中庸》将"义"解释为"义者宜也"，此处"义"相当于"应当""适宜"之意。儒家引进"义"，将"义"诠释为天地之间的"道义"，而人作为客观世界的主宰，为人处世就应符合"道义"。先秦儒家高度重视"义"在道德修养中的地位：孔子将"义"放在道德修养的首位，即"君子义以为上"②；孟子将"义"视为为人处世的正道，"义，人之正路也"③；荀子认为，"人有气、有生、有知，亦且有义，故最为天下贵也"，将"义"视为人与禽兽最大的区别。"义"与"利"一直是让人纠结的问题，而儒家独特的义利观主张人们在追求利益的时候将道义置于其前，以义为先。儒家将对待"义"与"利"的态度用来区分君子与小人，即"君子喻于义，小人喻于利"④，君子以义为重，而小人以利为重。"富与贵，是人之所欲也；不以其道得之，不处也。贫与贱，是人之所恶也；不以其道得之，不去也"⑤，孔子认为富贵的获得是要符合道义，品行高尚的君子是不屑于接受不合道义的财富的。"先义而后利者荣，先利而后义者辱"⑥，"保利弃义谓之至贼"⑦，荀子直接指出儒家追求道义，通过对道义的认识来实现人生的目标。见利思义是儒家平衡义利价值取向的途径，"士见危致命，见得思义"⑧，在处事

---

①业衍璋.业衍璋集[M].南京:凤凰出版社,2012:246.

②杨伯峻.论语译注[M].北京:中华书局,2006:214.

③杨伯峻.孟子译注:简体字本[M].北京:中华书局,2015:129.

④杨伯峻.论语译注[M].北京:中华书局,2006:42.

⑤杨伯峻.论语译注[M].北京:中华书局,2006:39.

⑥张觉.荀子译注[M].上海:上海古籍出版社,1995:45.

⑦张觉.荀子译注[M].上海:上海古籍出版社,1995:19.

⑧杨伯峻.论语译注[M].北京:中华书局,2006:224.

时，权衡一件事的意义并不在于自身能从中获得多少切实的利益，而是思量在一件事中，为与不为是否合乎道义，以利为先的义利观，使得儒家的士人君子趋于理想化。此外，儒家推崇"舍生取义"这一为追求道义而抛弃生命的行为。孔子倡言："志士仁人，无求生以害仁，有杀身以成仁"①，当面对生死抉择时，有识之士会以死成全所谓的道义，来实现"仁"；而孟子主张："生亦我所欲也，义亦我所欲也；二者不可得兼，舍生而取义者也。"②生命与道义二者取其一时，在成全道义面前，生命是可以舍弃的。荀子认为："义之所在，不倾于权，不顾其利，举国而与之不为改视，重死、持义而不桡，是士君子之勇也。"③道义不受权力、利益的诱惑，在世俗中坚持固有的道义，不受外界的其他因素的干扰，舍生取义是追求道义的最高境界。儒家将义视为一切，这种价值追求对当代人的价值追求具有警醒作用。传统儒家人格教育中所倡导"义"的观念，有利于人们在人际交往之中、在为人处事之中"见利思义"，从而做到"义利并举"。

5.传统儒家人格教育思想中"孝悌"观念的当代转化

　　"孝"是中国的传统美德，也是儒家的伦理道德标准之一。古代中国特有的家族传统、宗法制度促成孝道文化的产生，孝道文化在中国的传统社会中由家族中子女对父母的亲亲之情，逐渐扩展到对国的治理之中，变成一种治国的工具。"孝从亲子关系出发，由家而族，由族而国，不断丰富其内涵，又从君而臣，由臣而民，不断扩充其外延。"④经过长期的发展，"孝"的内涵不仅仅局限于家族中的亲情，更附带一系列的伦理责任和社会责任。"孝"最简单的行为就是家庭生活中在物质层面上赡养父母，子夏曾就"孝"问于孔子，子曰："色难。有事，弟子服其劳；有酒食，先生馔，曾是以为孝乎？"⑤"孝"最直接的表现就是满足父母在生活上的需求，尽可能使其生活愉快。孔子再次论述"孝"时，提到"今之孝者，是谓能养。至于犬马，皆能有养；不敬，何以别乎？"⑥仅仅赡养父母，让他们吃得饱穿得暖，满足他们物质生活的需求是不够的，更需要长期不间断的坚持，由衷地对父母产生恭敬之心，不论何时、何地都心甘

① 杨伯峻.论语译注[M].北京：中华书局,2006：184.
② 杨伯峻.孟子译注：简体字本[M].北京：中华书局,2015：205.
③ 张觉.荀子译注[M].上海：上海古籍出版社,1995：49.
④ 肖龙航.中国传统孝道及其现代价值研究[D].曲阜：曲阜师范大学,2006：12.
⑤ 杨伯峻.论语译注[M].北京：中华书局,2006：16.
⑥ 杨伯峻.论语译注[M].北京：中华书局,2006：15.

情愿、始终和颜悦色地孝敬父母,顺从父母的心意。这就由物质层面的赡养上升到精神层面的尊敬。这是"孝"最高的要求,正所谓"孝子之至,莫大乎尊亲"①。同时,由尊敬父母,延伸到家族之中,包含着对家族中其他长辈的尊敬以及在葬礼和祭祀祖先时,对祖先的缅怀与敬重。对逝者的葬礼犹显家族晚辈对长辈的尊敬,孟子曾提道:"养生者不足以当大事,惟送死可以当大事。"②这句话既肯定了亲人生时要尽力赡养和孝敬,在其死后,更要举行葬礼和祭祀,以表达对亲人的思念和不舍。这是将"孝"融入家族的伦理生活之中,"孝"已不再是个人对亲人的唯一责任,随之而来的是承担上一辈以及家族对其的责任,即传宗接代。"不孝有三,无后为大"③,体现了封建社会对家族传承的重视,一个家族能长久兴旺,首先需要的就是一代又一代子嗣来继承家业,更需要后世的子孙能够发展家族,即通过自身的努力光耀门楣,"立身行道,扬名于后世,以显父母,孝之终也"④。有些人认为,出人头地、功成名就、衣锦还乡,既是对父母生养、教导的最好回报,又是光耀门楣,让家族名显一时的最好方法。百善孝为先。在古代社会,人们将"孝"当作百德之首,个人立身行道的一切都被看作"孝"。立身的前提是保全自己的身体,即"身体发肤,受之父母,不敢毁伤,孝之始也"⑤。身体是父母所赐予的,受父母的精心照料,损伤身体视为对父母的不敬。同时,自身的名声在无形中也是身体的一部分,名声的损害同样有损父母的名誉。因而,立身处事需谨言慎行。最后,"孝"的概念由家扩展到了国,演变为忠,"忠孝"思想紧紧地结合在一起。"中国古代政治体系通过君、父权威的树立和遥相呼应、相得益彰,奠定了家国一体伦理政治的专制基础。这与'家有百口,主事一人'的治家信条更有着根本一致的价值旨趣。同血缘关系参与政治密切相关,君即国君,一国之主;父即家长,一家之君。家庭之内,父亲拥有绝对权威。一个家庭或家族就是一个小型政权机构,父系、父权、父治,依血统而计亲属,其身份和权力传于子,子女接受父的支配,财产实行长子继承制。家庭成为维系、传递政治权力的宗法系统,担当着培养家人的权威观念和服从习惯的政治功能。这种家长制度在中央政权体系的

① 杨伯峻.孟子译注:简体字本[M].北京:中华书局,2015:166.
② 杨伯峻.孟子译注:简体字本[M].北京:中华书局,2015:145.
③ 杨伯峻.孟子译注:简体字本[M].北京:中华书局,2015:138.
④ 赵缺.孝经正译[M].长沙:岳麓书社,2014:3.
⑤ 赵缺.孝经正译[M].长沙:岳麓书社,2014:3.

移植与建构形成了君父专制权威体制，君以父的身份出现，民以子的身分出现，整个国家形成一个大家庭，以家庭伦理维系秩序。"①由"孝"到"忠"，由家到国，"孝"由亲情伦理关系上升到家国责任，封建社会统治者以"孝"治国，实质上就是利用人的道德意识中的伦理观念，将个人的孝道行为作为封建社会的典范，在情感上实现人们伦理观的一致性，使"孝"成为封建统治的工具。

　　无论孝道文化如何延伸与扩展，孝从本质上来说是爱，这种爱属于亲子之间的自然亲情，是子女对父母无私的爱，是子女对父母的养育的回报，是子女对血缘家庭的传承和维护，人运用与生俱来的自然之情，使之附有伦理和社会色彩，成为把控人们心理的根本之源，使人肩负父母的期望与家庭的责任，心甘情愿地服务于家族以至国家的发展。因此，传统的孝道文化使人背负太多的道德情感和责任，立身处世受家族情感和社会责任的牵制，没有自主的选择与决定权，一味地坚持传统的孝道，任何事情唯父母之命，压制自己的真实想法。最典型的就是婚姻，出于对孝道的坚持，在奉行父母之命、媒妁之言的时代，年轻人没有自己对婚姻的自主决定权，将自己漫漫一生的陪伴者的选择权交由父母，而父母的抉择是出于多方面的考虑的，最重要的就是对家族负责。年轻一代听从父母的安排，丧失自身对自己的未来的真正抉择。随着时间的流逝，传统孝道中很多思想逐渐沦为子女对父母的愚孝，使子女丧失对自身的正确认识。在传统儒家人格教育思想的当代转化中，应抛弃传统"孝"文化中不合时宜的思想内容，如愚孝思想、婚姻观念、传宗接代的家族责任以及父母对子女的主导作用，倡导积极健康的"孝"，如尊老养老观念、与父母和谐相处等。在当代对"孝"的重新理解与弘扬，在于使人在社会范围内形成尊老、敬老的良好风尚，有利于当代人树立正确的家庭伦理观念，在社会范围内承担起养老敬老的家庭责任；有利于人们处理家庭内部矛盾，构建家庭代与代之间的和谐关系，营造良好的家庭生活氛围；由家庭的内部和谐扩展到整个社会的和谐。

　　"仁""义""礼""诚信""孝"等思想是传统儒家人格教育中进行道德修养的重要内容，这几种道德教育思想在传统儒家人格教育思想资源当代转化的过程中，对当代人有如下几方面有利因素：一是对个体道德意识的启发。在道德修养的过程中，人是有意识的主体。儒家"仁"的思想，不仅要使人具有仁爱之心、同情之心，更要使人意识到何为仁爱，理解"仁"的本质。人不能因为

---

① 陈晓丽.中国传统孝道文化的变迁及时代价值[D].兰州：兰州商学院,2012：22-23.

大众的眼光，世俗的言语而随波逐流。坚持自身对于是非、黑白、善恶的判断，不人云亦云。二是在家庭的道德伦理观念上引导人们重新理解孝道。在儒家的观念中，"仁"德之本是孝悌，所谓"孝悌也者，其为仁之本与"就是使人将对"仁"的理解回归一开始的家庭环境。从本质上说，"孝""悌"体现了家庭内部的亲情之爱，是"爱人"的起点。家庭是最温暖的港湾，家庭中与父母、兄弟姊妹的关系是人际关系的开始。一个人若没有家庭观念，那就没有归属意识，从而对各种社会规范和秩序产生怀疑和漠视。三是对社会道德观念的培养，使人意识到人是社会的一部分，人的社会行为要符合社会的基本要求。"仁"是孔子一再强调的儒家道德修养的核心，在道德观念中具有统帅作用。"仁"的内在要求是"恭、宽、信、敏、惠"五种道德品质，"恭"是对他人的恭敬、礼让，"宽"是对他人的宽厚、宽容，"信"是对他人的诚实守信，"敏"是办事敏捷、有效率，"惠"是能给他人实际利益、恩惠，它们都从不同角度体现了传统儒家所倡导的对他人的"仁"，在社会利益关系中表现为以义为先的义利观，在人际交往中表现为诚实守信、相互信任的诚信观念以及在为人处世中的礼仪观念。道德的警醒在于人的道德意识由个人顾及家庭，进而涉及社会，使人的立身处世在道德范畴之内，成为对社会有利的真正的人。

（二）提升人思想道德及行为的自律意识

传统儒家人格教育思想资源的当代转化有利于提升人的思想道德以及行为自律意识。孔子十分重视人的主体作用，认为理想人格的养成不仅需要进行道德上的教化和陶冶，道德修养的主体——人，也需要在自我意愿的推动下，通过各种具体的自我修养方法，对自身的道德修养进行有意识、有目的、有计划的自我约束。通过在道德行为上的约束，实现道德品质上的自律。传统儒家人格教育理论通过一系列的道德修养方式，如学思结合、克己内省、慎独自律、知行统一等，加强人的道德意识以及自制意识。

1.传统儒家人格教育中"学思结合"的道德修养方法的当代转化

对于道德修养来说，学是学习外在的道德知识，思是将学到的知识内化，让学到的知识真正成为自身道德修养的一部分。"我非生而知之者，好古，敏以求之者也"[1]，孔子以自己为例，强调人并非天生就知道世间的道德，只有通过

---

① 杨伯峻.论语译注[M].北京：中华书局，2006：81.

不断的刻苦学习才能有所获，才能懂得做人的规范和社会的要求，也才能明辨是非善恶。因此，后天的学习尤为重要。要使人的行为合乎作为社会所要求的规范的"礼"的要求，只有学习。孔子所提倡的学习的内容包括诗、书、礼、乐、易、春秋，在学习的过程中明白社会的伦理道德和礼节规范，同时对道德情操进行陶冶。"学而不思则罔，思而不学则殆"①，只学习而不思考，所学的不能融会贯通，在不久之后就会逐渐遗忘，只是在做无用功而已。"'学'是继承前人优秀道德成果的必要环节，前人所创造的优秀道德成果，只有通过'学'才能为我所吸收；'思'是'学'的继续和发展，人们所学到的东西，只有通过'思'，才能有新的突破。"②因此，儒家重视在学中思。"君子有九思：视思明，听思聪，色思温，貌思恭，言思忠，事思敬，疑思问，忿思难，见得思义。"③思考的内容是全面的，以检查自己的言行是否符合规范。在儒家的道德修养中，将"学"与"思"相结合，把"学"看作"思"基础，把"思"看作"学"的深化。

2.传统儒家人格教育中"克己内省"的道德修养方法的当代转化

所谓"内省"，就是自我内在的省察，在道德修养的过程中，对自己的言行不断反省，以检查自己的言行是否合乎道德规范的标准。"内省"有对日常的人际交往进行反省，"曾子曰：'吾日三省吾身——为人谋而不忠乎？与朋友交而不信乎？传不习乎？'"④在一天中多次反省，在切身的交往中找到自身的不足之处。"内省"还有"见贤思齐，见不贤而内自省也"之意，见到贤能的人反思自己是否有他们身上的优点，见到不贤的人则反思自己身上是否有他们的缺点，有则改之。此外，"内省"后还要"反求诸己"，在处理人际问题时，奉行"躬自厚而薄责于人"⑤的原则，凡事从自身找原因，严格对待自己的错误。将外在的道德原则和社会规范作为自己内在道德省察的标准，通过对外在言行的反省找到真、善、美。

3.传统儒家人格教育中"慎独"的道德修养方法的当代转化

所谓"慎独"，是指"一个人在独处无人察觉时仍能严以律己，谨慎地使自

---

① 杨伯峻.论语译注[M].北京:中华书局,2006:18.
② 李楠.论先秦儒家道德修养观及其现代价值[D].北京:首都师范大学,2005:10.
③ 杨伯峻.论语译注[M].北京:中华书局,2006:199-200.
④ 杨伯峻.论语译注[M].北京:中华书局,2006:3-4.
⑤ 杨伯峻.论语译注[M].北京:中华书局,2006:186.

己的行为符合伦理道德的标准"①。《礼记·中庸》中最早出现对慎独的描述："道也者，不可须臾离也，可离非道也。是故君子戒慎乎其所不睹，恐惧乎其所不闻。莫见乎隐，莫显乎微，故君子慎其独也。"②慎独讲求时时刻刻对自身的严格要求，既包含对外在行为的约束，又包括在道德修养上的严于律己。慎独建立在道德自律的基础之上，反映个人对待道德修养的觉悟，体现个人在道德修养上的自觉性和主动性。人通过对道德修养的觉悟，在行动上严格要求自己，实现内外一致，同时外在的行为对于内在的道德修养也具有提升作用，最终通过慎独的方式实现严格自律，从而达到圣人君子的理想人格。

4.传统儒家人格教育中"知行统一"的道德修养方法的当代转化

"知"是知道高深的道德修养的知识，是认识上的问题。行是道德实践，是将道德修养落实到社会生活中，是实践的问题。观念上良好的道德认识对形成良好的道德品质固然重要，但道德认识只有真正化成人的一言一行，才能真正变成一个人的德行，道德观念才能发挥规范人的行为，调节人际关系的作用。因而，儒家重视道德实践，强调道德认识与道德实践相结合，即"知行统一"。儒家提倡"仁"，要求人具有仁爱之心，如果只是将"仁"停留在言语之上，没有付诸实践，如何推己及人？因而，孔子重视"行"在道德修养中的积极作用，他认为一个人不仅要具有高尚的道德意识，而且要有将道德意识践行于日常生活中的觉悟，真正成为一个躬身实践的君子，使行进于思。孔子曾多次指出"行"的重要性："君子欲讷于言而敏于行"③，"君子耻其言而过其行"④，一个人的品行不由他的言论来判断，而在于他的言行是否一致，通过"听其言而观其行"来全面认识人的品行。传统儒家"知"与"行"的关系，从现代哲学的角度来看就是认识论与方法论的问题。从历史唯物主义的观点来看，社会意识来源于社会实践，因而，实践是认识的基础，人的认识来源于实践，实践先于认识。在传统的认识中，"知是行之始，行是知之成；知指导行动，行又反过来加深理解知识"⑤，"知"与"行"在辩证统一的关系中相互促进。

传统儒家为人格教育所进行的道德修养方式是一种积极的、主观的道德教

---

① 冯银萍.先秦儒家人格教育思想及其当代价值研究[D].湘潭：湘潭大学,2013：26.
② 礼记[M].崔高维,校点.沈阳：辽宁教育出版社,2000：186.
③ 杨伯峻.论语译注[M].北京：中华书局,2006：44.
④ 杨伯峻.论语译注[M].北京：中华书局,2006：174.
⑤ 蒋永顺.儒家教育哲学思想对当前语文教育的影响[J].文学教育：下,2008(9)：81.

育活动，对人的内在思想产生积极的暗示作用，实现道德上的自律。事实上，道德教育的主体是人，道德教育的目的在于促进人的德行提升。因而，应发挥人作为道德主体的作用和人在道德修养中的主体性和主动性，从而进行深层次的道德规范。道德教育的重点是学也是思，是以主体为单位的自我反思。因此，"道德教育不仅仅只是道德知识的教育，道德教育的重心在于帮助道德主体把道德要求转化为自身需要的内在动力，从而主动地、自觉地追求崇高的道德人格。从修德的角度，道德自律是良好道德修养的基础。孔子说：'古之学者为己，今之学者为人。'为己精神贯彻至道德修养中，就是提倡修德者要善于内省慎独，这实际上是一种自我约束的方法，它高扬了修德者的主体精神，是道德修养所应提倡的一种方法。从育德的角度，内省慎独注重自我修养，直接从个体身上下功夫，是建立在个人理性自觉而非外力强制的基础上，其针对性强，不宜流于形式，易发挥道德主体的主动性，易切入道德生活，有利于提高德育的效果。通过自省慎独达到道德上的内心养成，这不仅是个人修养提高的途径，更是道德规范通过'外在的教化'以达到'内在的修养'，是真正内化的必经之路。"①同时，"道德上的内省其实是受教育者作为道德主体的一种自主反省、学习和进步，是道德自律的体现，是个人修养提高的途径，更是道德规范真正在人心中扎根的必经之路。慎独是道德主体为自己提出更高的道德要求，实现道德的自我超越，是更高层次的道德自律。如果说内省是行为之后的反思和反省，指向主体已然的行为，慎独则是行为之前的提醒和诉求，指向主体未然的行为。内省慎独把个体头脑中已有的道德认识和个体自身的道德行为进行对照衔接，促进道德认识对道德行为的规范作用，实现主体内在的道德自律，防止知行不一、知行脱节。"②当今的社会现实需要我们发挥主观性，在主观的自觉与自律之下，实现德性与德行的统一，使人身心和谐发展，成为健全的人。

（三）促进人的全面发展

现在，我们不仅要求在教育的内容上实现德、智、体、美、劳的全面发展，而且注重人的学习能力和实践能力的发展，注重人的身心的健康发展，包括性格的发展、心理的发展，致力于培养具有渊博的学识、积极的自学能力和实践

---

① 张丽.先秦儒家道德修养思想及其现代意蕴[J].长春理工大学学报,2010,5(5):35.
② 张丽.先秦儒家道德修养思想及其现代意蕴[J].长春理工大学学报,2010,5(5):35.

能力，同时身心和谐、健康，具有独立性，有着较高的社会道德观念的理想社会公民。

传统儒家人格教育的目标是培养圣人君子的理想人格。圣人人格是儒家所追求的至善至美的理想人格。何谓圣人？《论语》曰："子贡曰：'如有博施于民而能济众，何如？可谓仁乎？'子曰：'何事于仁，必也圣乎！尧舜其犹病诸！'"①可见，圣人在道德品质上首先必须具备仁爱思想，能博施济众。而尧舜作为古代君王为何能成为孔子所提倡的圣人人格的楷模？在孔子看来，尧舜作为古代君王，能使天下信服，除了自身地位的优势之外，就是凭借自身的德行而使天下信服。儒家在道德上将古代的圣明君主理想化，同时使其具有伦理观上的神秘色彩，让后世的学子对其产生崇拜与敬仰，视之为人生目标。圣人人格的理想与孔子的政治理想密切相关。孔子主张以德治国，通过恢复西周时期的礼乐制度，来实现社会秩序的井然有序。被孔子作为圣人典范的尧舜正是礼乐制度的缔造者，在礼乐制度的框架之下，人的社会意识才会符合不同社会的要求。同时，圣人人格在具有儒家思想的核心"仁"之外，还具有一系列使人更加完善的道德品质，儒家将圣人作为理想人格的最高境界，其目的一方面是使儒家所提倡的道德品质更具合理性，另一方面鼓励人们不断地自我超越、自我提升。可能圣人太过于理想和遥远，于是儒家提出以君子作为现实的人格，君子没有圣人的神秘、完美，他具有现实的缺陷，需要在不断改正和完善的过程中趋于自我的和谐。在《论语》的描述中，君子一般具有较高的文化修养和良好的道德品质。此外，君子相较于一般人而言，具有明显的自主意识，不仅是个人行为上的自主，而且是道德判断上的自主，因此君子人格具有"穷则独善其身，达则兼善天下"的社会意识。在儒家的理想中，君子是积极入世的人格，一方面是为了实现儒家观念中修身、齐家、治国、平天下的人生理想，另一方面是为了教化社会，构建理想的社会。

君子人格自身的缺陷首先来自君子的阶级地位要求。以孔子为代表的儒家思想产生于阶级社会，代表着统治阶级的根本利益，而君子人格是士阶层最容易企及的目标，使得那些出身低微的贫苦人民在追求君子人格的道路上困难重重，从而引发由社会阶级观念的差异而产生的阶级间的不平等。其次，君子人格带有强烈的社会依附性。传统中国的社会关系是由血缘关系所维持的，根据

---

① 杨伯峻.论语译注[M].北京：中华书局，2006：72.

血缘关系所建立的宗法制将几千年的中国社会局限在"家"与"国"的观念之中。所以，传统的中国社会是一个人情社会，人们往往不是以社会公民的身份与他人交往，而是以家庭成员的身份处于一定的伦理或政治关系中，家族成为儒家理想人格实现人生自主的外在束缚。最后，传统儒家理想人格在思想意识上具有封闭性。自汉代以来，儒术在封建文化中一家独大，成为封建社会的正统思想和主流文化，科举考试的内容也是以儒家的经典专著为主要内容的，传统的读书人读书必读儒家的四书五经，说话必言儒家的仁义道德，在社会的外在要求及人的内在需求之下，儒家的传统道德观念在人的思想意识中根深蒂固，很难接受其他学术观点。因此，传统儒家君子人格亟须充实新的文化内涵和社会道德认识，以应对社会环境的变化。

1. 有助于对人的道德教育的完善

近代以来，受西方文化的影响，中国人的道德观念逐渐西化，以西方的道德认知来评判中国社会的问题，就会戴"有色眼镜"，无法看到问题的本质。

传统儒家人格教育重视人的道德修养，道德认识注重对人德行的培养，推崇"仁、义、礼、智、信"，"恭、宽、信、敏、惠"等道德观念。孔子提出仁爱等思想，有利于增强人们的道德主体意识；孟子倡导"浩然正气"和"大丈夫"的理想人格，就是为了凝聚社会正气；荀子以"性恶论"为起点，就是强调人要加强后天的道德教化。传统儒家将涉及政治、文化思想、社会道德、个人修养的知识作为对人进行道德教育的内容。"博学而笃志，切问而近思，仁在其中矣。"[①]儒家将学习作为完善道德知识的首要方法，认为人可以在学习中获得修身为人的道德知识，培养抉择道德向善的能力，使自身道德不断完善。学习道德知识只是开始，关键是将对道德知识的理解付诸实践。荀子说："道虽迩，不行不至；事虽小，不为不成。"[②]实践是个体完善自身道德不可缺少的一步，光说不做，永远不会明白道德的价值所在。因而，传统儒家人格教育以"仁"为核心，以"圣人君子""大丈夫"为理想人格。传统儒家对道义的追求能够使人的道德认识更加全面，形成区别于西方文化价值观念中的个人英雄主义的集体意识、国家观念；传统儒家对诚信观念的理解，对于构建人与人之间的和谐关系，人与社会之间的和谐关系具有重要意义，使得社会井然有序，人

---

① 杨伯峻.论语译注[M].北京：中华书局，2006：226.

② 张觉.荀子译注[M].上海：上海古籍出版社，1995：25.

际交往更加和谐。

2.有助于人的自我教育能力的培养

学习是自我教育最直接的手段之一。传统儒家人格教育虽注重对道德修养的陶冶，但并不因此而忽视对智育的教化。当今社会正处在知识大爆炸的信息化社会，知识多且杂，如何在浩瀚的知识海洋中习得自己所需要的，从而获得工作岗位、改善工作环境和生活水平，只靠学校教育显然满足不了当今社会对文化知识的需求，因而更需要自我教育。首先，传统儒家重视后天的教育，"我非生而知之者，好古，敏以求之者也"①，学习的目的在于弥补人天生的无知，充实人的认知。儒家认为只有在学习的基础之上，人才能不断接受高深学问，领悟道德思想。"吾十有五而志于学，三十而立，四十而不惑，五十而知天命，六十而耳顺，七十而从心所欲，不逾矩。"②孔子以自身的学习经历告诫学生，只有通过后天的不断学习获得知识，人的思想境界才会不断提升。在孔子"性相近"的基础上，孟子和荀子提出"性善论"和"性恶论"，儒家以人性论为出发点，其目的在于对人进行后天教育。其次，儒家提出各种教育的方法，如启发诱导、因材施教等，如孔子对于颜回和子贡进行教育，对颜回以称赞、表扬为主，对子贡则以训诫为主。最后，儒家强调在教育学生时要发挥教师的主观作用，更强调学生的主体作用，不仅要求学生主动学习，还要"博学之，审问之，慎思之，明辨之，笃行之"③，将外在的知识充分地内化为自己的财富。传统儒家人格教育正是这种以自我为中心的学习方式，为当前人的自我教育提供了借鉴。

3.有助于激发人的进取精神

"竞争意识是人才整体素质中的动力部分，是伴随人才发展成功的基本要求，也是区别庸才、普通人才与优秀人才的主要标志。"④竞争无处不在，有竞争就需要在竞争中生存，保持积极进取的精神。《孟子》言："故天将降大任于是人也，必先苦其心志，劳其筋骨，饿其体肤，空乏其身，行拂乱其所为，所以动心忍性，曾益其所不能。"孟子从人才的养成上，鼓励人们在困境中磨炼自我，锻炼出坚强的意志，形成吃苦耐劳和积极进取的精神。现在物质生活水平

---

① 杨伯峻.论语译注[M].北京:中华书局,2006:81.
② 杨伯峻.论语译注[M].北京:中华书局,2006:13.
③ 礼记[M].崔高维,校点.沈阳:辽宁教育出版社,2000:190.
④ 李楠.论先秦儒家道德修养观及其现代价值[D].北京:首都师范大学,2005:31.

在不断地提高，每个家庭对孩子的教育倾注大量的物力和财力，每个孩子成长的每一步都在父母的呵护之下，这样可能不利于孩子养成坚强的性格。真正的坚强是自己在艰难困苦之中摸爬滚打，不轻易放弃，从而领悟生活的不易，珍惜眼前的生活并不断努力创造更美好的生活。"天行健，君子以自强不息"，古人从天道的亘古运转、永不停歇中，感悟人应具有进取精神，自强不息。人生的奋斗历程在于坚持，积极进取表现为在艰苦环境中的坚韧不拔，表现为在学业上的精益求精，表现为在厚积中薄发。当前，人需要在不断的学习中充实自我以适应社会生活，树立终身学习的理念。我国在倡导精神文明建设的同时，迎合时代的要求，提出了构建学习型社会。

4.有助于对人心理健康的引导

人的心理不健康，就会造成思想意识畸形发展，这既不利于自身的长久、健康、持续发展，又容易构成危害社会安全的不稳定因素。当前，对于心理问题的治疗主要依靠外部的心理矫治和心理疏导，运用心理学对人的心理问题进行深度剖析，从引发心理问题的根源找寻心理治疗的关键。事实上，人的心理问题有时是由外部的环境造成的，或是童年的阴影，或是某件事无形的伤害，等等。外界环境的变化是不可预料的，人的心理也是不可掌控的，但是对待问题的不同心态会影响人的生活。在受到外界的影响之后，心态乐观的人会积极向上，化悲痛为力量，从阴影中走出来；而心态悲观的人，会将这种伤害深深印在记忆中，在心里留下阴影，随着时间发展不但没有淡忘而在各种类似的情形中加深对自我的伤害。因而，外界的心理伤害并不一定可怕，关键在于用积极、健康的心态去面对它、化解它，使其云淡风轻地成为过往。传统儒家人格教育思想的当代转化对人的心理健康具有积极的引导作用。传统儒家提倡中庸思想，"君子中庸，小人反中庸。君子之中庸也，君子而时中"①，中庸思想表现在社会关系中即为和谐，表现人自身的身心发展上即为身心的内外平衡，不嫉妒他人，不妄自菲薄，实现"惠而不费，劳而不怨，欲而不贪，泰而不骄，威而不猛"②的品格，克服人心理的内在缺陷。同时，儒家所倡导的"忠恕之道"也能缓解因为人际交往中的矛盾而造成的心理问题，在"己欲立而立人，己欲达而达人"和"己所不欲，勿施于人"的思想观念之下，形成在人际交往

---

① 礼记[M].崔高维,校点.沈阳:辽宁教育出版社,2000:186.
② 杨伯峻.论语译注[M].北京:中华书局,2006:236.

中的换位思考意识，达到对他人的理解，在理解的基础上实现人际交往的和谐。此外，儒家所倡导的理想人格就是"穷则独善其身，达则兼善天下"的积极向上的乐观心态，不因时势的变化而放弃自身的理想，努力在社会中实现自身的价值。

5.有助于培养时代需要的公民

公民人格的提出一方面是应时代的要求发展而来的，另一方面弥补了传统儒家理想人格的不足。儒家对君子人格的定位是"具备仁、义、礼、智、信和'求名利不违道义'的德性，具有'忠恕坦荡'的君子胸怀，具有'文质彬彬'的君子修养和'笃志而体'的君子行为"①，这种人格模式在道德上是完美的。而这种人格主要是由小农经济的封建环境和君主专制的封建社会环境决定的。因而，当今社会的公民必须由依附走向自主，自主表现为思想上的自主，有自己的想法；个性上的自主，在与社会的融合中保持自身的独特性，具有自己的个性。《论语》言："三军可夺帅也，匹夫不可夺志也。"②这句话强调了人的意志的重要性，因而儒家重视人意志的自由，一直强调人主体意识的发展。孟子言，"不得志，独行其道"③，反映个人追求的独立意志。现代社会强调公民人格的独立自主，公民不仅注重言行的独立自由，而且追寻人的意志的自由与独立，"这种独立的意志不能成为社会存在的附庸，个体应该培养自主性，主动地反映社会存在，坚持自己的独立性"④。

三、有利于社会的和谐与稳定

社会的和谐由人与人的和谐、人与社会的和谐以及人与自然的和谐所构成。人与人的和谐涉及家庭中父母与子女的关系，社会中朋友之间的关系，工作中上下级之间的关系，甚至是陌生人之间的关系；人与社会的关系包括在家庭问题中的人与社会的关系，在市场经济中的人与社会的关系，在社会文化环境中的人与社会的关系，等等；人与自然的关系涵盖人与自然相处时的关系以及人的内在本质与自然的关系。传统儒家人格教育思想资源的当代转化，通过对人

---

① 陈兵.先秦儒家人格思想对当代公民人格培育的启示[D].郑州：郑州大学.2013：14-15.

② 杨伯峻.论语译注[M].北京：中华书局，2006：108.

③ 杨伯峻.孟子译注：简体字本[M].北京：中华书局，2015：105.

④ 吴丽.先秦儒家人格思想与现代社会人格培育[D].青岛：中国海洋大学.2012：26.

的塑造，对人际关系的合理构建，发挥人的主体作用，使人文社会与自然环境在人的主观意识以及客观行为的完善与提升之后，实现社会的和谐与稳定。

（一）人际交往中的和谐与稳定

1.传统儒家"孝悌"思想的当代转化有利于构建和谐的家庭人际关系

人在家庭中与父母的关系，是人与人交往的开始。但是子女同父母，青年人同老年人存在着年龄上的差异，他们因为所处的时代、生活阅历和人生经历不同，世界观、人生观、价值观可能不同。年轻人的思想更加开放，更富有冒险精神和创造精神，有时可能会产生一系列不切实际的想法；而老年人历经岁月的洗礼，对凡事有着自己的一套看法，固执地认为历经时间沉淀的经验在任何时候都是正确的，老年人总是希望后代以自己为典型和模范，按照自己的想法和价值观来教育下一代，在思想上容易因循守旧，不敢尝试新的事物。由于思想认识的方向不同，年轻人与老年人的代际冲突由此开始。在现代社会中，代与代之间的关系关系到一个家庭中人际关系的和谐。传统的孝道文化要求人们在物质上赡养老人，在精神上尊敬、顺从老人，同时承担一系列的家庭责任，显然在人的自主意识强烈的当下不一定完全能与时代相适应。今天，面对家庭中的代际问题，我们提倡用孝道文化来解决，而新时代的孝道文化更富有新意。首先，"孝"要建立在情感交流的基础之上，子女要与父母建立良好的沟通，父母要认真倾听子女的想法，在双向的交流之上，双方实现在家庭中平等相处；其次，子女在力所能及的情况下为父母提供经济上的支持、生活上的照顾和精神上的陪伴，与此同时，父母要对子女的生活、工作表示关心和理解。"代际之间要求权利义务的互益、角色感情的互动"[①]，父母与子女要善于换位思考，相互理解，懂得包容；最后，"孝"要建立在尊重的基础之上，尊重是相互的，既包含子女对父母家庭地位和人生阅历的尊重，又涉及父母对子女思想观点和行为处事的尊重，以尊重为基础，给予每个人自由的空间，家庭成员的相处会更加和谐，家庭的生活氛围会更加轻松、愉快。

2.传统儒家"诚信""仁爱"思想的当代转化有利于构建和谐的社会人际关系

朋友是人生活中不可缺少的伙伴，他们或是年龄相仿，或是兴趣相投的搭

---

① 石博琳.中国传统孝道精华在当代的失范与社会主义孝道的构建[D].石家庄:河北经贸大学,2015:27.

档，或是志同道合的精神伴侣，真正的朋友在一个人的人生中总是不可多得的。而信任是朋友间相处的首要原则。"与朋友交，言而有信"，在传统的认识中同门曰朋，同辈曰友，因而"朋友"是指那些年龄相仿且志向相投的人，这些人在交往中以"信"为基本的原则，是传统儒家在人际交往中所奉行的道德准则。"信"作为人立身处世的道德准则首先表现为"言而有信"，对自己所说的话，说到做到，"一言既出，驷马难追"，信守自身所许下的承诺。同时，表现为对自身的约束，通过言语的约束，达到言行一致，进而谨言慎行。其次，由说到、做到延伸到情感上的对他人的不欺骗，把自己真实的观点、态度展示给他人。传统儒家会对人日常的言行进行反思，以检验在朋友之间是否做到"信"，"吾日三省吾身——为人谋而不忠乎？与朋友交而不信乎？传不习乎？"最后，朋友之间大多是与自身没有血缘关系的群体，能在茫茫人海之中找到与自己志趣相投的朋友，在交往中诚信相待，真诚相处，而非以利益来衡量双方的得失。朋友之间的相处之道，是和谐人际关系的重要环节。

随着人们生活水平的不断提高以及人们获得信息的方式的改变、获取信息渠道的丰富，人们往往足不出户便可知天下事，人与人的交流因为通信工具更便捷，这些通信工具给人们的生活带来了众多的便利，使人们的交往方式发生了极大的改变。然而，人的活动因此局限在自己的一方天地之中，人对世界的认识是间接的，人与人面对面的交流机会减少，人与人的关系之间可能隔着冰冷的科技产品，人与人可能在日渐疏离的交流中变得越来越生疏。但是，人又是感性的动物，人渴望和他人分享自己的喜怒哀乐，渴望建立相亲相爱、和平友好、充满信任、和谐的人际关系。而儒家的"仁爱"思想，就是让人打开自己的心扉，以宽厚、仁爱的态度来对待身边的人。"爱人"就是用真诚的心对待每一个人，用自己的真诚感染其他人。传统儒家人格教育思想资源的当代转化就是让人重拾仁爱之心，打破人际交往中的冷漠，使人与人之间多一点"色彩"。同时，鼓励人们多交往，在交往中用自己的眼睛去发现世界的真实面目，用自己的价值判断去评价他人，真诚、用心地构建自己的人际交往圈子，构建和谐的人际关系。虽然传统儒家在某些方面夸大了"仁爱"在人际交往中的感染作用，忽视了现代社会人性的弊端，但是传统儒家的仁爱思想在人与人的交往中就像一把钥匙，开启的是人们对于真、善、美的渴望之心，踏上的是人们包容、接受他人不完美的路程，以此为开端，人与人之间的距离缩短，和谐的人际关系还会远吗？

3.传统儒家"忠恕"思想的当代转化有利于构建和谐的上下级关系

人总是要步入社会走入职场的，在实际的工作中，职场的人际关系建立在竞争与协作的基础之上。职场之中，各种人才展现自身各方面的能力，有能力的人在竞争中不断获得优势，获得升职加薪的机会；没有能力的人为工作疲于奔命，却原地踏步。同时，职场要求各种人才之间相互协作，没有集体观念，没有能力，在团队中会逐渐出局。职场的人际矛盾主要来自工作中的分工和收入之间的矛盾。同时，有个别人认为自己在职场中打拼，每天过着朝九晚五的生活，还要没日没夜加班，领着微薄的工资，过着艰苦的生活，认为自己的付出大于收入，而自己的上级却轻而易举地获得丰厚的收入。收入之间的差距、工作之中上下级的分工，可能会使有些人的内心产生不平衡，与上级的矛盾、与下级的矛盾，破坏了职场生活中的人际和谐。传统儒家人格教育倡导"絜矩之道"，是指在人际交往中以推己度人为标尺的人际关系处理原则，也就是儒家的"忠恕之道"。《大学》中有："所恶于上，毋以使下；所恶于下，毋以事上；所恶于前，毋以先后；所恶于后，毋以从前；所恶于右，毋以交于左；所恶于左，毋以交于右。此之谓絜矩之道。"[1]"絜矩之道"讲究以自己的标准来对待他人，其意义在于践行推己及人的相处之道，在人际交往中不强求他人，其核心在于强调传统儒家"仁"的道德品质，以仁爱之心、同情之心对待他人。因而在工作中，"絜矩之道"讲求以客观、公正的态度对待身边的人，不因他人是领导就低眉顺眼、点头奉承，不因他人是下级就盛气凌人、指手画脚，不因同事的能力没我强就贬低他，不因同事的能力比我强就嫉妒他。职场的人际关系更在于强调自身内心的和谐，善于处理来自各个方面的压力，善于化解来自各个方面的矛盾，从而做到对上级恭敬有礼不攀附，对同事一视同仁不贬低，对下级严格要求不欺压，有自己的能力，有自己的权威。

（二）社会治理中的和谐与稳定

社会是一个复杂的整体，家庭是构成社会的子系统。同时，社会中包含具有经济、政治、文化功能的社会机构，社会的和谐、稳定依赖于社会各个部门的正常运行。

---

① 礼记[M].崔高维,校点.沈阳:辽宁教育出版社,2000:224.

1.传统儒家"孝"文化的当代转化有利于提升孝道

随着我国步入人口老龄化社会，解决养老问题迫在眉睫。养老问题涉及家庭的代际和谐，如果解决不当，就会演变成严重的社会问题。现在，少数人对于孝道的认识较狭隘，一方面是因为他们传统孝道观念淡薄，另一方面和现代的家庭结构有关。中国目前的家庭以三口之家为主，年轻一代在成年之后成为家庭的主要经济支柱，因而赡养父母时往往力不从心。因此，重新构建孝道文化，重新协调家庭伦理关系，对于现代社会的养老问题的解决至关重要。尊老、敬老、助老是中华民族的传统美德，"老有所养、老有所医、老有所学、老有所乐、老有所为"①是现代社会对老年人的保障，而赡养父母是子女应尽的道德义务和社会责任。无论何时何地，子女都有义务履行对年迈的父母的赡养义务，使老人老有所依，减少不必要的家庭伦理问题。在社会范围内重新宣传孝道文化，通过一家一户的家庭和谐发展形成良好的社会风尚。"老吾老，以及人之老"，社会成员在家孝敬父母，在外尊重老人，人人对老人多一点尊重，整个社会的精神面貌就会更上一层楼。同时，孝的道德观念能有效地缓解家庭内部矛盾。家庭是社会的子系统，家庭成员也是社会成员的一部分，"孝"使得家庭中的伦理道德观念与社会公共道德联系起来，使得家庭成员有着合理的道德判断标准，明确了个人在家庭和社会中的责任与义务，有助于构建和谐的人际关系，避免人与人之间因年龄、认识的不同而引发矛盾，从而有利于社会的正常运转，营造和谐的社会氛围。

2.传统儒家"诚信"思想的当代转化有利于完善市场交易的基本规范

在市场交易中，尤其是在网络购物越来越频繁的今天，在这种越来越抽象的市场交易环境中，诚信交易尤为重要。儒家提倡"君子爱财，取之有道"，就是强调在市场交易中，以合乎道德的手段谋取经济利益，而人只有诚实守信，遵守社会道德规范和公共契约，诚实无欺，才能在商业竞争中赢得良好的口碑，并获得利润。奉行"诚信"原则，有利于实现双赢的局面。在整个市场的竞争下，市场秩序得以正常运转。同时，合理对待利益关系也是市场交易所追求的价值目标。传统儒家人格教育对"义"与"利"的追求奉行的是"重义轻利""义以取利"，追求道德修养上的道义，这有助于完善市场交易的基本规范。

---

① 陈元刚.我国城镇社区养老服务体系构建研究[M].北京:光明日报出版社,2016:38.

3.传统儒家"义利观"的当代转化有利于构建合理而有序的市场经济秩序和营造良好的社会监管环境

在市场经济中追求经济利益的最大化是人之常情，合理把握义与利的关系是维护市场经济必备的价值追求。"马克思主义者是义利关系的辩证统一论者。马克思主义认为，义属于精神范畴，利属于物质范畴，义利关系就是精神与物质的关系，二者必须结合起来。如果只讲义，不讲利，社会就不能发展，义亦无所寄托；反之，如果只讲利，不讲义，利己主义泛滥，争名于朝，争利于市，金钱至上，唯利是图，社会就会陷入混乱，无法健康发展，利亦不可能得到保障。我们今天讲义，不是要人们放弃合理的个人利益和物质追求，不食人间烟火；我们今天讲利，也不是要人们放弃高尚的精神追求，提倡拜金主义、享乐主义和极端个人主义，而是鼓励人们通过诚实的劳动，对社会作出贡献，去实现自己的个人利益。这就是社会主义的义利观。它要求人们努力做到义利统一，义利并举，义利互济，以义节利，以义导利，把国家的、人民的利益放在首位。"[1]传统儒家人格教育中对义利观，"强调追求利益的合理性、合法性和合道德性，提倡人们不要为了对利益的追求不顾一切、为所欲为"[2]，在倡导合理的义利观的引领下，人们在经济环境中面对义与利的抉择时，能以一种辩证的思维模式来处理义利关系，能对社会规范、市场秩序、交易原则的道德功能和引导作用，怀有敬畏之心。尊重通过自由、平等、信用和契约建立起来经济关系，自觉地在道德允许的范围内自由交易、公平竞争。

在社会监管中诚信思想表现为政府对社会民众质疑的反应，社会民众对政府治理的信任和对政府的诚信监督问题。维持政府形象最根本的方法就是取信于民，儒家认为在社会治理中，政府需要加强自身的公信力。"民无信不立"[3]，"蹈然上下相信，而天下莫之敢当"[4]，强调了民众对于政府的信任，是政府公信力的重要体现。失信于民众的代价是严重的，赫胥黎曾说过："人们所真正害怕的不是法律，而是别人的议论。"[5]一个人的行为总是缺乏诚信，那么他就很

---

① 郝大林.传统儒家道德观与当代大学生品格培养[D].南京师范大学,2004:18-19.

② 闫少华,尉天骄.论全球化背景下儒家伦理的道德教育局限性与现代价值[J].社会科学家,2009(4):150.

③ 杨伯峻.论语译注[M].北京:中华书局,2006:141.

④ 张觉.荀子译注[M].上海:上海古籍出版社,1995:215.

⑤ 李云才.塑造未来——中国21世纪可持续发展之路[M].北京:气象出版社,1997:157.

难得到他人的认可，他的人际关系就会出现裂痕，如果政府对民众缺乏诚信，那么其社会管理就会受到质疑。因而，在现代社会中，政府应首先树立诚信观念，政府的一言一行都应对民众负责，公开政府决策的透明度，当权者只要充分做到一切为了人民、一切对人民负责，将实事求是落到实处，就不会惧怕民众的质疑，自然而然会获得民众的信任。我们要加强利用先秦儒家诚信思想对政府的社会行为进行合理的舆论监督，加强人们诚信思想监督方面的引导，改变自身不合理的行为规范，在对政府工作的诚信监督之下，促进政府工作效率的提升，促进社会和谐。

4.传统儒家人格教育思想资源的当代转化有利于明确道德与法律的关系

在社会治理中，道德是使人的社会行为符合社会规范的要求的内在约束力，法律是以条文的形式明确社会成员的社会行为和社会职责，是在强制的手段之下对社会成员形成外在的约束力。道德是对人道德意识的引导，道德的目的在于使人自身意识到遵守社会道德规范的自觉性，以道德教化的手段带动民众道德水平的提升。但是传统儒家在主张以德治国的同时，夸大了道德在社会治理中的教化作用以及对人的道德自律作用。儒家强调统治者要以德治国，提出"民为贵，社稷次之，君为轻"的民本思想，但在封建社会君权高于一切的现实情况之下，统治者从维护自身统治的角度出发，将德治作为维护自身形象的工具，德治理念并未真正在现实中落实。同时，封建社会主要是人治的社会，社会的道德规范和法律制度维护的是统治者的根本利益，使百姓服从于统治阶级的利益，将个人的微薄利益奉献给上层阶级，从而维护自身的安全。统治者正是利用人民寻求安身立命的生存需求，利用束缚人的思想的道德观念和社会规范，使人安居乐业。在相当长的一段时间里，道德约束与法律在社会治理中并存，人们希冀通过道德人情的判断来规范社会，但往往是道德成为人手中的工具，人在不同层面对道德价值的理解加剧了人们思想上的混乱。传统儒家人格教育思想资源的当代转化，在于通过对传统文化的认识与理解，加强人的道德认识，洞察道德在社会治理中对人的社会教化的真正限度，即社会秩序的维持不仅需要道德力量的辅助，而且需要法律法规的强制保障，避免道德教化走上极端，忽视法律的建设。

（三）人与环境的和谐与稳定

人与自然的矛盾在今天尤为突出。自工业革命以来，人类对自然有了进一步的认识，利用自然规律加大了对自然的改造力度，在蒸汽工业的推动下，人类对自然的索取越来越多，使得生态问题日益突出，文明的进程就是在对自然的无限索取与破坏以及人类因征服自然而付出血与泪的代价中不断地向前进。在远古时代，人类对自然心存敬畏，对自然所给予的资源心存感激，对自然的索取停留在满足自身的生活之上。农业文明时代，人类开始认识自然，利用简单的自然规律，在生活的大地上耕种，过着自给自足的生活。而工业文明时代，人类迈出征服自然的步伐，通过机器生产，创造出满足一大批人日常生活所需的工业产品。人与自然的和谐关系，在人类难以满足的对物质利益的渴求中，逐渐失去了平衡。今天，在处理人与自然之间的关系时，人总是强调人要与自然和谐相处，殊不知中国两千多年的传统文化中以儒家孔子为代表的古代思想家就提倡人与自然的关系应和谐统一，即"天人合一"。"天人合一"是传统儒家人格教育的理论基础，其基本含义是天人合德。在"天人合一"的思想中，"天"指的是自然环境，"人"指的是社会环境中的人。《周易·序卦传》中曰："有天地然后有万物，有万物然后有男女。"[1]其目的在于强调人类是自然界的产物，是自然界不可分割的一部分，与自然融为一体，体现传统儒家在人与自然的关系中提倡生态关系的和谐，在"天人合一"这一总的观念指导下，明确人是自然的一部分及人在自然界的地位。人性与天道是相吻合的，但人与自然万物毕竟是不一样的。人与万物同为天地阴阳变化所生，是人与万物统一的一面。传统儒家的"天人合一"思想就是指人在与自然的相处上，强调人与自然的同一属性，运用这种同一性使人与自然构成一个和谐、统一的整体，在此之中实现人与自然关系的协调，实现人与自然的统一。儒家在提倡"天人合一"的自然观时，既是出于对未知的自然环境的敬畏，又是对于肯定人作为自然的杰作，其中蕴含不同于自然界中其他生命的"人性"。荀子曾说："水火有气而无生，草木有生而无知，禽兽有知而无义；人有气、有生、有知，亦且有义，故最为天下贵也。"儒家肯定人在自然界中独一无二的存在，因而孔子赞美人："天地之性，人为贵。"儒家宣扬"天人合一"的思想实际上就是在自然环境中肯定人

---

① 周易[M].理雅各,英译.秦颖,秦穗,校注.秦颖,今译.长沙:湖南出版社,1993:352.

的价值，进而希望通过对人进行不同于草木鸟兽的"人性"道德教化，不仅使人保持与生俱来的"人性"，与自然的相处和谐统一，而且能使人在社会中发挥和扩展"人性"，在社会中和谐发展。

在传统儒家人格教育思想资源的当代转化中，儒家的"天人合一"思想对于新时期转变发展观念，树立和谐的人与自然的关系具有借鉴价值。首先，重新确立经济发展与自然环境的关系。西方工业时代以来，总是强调人是可以征服自然、战胜自然的，使人站在自然的对立面，结果自然环境问题越来越严重。在中国进行社会主义现代化的今天，要运用传统的"天人合一"思想，使人在构建现代经济的同时，将对自然环境的重视与保护摆在首位；在追求经济利益的同时，提倡科学、可持续发展；在处理与自然的关系时，提倡天人相融，同处共乐的理想状态。人可以亲近自然、认识自然、探索自然，可以在与自然的相处之中发现自然的奥秘、探索宇宙的变化，从而利用自然的规律减少天灾人祸。但是人对自然的认识和利用是有限度的，要顺应自然的发展规律，不能损害自然的正常发展。其次，人在经济社会与自然环境的相处中，最终目的要在二者之间寻求平衡。人在世俗的沉浮中，难免会受他人和环境的影响，为融入生活环境，难免在世俗中心浮气躁，从而忘却自己真正追求的是什么。因而在"天人合一"思想的启发之下，使人回归内在的精神世界，重新审视自己的内在需求，明白生活的真正目标。在崇尚自然之中，寻求内心的宁静；在融入自然之中，回归自己的本心；在与自然的相处之中，明了如何做人，如何与人相处的真谛。最终，通过自身内在精神世界与外在物质世界的统一，实现人在认识上的提升，即不为外界的环境所累，追求自己的人生理想。

四、有助于民族的复兴与发展

（一）对民族文化的重视与保护

自1840年鸦片战争之后，以儒家为核心的中华传统文化遭到了部分有识之士的质疑，在西方应用科技和资本主义民主思想的冲击下，很多人对西方的政治思想、社会意识、文化观念产生崇拜，对西方文化的学习由器物的学习过渡到政治制度的学习，最后对西方先进思想意识的学习，同时在西方自由、民主、科学的思想支配下，对传统的文化观念、思想意识进行批判。极个别对西方文化有过了解的学者，深刻认识到西方文化在时代发展中的先进性，深陷在西方文化的优势之中。再次回看中国的传统文化时，就会秉承着西方文化的优势，而对中国的传统文化存在偏见。这种文化上的偏见一方面是基于对文化观察的视角的不同，另一方面来自对文化本身的认识不够全面，妄想以局部而洞察整体，以点带面。在文化的偏见之下，若对传统文化持肯定的态度，往往很容易就会被外界冠以思想上的保守；若对西方文化持肯定态度，就会被认为激进。中华传统文化作为民族文化宝库的文化资源，是民族文化的财富。如今社会都认为"中国传统思想文化体现着中华民族世世代代在生产生活中形成和传承的世界观、人生观、价值观、审美观等，其中最核心的内容已经成为中华民族最基本的文化基因"①。对本民族的传统文化的发展应摒弃文化观念上的偏见，正视民族文化中优秀传统文化的现实价值，继承和发展优秀传统文化，保持民族文化的独特性。传统儒家人格教育思想作为儒家文化的一部分，历经时间的沉淀，已成为中华传统文化的一部分，其中包含的诚信观念、仁爱精神、自律意识、知行观对当代人的思想具有指导作用。传统儒家人格教育思想资源的当代转化就是正视优秀传统文化的现代价值，是对优秀传统文化的继承和发展，有利于新时期本民族文化的繁荣和发展。

　　传统儒家人格教育思想的当代转化，首先表现在对民族文化资源的重视上。近年来，在电视屏幕上经常出现带有中国传统文化色彩的综艺节目，如中国成语大会、中国汉字听写大会、中国诗词大会等，这些节目吸引了社会各界的关注，参加者中以年轻人为主。这些节目以智力问答的形式，使那些腹有诗书的人有了展示的机会，由此带来的社会影响也是不言而喻的。成语大会使现代人认识到古汉语的魅力，简短的文字却表达了深刻的含义；汉字听写使陷于键盘的现代人意识到提笔忘字的可怕性，又由衷地对中国汉字的构造魅力以及构成意图深表钦佩；诗词大会使现代人在文字之间感受古人运用文字的能力，领悟文字所描绘的美好意境。这几种文化类的节目相较于娱乐节目而言，却具有深厚的文化底蕴，尤其具有深厚的中华文化的底蕴。然而，一些传统的民族文化

---

　　① 程瑶,王子晖.十八大以来,习近平这样强调文化自信[EB/OL].(2017-10-13)[2019-04-07].http://www.xinhuanet.com/politics/2017/10/13/c_1121796384.htm.

的传承面临失传的危机，比如一些具有民族特色的手工艺品制作，因掌握技艺需要长时间的磨炼，却极少有人能够耐得住寂寞，潜心钻研手艺，使得制作的精髓面临失传。此外，一些古代优秀的思想文化，例如先秦墨家的思想在各种文化的冲击之下，逐渐被人遗忘，现在仅留《墨子》一书供人们学习和研究。文化能够引起思想观念上的冲击，使人的精神面貌焕然一新，但文化也会在不知不觉之中被人遗忘。并不一定是人的思想观念停滞不前，而是旧的文化观念未必适应时代的要求，逐渐被淘汰了。传统儒家人格教育思想资源，蕴含在传统儒家文化之中，也是民族文化的一部分，其中也蕴含着积极的思想观念和消极的思想观念，其当代转化，就是对文化进行更新与改造，也是对民族传统文化的时代挖掘，使其适应时代的发展。同时，更应意识到民族文化的珍贵，尤其是民族教育资源在当前的时代价值。

　　传统儒家人格教育思想资源的当代转化，同时表现在对民族教育事业的影响上。文化是人们在社会实践的过程中创造的，并历经时间的沉淀，成为一种普遍的社会现象。文化的发展依附于一定的载体，如教育、经济、政治、科技等。教育是文化传承和创新的必要手段，推动文化的发展，同时文化的繁荣也促进教育观念的进步，教育内容的丰富，教育方式的改进，等等。近代以来，我国的教育深受西方教育观念的影响，民国初年进行教育改革时，照抄德、日的学制计划，而后在杜威的思想的影响之下，采用美国的"六三三"学制，并在新时期的教育改革中，仍然沿用"六三三"学制，以适应儿童的年龄特征。同时，引进西方班级授课的理念，采用固定的课本，在课堂环境中教师对学生有组织、有意图、有计划地安排教育活动。这种传统的以班级、教材、教师为中心的教育方式，一直以来受到人们的批判，大家认为这样培养出来的学生缺乏自主性，学生只是在教师的灌输之下和家长的强迫之下不得不接受被动的教育；教育方式机械，教育效率低，学生的自由天性在教育的过程中逐渐被扼杀。传统儒家人格教育思想的当代转化，虽然不能从根本上解决当前教育领域内的种种问题，作为注重德育的教育思想，其当代转化对家庭教育、学校教育、社会教育给予了新的启示，从而完善了民族教育事业，为未来培养了人才。传统儒家人格教育思想的当代转化，对民族教育事业的影响最先表现在家庭教育对孩子的启蒙上。家庭教育是教育的起点，家庭是对孩子进行启蒙的地方。家庭教育的启蒙主要是教授孩子基本的道德观念，对孩子的言行进行简单的塑造，使孩子在早期的启蒙教育中懂得分享、懂得礼貌，能够和学校教育进行有效衔接。

社会经济的发展需要人才，尤其是高素质的人才。传统儒家人格教育思想资源的当代转化，有利于通过民族文化的复兴带动民族经济的繁荣。当前国际竞争的实质是综合国力的竞争，其核心就是文化软实力的竞争，包含人才的培养，所拥有的文化资源以及对文化的创新能力。我国当前的经济主要以劳动密集型产业为主，同时在国际分工与合作中所负责的环节主要是生产，不仅需要花费大量的廉价劳动力，还会随着各种高消耗、高排放对生态环境带来巨大的压力，所获的经济利益也是微薄的。要想在国际分工与合作中占据主导地位，关键就得培养具有创新意识的人才，拥有自主研发的能力，能够独立主持核心环节的设计，以知识作为经济资本，占据国际分工的主导地位。在培养创新人才的同时，更需要转变经济发展方式，优化产业结构，大力发展文化产业。在知识经济时代，我们要利用本国的文化资源，发展本国的民族经济。传统儒家人格教育思想资源的当代转化，能够在文化继承与创新的氛围之下，带动相关民族文化产业的发展，在追求文化的社会功能的同时，增加经济效益，实现民族文化带动经济的新发展。

（二）提升当代人的民族精神

对传统儒家人格教育思想资源的当代转化，有利于我们重拾民族文化中的民族精神，激发个体的文化自豪感。民族精神是民族的灵魂，是支撑民族内在团结的精神内核，是促进民族繁荣发展的精神动力。民族精神积淀于中华几千年的历史文化之中，随着民族的繁衍生息而代代相传。传统儒家人格教育在培养人的社会人格的同时，也在潜移默化之中培养一个人的家国观念、民族意识，使得传统人格多了家国情感和民族自豪感。传统儒家倡导"忠恕之道"，其中的"忠"在封建社会形成"忠君"思想，而后演变为对国家的道德责任感。在"忠君"的影响下，涌现了一代又一代的爱国志士。西汉贾谊提出"国而忘家，公而忘私"立志为国家和集体的利益牺牲个人利益，范仲淹"先天之忧而忧，后天下之乐而乐"的忧患意识，顾炎武的"天下兴亡，匹夫有责"道出了他敢为人先、不怕牺牲的奉献精神，孟子口中的"富贵不能淫，贫贱不能移，威武不能屈"的坚韧不已的"大丈夫"品质，已经深深地熔铸在中华民族的精神之中。

今天，强调"忠"，有利于增强社会成员，尤其是年轻一代忠于祖国、忠于人民的爱国之情，在立身行事之中能对祖国、对人民负责任。民族复兴的希望是年轻人的健康成长。年轻一代能够树立正确的人生观、世界观和价值观，有能力承担起民族复兴的重担，关键在于继承和发展伟大的民族精神。中华民族在长期的历史发展过程中，形成了以爱国主义为核心的团结统一、爱好和平、勤劳勇敢、自强不息的伟大民族精神。在民族精神的指引下，塑造了中华民族崇尚气节、坚韧不屈、顽强拼搏的民族性格，面对民族危机仍然浴血奋战，使中华民族重新屹立于世界民族之林，重拾民族自信心和自尊心。当前，在全球经济一体化的影响下，世界各国文化相互交流和融合，必须把弘扬和培育民族精神作为文化建设的重要任务，促进社会主义精神文明建设。在此前提下，对传统儒家人格教育思想中"重义轻利"观念的当代转化，有利于国人意识到个人与国家的利益关系，明确国家利益与个人利益是紧紧地联系在一起的，从而正确处理个人与国家的关系，维护国家利益和集体利益。

（三）树立中国在世界舞台上的形象

传统儒家人格教育思想资源的当代转化，对于树立中国在世界舞台上的国家形象具有借鉴作用。国家形象大到一个国家的整体形象，小到个人的个体形象。个人形象是国家形象的一部分，个人形象的缺损会有损于国家的整体形象。提升国人的道德素质，其关键在于对国人加强道德教育。传统儒家的人格教育注重人的道德修养，强调在人际交往之中提升人的道德行为。如儒家强调"非礼勿视，非礼勿听，非礼勿言，非礼勿动"[1]，使人的言行举止约束在"礼"的规范之下，从而使人言行得体。但是"礼"的概念在当前具有时代的缺陷，因而需要赋予其以时代的新义，更加有利于国人的道德要求，重新构建国人的国际形象，从而维护国家形象。

因此，国家形象是整个国家的整体形象，良好的国家形象有利于维护一个国家的国际地位。自古以来，中国人深受儒家理想人格的影响，一方面是温润如玉、彬彬有礼、风度翩翩的佳人、公子形象，另一方面中国人也是宁为玉碎、不为瓦全的"大丈夫"形象。中国人既温和又强硬，温和地对待来自世界各地的志同道合的友人，强硬地誓死捍卫国家利益和民族利益，抵御一切外来侵略。

---

[1] 杨伯峻.论语译注[M].北京:中华书局,2006:138.

在世界舞台上，中国友好地与世界各国在平等的基础上交往，在对外关系上秉承和平共处五项原则，尊重各国的国际地位，同时坚决维护本国的国家利益、领土完整和人民的生命财产安全，并受传统儒家"中庸和谐"的影响，在尊重差异的前提之下，追求事与事、物与物、人与人的和谐。在当今世界，和平与发展是时代的主题。但是局部的冲突与战争时有发生，阻碍世界走向和平的重要原因在于各国所追求的国家利益不尽相同，一些国家为了维护本国的自身利益，在国际交往中背信弃义，损害他国的国家利益以及人民的公众安全和集体利益。国家之间的正常交往是建立在国与国之间的利益的基础之上的。同时，在共同利益的驱使下，更多的国家选择相互合作。在冲突与合作之下，国际关系错综复杂。中国自改革开放之后，在坚持引进外国资本的同时，坚持走出去的对外经济原则，并加入了世界贸易组织，积极加强国际间的交流与合作，在与其他国家的经济合作中，秉承平等、互利的发展理念。同时，中国加强与亚非拉国家的经济合作，促进发展中国家的经济发展。在对外交往上，中国在国际交往中奉行独立、自主的和平外交政策，在维护本国利益的同时，尊重其他国家的合法权益。在当前霸权主义与强权政治丛生的世界政治环境之中，中国有自己的声音和主张，不屈服于强权政治和霸权主义，倡导建立更加公正、合理的国际政治、经济新秩序，从而维护发展中国家的政治、经济利益，中国已成为维护世界和平、促进世界经济发展的一支重要力量。传统儒家人格教育思想的当代转化，能够在新的观念和思想的充实之下，使中国的国际形象更加完善，缩小文化的缺陷而导致价值观念的差异，能在自身形象与时俱进中得到更多国家对中国形象的认可，从而在国际关系中发挥更大的作用。

第六章 传统儒家人格教育思想资源
当代转化的原则

传统儒家人格教育思想资源的当代转化不是一件简单的事情，除了要尊重历史外，还必须遵循以下几个基本原则。

一、选择性原则

（一）选择性原则的内涵

所谓选择性原则，就是在一定的范围内，对一个特定的群体，根据需要进行甄别和选择，选择其中所需要的部分来完成某项工作，在这个过程中需要坚持合理和科学的原则和方法。传统儒家人格教育思想资源当代转化过程中所要坚持的选择性原则的实质内涵，可以阐释为：为了完成传统儒家人格教育思想资源的当代转化，促进当今社会健全人格的塑造，在马克思主义的指导下，有针对性地对传统儒家人格教育思想资源进行筛选和扬弃，同时根据我国的社会现状以及社会生产力发展的需求对外来的人格教育思想资源进行借鉴和吸收等。简而言之，对传统儒家人格教育思想资源的批判继承和对外来人格教育思想资源的兼容并包。

（二）为什么要坚持选择性原则

从古至今、从中到西的文化中，在不同的历史发展阶段都会出现具有时代特点的文化，这种具有时代性的文化在某种程度上因为受到了历史的限制而带有一定的糟粕。在这样一种历史条件下，出现了丰富多彩、种类繁多，同时错综复杂、良莠不齐的传统与现代、东方与西方、本土与外来的文化。因此，我们在传统儒家人格教育思想资源当代转化的过程中，既要看到传统儒家人格教育思想资源中的精华部分，又要看到传统儒家人格教育思想资源中的糟粕部分。不可在转化的过程中或囫囵吞枣，或全盘否定，或全盘肯定，要以冷静、理性的态度对传统儒家人格教育思想资源过滤和选择。

毋庸置疑的是，传统儒家人格教育思想资源作为中国传统文化的一部分，因为其精华所以绵延千年而不绝。传统儒家人格教育思想资源具有一定的时代价值，如传统儒家人格教育思想资源中的自强不息的思想，独立自主的思想，君子慎独的思想和探索创新的思想，等等。对于传统儒家人格教育思想资源中的精华部分，我们应当以马克思主义为指导来对其加以选择和赋予其时代的新意，使其转化为社会主义现代化建设过程中所需要的具有时代意义的人格教育思想。我国学者张岱年曾经说："假如中国光有劣根性，中华民族就应该灭亡，就没有存在的价值了。我认为中华民族绝对不会光有劣根性，还有良根性，还有反压迫、反侵略、积极斗争、保持民族独立的这种优良的品质。我们要认识，要有自觉性，要有自我认识，要改造劣根性，发扬良根性。"[1]这句话很明显地表达了中国传统文化中既有精华又有糟粕的观点。毛泽东同志说过："我们这个大民族数千年的历史，有它的发展法则，有它的民族特点，有它的许多珍贵品。对于这个，我们还是小学生。今天的中国是历史的中国之一发展，我们是马克思主义的历史主义者，我们不应当割断历史。从孔夫子到孙中山，我们应该给以总结，我们要承继这一份珍贵的遗产。"[2]可见，无论是学者，还是国家领导人，都认可传统儒家文化中的精华部分。尽管在近现代的社会发展中，我国曾出现全盘西化的潮流和全盘否定中国传统的特定历史过程，但是事实告诉我们，这些妄图抛弃传统文化的思想是无法长久存在的。这本身就说明传统儒家文化作为一种社会文化积淀已经深入了我国国民的骨髓，并不会被淹没在历史的大潮之中。在中国几千年的历史进程之中，有很多外来文化进入中国本土，然而无论是什么样的外来文化都是无法取代中国传统文化的——更多时候，它们被中国本土的文化所吸收，最后成了我国本土文化中的一部分，这无疑体现出了我国传统文化的强大生命力。近代虽然也有西方文化输入，在一定程度上冲击了我国的传统文化，但最后都以被我国本土文化所吸收而告终。在经济全球化、政治多极化、文化多元化的背景下，我们应该以更加开放的心态对待中西文化

---

① 张岱年.文化与哲学[M].北京:教育科学出版社,1988:93.

② 毛泽东选集[M].东北书店,1948:927-928.

交流，吸收世界文明的积极成果。"任何一个缺乏自己文化的民族，不管它在物质方面如何'发达'，它在精神文化方面也必然成为外国文化的俘虏。其结果，无疑是悲惨的。"①我们在对传统儒家文化的精华肯定的同时，要充分认识到，中国的传统文化产生于农业文化基础上的封建社会。在这样的历史背景中产生的文化，具有很多与现代社会格格不入的思想。如鄙视劳动、因循守旧等不适合当代社会发展的思想。近百年的历史证明了传统儒家文化既不能解决近代中国救亡图存的历史问题，又不能解决中国在现代化进程中所遇到的一些较为重大的历史性问题，尤其是传统儒家文化中的糟粕部分，严重阻碍了我国近现代化的发展步伐。因此对传统文化，我们需要看到其中的精华部分，继承有价值的部分，与此同时需要看到传统文化中的糟粕，区分精华和糟粕。坚持对传统儒家人格教育思想资源的批判继承，需要注意一个误区，那就是文化主体本位的思想误区，就是坚持认为传统儒家文化优于外来文化，未来的中国甚至是未来的全世界都将由中国传统文化所主导。这种观点明显存在两个很大的缺陷。第一是这种观点并没有认识到中国传统文化中的糟粕，在中外文化交流中坚持中国文化优于其他外来文化的观点，无法做到平等对待外来文化。文化是一个民族的生活的"样法"，而生活和人生的不同是由于"意欲"的不同造成的。就"意欲"而言，西方文化是以意欲向前为根本精神，中国文化是以意欲自为调和折中为根本精神，印度文化是以意欲反身向后要求为其根本精神。总而言之，中国文化优于西方文化。第二个缺陷在于，他们虽然认识到文化的民族性有利于中国的现代化建设，但是忽视了传统文化的时代局限性。就算是传统儒家人格教育思想资源中的精华部分也绝不能无条件地继承，也需要结合我国社会主义现代建设的需要进行选择。"例如，'忠'和'孝'都是封建社会的道德规范。'忠'在封建社会有各种不同含义……但封建社会的忠更多的是指忠君……又如'孝'，几千年来一直是维系父子、长幼的人际关系，使民众之中的孝敬长辈以及'老有所终'、'老有所养'成为人类一种普遍的美德，这当然是有其合理性的。但不同的社会形态，'孝'的本质并不是一样的，在封建社会道德规范中，'父为子纲'是不可更改的，父子关系极不正常，在'父叫子死，子不得不死'的严酷教条中，不少子辈失去了做人的权利，产生了不少人生的悲剧。"②因此，

---

① 钟敬文.民俗文化学:梗概与兴起[M].董晓萍,编.北京:中华书局,1996:181.
② 苏双碧.对传统文化要有批判地继承[J].前线,2003(01):19.

我们在传统儒家人格教育思想资源当代转化的过程中，必须要对其内容进行甄别和选择，并进行批判性继承。

（三）怎样坚持选择性原则

综上所述，我们在传统儒家人格教育思想资源当代转化的过程中首先必须坚持选择性的原则。对人格教育思想资源的内容进行合理地、科学扬弃才是首要工作。在这个过程中，毋庸置疑的是，我们一定要以冷静和科学的态度进行甄别和选择。怎样才能在传统儒家人格教育思想资源当代转化的过程中做到坚持选择性的原则，大致要分为两个方面。

一方面，要在马克思主义的指导下对传统儒家人格教育思想资源中的内容进行合理、科学的批判和继承。在马克思主义的观点中，社会存在决定社会意识、经济基础决定上层建筑。然而，社会意识具有相对独立性，而社会仪式在自身的发展过程中有着属于自己的系统和相对特殊的历史继承性则是其对立性的表现之一。每一个传统文化中的部分，如传统儒家人格教育思想资源，并不是由古代儒家学者随心所欲创造出来的，并不是由传统儒家大师们在自己选定的历史条件下创造出来的，而是在直接遇到的、既定的、从过去继承下来的条件下进行的创造。这些传统儒家人格教育思想资源是古代儒家大师们在一定的历史前提和条件下所创造出来的，这些传统儒家人格教育思想资源对人们的日常生活有很大的影响，虽然它们可能并不能起到决定性的作用，但是对社会的发展具有一定的针对性。因而，我们不得不对传统儒家人格教育思想资源进行合理继承，而这种继承本质上是一种扬弃。

自从毛泽东同志向全党提出了"马克思主义中国化"以来，我国各界的学者都在用批判继承的态度对待中国传统文化，在大家的共同努力之下，马克思主义与中国传统文化结合起来。在如何对待传统文化这一问题上，自那时起就有了明确的方向：首先我们要继承一切优秀的传统文化，辩证地看待它们，然后批判地吸收其中一切有益之处。同时，要注意一个误区，就是继承和借鉴绝不可以替代自己的创造。

从某种程度上来说，社会意识有两个来源：一是特定时代的社会存在，二是继承前辈们的精神文化成果。社会意识在这两种来源的相互作用中形成。这样形成的社会意识对社会就不可能是一种绝对的依附关系，而是具有自身特殊发展规律的系统。在这样的视角之下，如果我们仅仅只是强调社会存在决定社会意识的话，就会陷入一个认为中国传统文化失去了其存在的必要的观点，因为中国传统文化所赖以建立的封建主义经济基础和上层建筑早已经消逝在历史的潮流之中了，那么建立在此基础之上的中国传统文化就不应该存在于现代社会之中了。同时，会出现另外一个有过之而无不及的观点，就是认为中国传统文化虽然建立在封建社会，是封建社会的文化，但是在辛亥革命之后，中国传统文化经历了新文化运动的冲击，并在中国经济的发展和政治革命的过程中已经消逝于历史进程之中了，从而慢慢形成了一个新的属于中国本土的文化，因此不存在中国传统文化的现代化问题，只存在中国文化的现代化问题。他们机械地对待社会存在决定社会意识的原理，把中国传统文化等同于封建文化，认为马克思主义是现代的科学的意识形态，而中国传统文化是封建意识形态。其实，这两者是根本不同的，不能结合起来。无论是哪一种观点，我们都应该认识到，传统儒家人格教育思想资源作为传统文化中的一部分，在其当代转化的过程中，要在马克思主义的指导下对其进行批判地选择和继承。

另一方面，要以是否适应生产力的需要为标准来鉴别、吸收外来人格教育思想资源。近代以来，各种外来文化来到我国本土寻找一席之地。在当时的历史背景之下，面对外来文化，出现了很多不同的观点，有"全盘西化"的观点，有"中国本位文化"的观点，有现代儒家之争的观点，然而赞成这些观点的学者只是少数，更多的学者则认为中国传统文化可以与外来文化相结合，只是在以谁为"体"和以谁为"用"的问题上存在分歧，这样就出现了"中体西用"和"西体中用"两种观点之间的争论。从某种程度上说，上述的"全盘西化论"与"中国本位文化论"及现代新儒家也可以归于这种争论。"中体西用"的早期代表是张之洞，张之洞在其《劝学外篇·变法第七》中写到："夫所谓道本者，三纲四维是也，若并此弃之，法未行而大乱作矣，若守此不失，虽孔、孟复生，岂有议变法之非者哉？"同时，他在《劝学外篇·会通第十三》写道："中学为内学，西学为外学，中学治身心，西学应世事，不必尽索之于经文，而必无悖于经义。"尽管在不同的历史时期，"中体西用"的观点中的"体"和"用"的内涵有所不同，在所处的社会历史背景中所起的作用也不同，但是无论是什么样的内涵的"体"或"用"，都是"中体西用"思想中的一部分。他们一般都会坚持认为："中，体也，所谓不易者，圣之经也；时中，用也，所谓变易者，圣之权也。"①另一个与"中体西用"相反的论点就是"西体中用",著名的"西体中用"的代表人物是李泽厚,这种观点是要将外来的科技、生产力、经营管理制度等用来改造我国的传统文化,在某种程度上是将中国传统的文化心理结构西化,改变传统文化所原有的、存在于我国人民意识中的积淀,从而防止"'西学'被中国本有的顽强的'体'和'学'——从封建小生产方式、农民革命战争到上层孔孟之道和种种国粹所俘虏、改造或同化掉"②。我们可以发现,李泽厚的这种思想在某种程度上具有一定的创新性,但是很显然,他不能突破中西和体用之间的联系,所以遭到很多批判。

中国共产党在马克思主义的指导之下完成了中国传统文化与马克思主义相结合的过程。中国共产党打破了当时盛行的中西与体用的思维模式,坚持从当时中国的社会实际需要出发,以是否能适应生产力的发展和能否推进社会进步为评价标准。无论是继承中国传统文化,还是接受外来的思想,并不是对中国传统文化或者对外来文化全部照搬,而是要在中国当时具体国情之下,使之与中国实际相结合,这就要求我们既要有批判继承本国传统文化的态度,又要有批判借鉴、吸收外来文化的态度。一方面,要反对盲目接受传统文化之观点,另一方面,要反对盲目接受外来一切文化的观点。我们必须要有自己的思考,在批判继承和借鉴吸收的前提下来决定哪些该抛弃,哪些该拿来用。不得不承认的是,无论是中国传统文化,还是外来的文化,都有自己的精华和糟粕部分,我们不是以中国传统为本来吸收外来文化的,也不是将外来文化用在我国的国情之上的,怎样对待中西文化的精华和糟粕,要以该思想是否能促进现代社会生产力发展和社会进步为评价的标准。

在这个过程中,有一个问题需要我们注意——由于生产力的发展并不是固定的,而是动态的,这就对我们如何对待生产力发展和社会进步提出了态度上的要求,要求我们必须以历史唯物主义的态度去看待生产力的发展和社会进步。这样,就会出现一种现象,即认为某种文化传统在某段特定的历史时期是精华,而在另外一段时期可能成了糟粕。因此,我们在对传统儒家人格教育思想资源进行选择评价的时候,不能仅仅把其放在能否促进社会生产力发展、社会进步以及健全人格的标准之上,还要把这些思想资源放在当时的历史背景下进行考

---

① 郑观应.盛世危言[M].辛俊玲,评注.北京:华夏出版社,2002:10.
② 李泽厚.中国现代思想史论[M].北京:东方出版社,1987:337.

查，要看其对当时社会健全人格的塑造、生产力的发展和社会进步的作用大小。在这种以历史唯物主义的观点指导之下看待传统儒家人格教育思想资源观念的指导之下，我们会发现其中无论是精华还是糟粕，都具有一定的时代的特征；不管在什么样的社会形态之下，那些能促进人格健全、生产力发展和社会进步的思想，都是其中的精华部分。相反，那些不利于健全人格塑造、社会生产力发展以及社会进步的部分则是糟粕。因此，在传统儒家人格教育思想资源当代转化的过程中，我们要区分其中的精华和糟粕，不仅要看其是否有利于现代健全人格的塑造、生产力的发展和社会的进步，而且要看其在当时是否有利于健全人格的塑造、生产力的发展和社会的进步。必须要做到全面认识传统儒家人格教育思想资源，取其精华去其糟粕，使之与现代社会相适应，保持其民族性。因此，在传统文化中区分精华与糟粕，一般应以对整个历史进程所发生的实际影响以及对现实社会是否有积极作用为准，而不只看它过去是否起过积极作用。所以，我们必须全面认识中国传统文化，取其精华，去其糟粕，使之与当代社会相适应，与现代文明相协调，保持民族性，体现时代性。

综上所述，在对传统儒家人格教育思想资源当代转化的过程中，我们要对其中的人格教育思想资源批判继承。我们以现当代的社会历史现状为背景，重新审视传统儒家人格教育思想资源中的内在价值，剔除其中的一些不合理的部分，如剔除其中重私德轻公德、三纲五常、尊卑等级等不符合当代人格发展的思想；选择并挖掘其中具有普适性的成分，按照当代社会健全人格塑造的要求进行转化。江泽民同志曾指出："我国几千年历史留下了丰富的文化遗产，我们应该取其精华、去其糟粕，结合时代精神加以继承和发展，做到古为今用。"[①]传统儒家人格教育思想要有选择地加以传承，发挥其积极作用，减少其消极影响。同时，在对待外来人格的问题上，需要对外来的人格进行甄别和吸收，要根据我国现在的国情全面分析外来人格。当代世界是开放的世界，在全球化视野下，中国正面临着来自不同国家、不同地区人格模式和人格价值观念的不断渗透，其中不乏有益于当代中国人格塑造的积极的成分，如创新精神、竞争精神、民主精神等等，但是一些拜金主义、享乐主义、极端个人主义等思想也乘虚而入，极大阻碍了我国国民健康人格的形成和发展。因而，在传统儒家人格

---

① 丛松日,邱正福.中国特色社会主义理论基本著作及重要文献选编[M].济南:山东大学出版社,2014:90.

教育思想资源当代转化过程中，必然要对外来人格思想加以过滤，选择和吸收外来人格思想的先进成果。但是我们要注重的是对于文化的思考和过滤，搞清楚所选择的文化是否符合我国的基本国情，是否能为大众所接受。这说明了对文化进行选择的重要性，人格转化过程中对古今中外人格的选择更需谨慎。

二、客观性原则

（一）客观性原则的内涵

传统儒家人格教育思想资源当代转化的过程中必须要坚持客观性原则。在转化的过程中坚持客观性原则就意味着在传统儒家人格教育思想当代转化的过程中，要努力克服各种有关传统儒家人格教育思想的一些新、旧偏见。同时，意味着在传统儒家人格教育思想资源当代转化的过程中努力克服因时代的局限性而产生的各种有形的或者无形的认识偏差等。从另一个层面上来说，在传统儒家人格教育思想当代转化的过程中坚持客观性原则，意味着在转化的过程中要超越阶级的局限，超越国家意识的局限，超越个人的偏见，等等。传统儒家人格教育思想作为传统儒家文化的一部分，在不同的历史阶段会有对传统儒家人格教育思想的不同理解和阐释，同时会出现其他的学派对这种人格教育思想做出自己的理解和评价。这种无论是儒家学派自身因时代的发展对传统儒家人格教育思想的不同理解和阐释，还是其他不同的学派对传统儒家人格教育思想的不同理解的批判，都是某个特定时代的产物，而这些不同的对传统儒家人格教育思想的理解，必然是在当时的政治、经济和文化等因素的影响下产生的。那么，在传统儒家人格教育思想资源当代转化的过程中，坚持客观性的原则就意味着需要超越各种局限和所要试图予以克服的各种偏见，本质上都是一种特殊的局限和有限的偏见。无论哪个历史时代、哪个不同于儒家的学派的关于传统儒家人格教育思想的理解都不具有普遍性和无限性。而在传统儒家人格教育思想当代转化的过程中，克服这些偏见就是坚持客观性原则的实质内涵。

（二）为什么要坚持客观性原则

传统儒家人格教育思想资源不仅是教育学范畴内的珍贵资源，而且是历史学范畴内的宝贵资源。在传统儒家人格教育思想资源当代转化的过程中，之所以要坚持客观性原则的原因之一就是，传统儒家人格教育思想资源的当代转化是对理想、健全人格的追求，这一追求从历史学的角度来说是充满着人性、自由和真理的。传统儒家人格教育思想资源当代转化的最直接目的就在于培养当今人民的健全人格，这一追求作为转化的目标在其成立的那一天起就需要一个内在的推动力，推动传统儒家人格教育思想往充满人性、自由和真理的方向上发展，因为无论是在教育学范畴内、历史学范畴内还是在其他学科的范畴内，人性、自由和真理都具有普适性价值。所以，这些具有普世性价值的东西是永恒的，不会因朝代的更替、政党的改变而失去其中最具普世性价值的东西。因此，这些具有普世性价值的东西完全有能力克服任何阶级、民族或者党派等外在事物所带来的压力。而在很多历史书籍之中，或者那些被认为是官方代表的史书，在很大的程度上会无限夸大国家的功劳却忽视了人民在该时期所承受的痛苦。在很多时候，被认为是官方代表的史书，在很多时候也会被称作"直书"，其内容在很大程度上会存在一定的地域偏见或者说是国与国之间、文化与文化之间的偏见和冲突。在这种观念的支配下，会自然而然地尽可能去夸大本民族政治、经济和文化的优越性而不断地贬低其他国家或者民族的历史与文化。所以，从这个角度来看，我们在进行传统儒家人格教育思想资源当代转化的过程中要坚持客观性原则，必然不能完全以有关传统儒家人格教育思想资源的相关书籍为标准而对人格教育思想的一些含义进行阐释。在对传统儒家人格教育思想资源中的一些需要进行新的阐释的地方，我们在借鉴原著和其他有关学者的一些见解时，要充分认识到其中的历史局限性或时代性。在充分认识了其正确和错误的基础上，根据原著经典以及当代社会发展的需要来进行进一步的创新和阐释。

我们在传统儒家人格教育思想资源当代转化的过程中，坚持客观性原则必然是要以人性、自由和真理为方向的，在这个方向的前进过程中达到塑造当代健全人格的要求。如果离开了这一点就谈不上所谓的客观性了。在传统儒家人格教育思想资源当代转化的过程中也必然要在思想上超越阶级、党派和文化等因素的局限。除了传统儒家人格教育思想资源之外，还有很多其他的人格教育思想资源。其中，包括我国古代的道家人格教育思想资源、法家人格教育思想资源以及从外传入并被我国本土化之后的佛家人格教育思想资源等等。这些学派或者宗教的关于培养人的教育思想当中必然会有精华，当然也会有糟粕或者说不适合现代社会的人格教育思想。我们以儒家的人格教育思想资源中的自律为例。在传统儒家人格教育思想中，儒家强调的君子自律在很大程度上是要求人在道德上自律。这种道德上的自律在当时的社会历史背景中比法律的要求更高。而在现代社会中，人们的日常生活不仅仅包括道德这一因素，还有各种规章制度、人情世故等等。那么该如何借鉴其他学说中关于人格教育的思想呢？我们可以吸收法家人格教育思想，在工作中和社会中严格遵守各种法规，法制和规章制度，同时以道家的人格教育思想为外援，当自己能力所不能及时，要放宽心以促进自身更好发展，从而塑造自身健全的人格，为社会发展做出更大的贡献。因此，在传统儒家人格教育思想资源当代转化过程中，我们所要坚持的客观性原则要求我们在当代转化的过程中，一方面要客观对待和传统儒家人格教育思想资源有关的学说，另一方面要客观地对待除了传统儒家人格教育思想资源之外的其他学说中关于人格教育方面的思想资源。从这个角度看，在传统儒家人格教育思想资源当代转化的过程中坚持客观性原则不仅是可能的，而且是必然的，这种历史性的可能和必然是以对人性、自由和真理的不懈追求为理论基础的。

在这里还有一点必须要解释，那就是虽然在传统儒家人格教育思想资源当代转化的过程中要坚持客观性原则，但是连最权威的儒家著作也只能作为一种参考。可以说，这是在坚持客观性原则的过程中不得不解释的问题——传统的儒家经典在某种程度上具有很强的等级性。传统儒家的书籍中并没有将君主和臣民摆在同一个高度之上，也没有将所有的民众放在同一个位置之上，更多的时候还是认为学习之人的地位高于务农、工商之人。我们在坚持客观性原则的时候，必然要清楚地认识到一点：孔子不失为一个伟大的教育家，但是这并不能说孔子所有的思想都是经得起考验的，他的思想也是有其时代局限性的。

每个时代有每个时代的要求，如今也一样。新时代必然要有新时代的追求，我们不能一直沉溺于过往之中，也不能在传统儒家人格教育思想资源当代转化的过程中强求于古人。毕竟在封建社会中，传统儒家人格教育思想资源在培养人格的方面还是有很大的作用，这些具有历史性的作用是毋庸置疑、不可否认的，然而那些人格教育思想资源是建立在封建社会的时代背景和社会历史背景之下的，在现当代肯定是不能被全部用于当今社会生活、教育中的。就如同对儒学有深刻研究的学者蔡尚思所言："我并不怪孔学的不合新时代，而只怪新时代的人们的尊孔学；又不怪封建派的尊孔学，而只怪反封建派的尊孔学。因为前者是应该的比较自然的，只有后者才真说不过去。"①毕竟自从改革开放以来，我国的社会风气发生了很大的变化，传统儒家人格教育思想资源中的很多精华和糟粕都在一定程度上得到了发展。因此，我们在传统儒家人格教育思想资源当代转化的过程中，必须要坚持客观性原则，既要客观地对待传统儒家人格教育思想资源本身，又要客观地对待其他学派在转化过程中发挥的作用，还要客观地对待一些外来的人格教育思想，从而在这种客观性的原则下指导传统儒家人格教育思想资源的当代转化，促进当代健全人格的塑造。

（三）怎样坚持客观性原则

做到坚持客观性就是指在传统儒家人格教育思想资源当代转化的过程中克服各种偏见。在传统儒家人格教育思想资源当代转化的过程中，遇到的各种偏见自然而然是需要靠我们所追求的人性、自由和真理来克服的。从另一个角度来看，我们所追求的这些东西本身所带有的偏见又会被历史本身克服。因此，我们所追求的人性、自由和真理在很大程度上无法限制对偏见的克服。尽管如此，我们还是需要知道一点，在传统儒家人格教育思想资源当代转化的过程中，我们会遇到的偏见从宏观上来说只有两种。第一种偏见是确实存在却又无法被克服的偏见，我们暂时称之为"绝对的偏见"。有绝对偏见自然就会有相对偏见，这种偏见是由历史学家个人的生活、经验、性格、心态、气质等一系列特殊的因素综合构成的史家个人的独特的认知视角、思维模式、情感取向和评价标准。这是一种永远无法消除的绝对偏见。只要历史学家还作为一个具体的现实的个人而存在，这种偏见就永远存在。它与历史学家几乎与生俱来、与生俱有、与生俱存，它构成了每一个历史学家之为他这个历史学家的独特属性。这样，我们就不难发现，在传统儒家人格教育思想资源当代转化的过程中必然会遇到绝对的偏见和相对的偏见，而相对的偏见中也必然会有大的偏见和小的偏见之分。大的偏见诸如阶级上的偏见、文化上的偏见甚至是道德上的偏见都是可以消除的；小的偏见在某种程度上就是个人的偏见。

因此，我们在传统儒家人格教育思想资源当代转化的过程中要想坚持客观

---

① 蔡尚思.中国传统思想总批判[M].上海:棠棣出版社,1953:95.

性原则，就需要做到：一方面要明确承认相对偏见中的小的偏见，同时要坚持克服在转化的过程中会遇到的种种大的偏见。虽然从某个角度上来看这二者是相互矛盾的，但是它们在实际的操作效果中会形成一种张力。因为这在一定程度上暗示出了客观性原则的本质是一种充满了辩证的规定。它绝不是一个简单的要求，它的内涵是丰富、复杂的。我们肯定了历史学家的小偏见，就等于否定了绝对客观的论调；我们否定了历史学中的大偏见，就等于否定了相对客观的论调。所以，我们的观点既不是绝对客观主义的，又不是相对客观主义的。我们的分析与这两种观点都不同。我们认为，历史学家的小偏见对于历史研究是有用的，而历史学中的大偏见对于历史研究则是有害的。前者可以以其偏见而为历史学带来多样化的活力和生机，后者却只能因其偏见而使历史学陷入贫困化的灾难和危机之中。这两种偏见的性质不同，它对历史学所产生的影响也不同。每个关于传统儒家人格教育思想具有偏见的观点都是相关学者的风格和个性的具体表现，如果研究传统儒家思想的学者都完全抛弃了自己的偏见或者观点，他们的思想在很大程度上就会变得非常平庸。但是，我们需要非常清晰地认识到，这种具有主观成分的偏见需要控制在一定的范围之内，不能过于激进。这里还有一个问题需要解决，那就是为什么这些小的偏见为什么不能被人性、自由和真埋所克服呢？答案是，因为它们不是一个范畴内的。前者属于理念之中的产物，历史学中的一些大的偏见也是理念中的产物，但是学者的小偏见在很大程度上则是经验的产物。所以在很大的范围内两者不会发生直接的联系。在这种情况下，作为理念产物的人性、自由和真理等就很难对相关学者的经验之物的偏见产生有效的克服。尽管如此，人性、自由和真理这类理念之物却可以对历史学家的小偏见发生某种引导和定向的作用。事实上，历史学家的小偏见也确实需要人性、自由和真理的理念引导和定向。二者之间的关系可以表述为：一方面，历史学家的小偏见可以为人性、自由和真理这类理念之物提供极为丰富和感性的经验内容及真实体验，从而使人性、自由和真理变得日益具体和纯粹；另一方面，人性、自由和真理则可以凭借其深刻的理性力量而将历史学家的小偏见提升到一个更加宏阔和超越的精神境界，使其不自恋其一己之私的狭隘，使其不迷信其偏居一隅的片面观察，这样，历史学家的小偏见就会因人性、自由和真理这类理念之物的注入而获得异常深厚的思想力度。而双方相互作用的共同结果，就是使历史学中的种种大偏见不攻自破、土崩瓦解。

传统儒家人格教育思想资源的当代转化研究

所以，我们必须确立这个原则：历史学中的客观性不需要抹杀历史学家的小偏见，而只需要废除历史学中的大偏见。因为小偏见是必须的，大偏见是多余的；小偏见是有价值的，大偏见是无意义的；小偏见应该保持，大偏见必须废弃。即历史学的客观性以承认历史学家的小偏见为前提，进而凭借人性、自由和真理的普遍理念去克服历史研究中的大偏见。这样，我们就会对历史学的客观性原则有一个实质性的把握。只有在这个基础上，历史学才能更接近理想的境界一些。因为，无论如何，客观性原则总是构筑理想史学的第一块基石。

三、开放性原则

（一）开放性原则的内涵

所谓开放性原则就是指在传统儒家人格教育思想资源当代转化的过程中坚持开放的态度、立场和方法，在传统儒家人格教育思想资源当代转化的过程中做到"引进来"和"走出去"两个要求。第一个要求的实质内涵就是要求我们在传统儒家人格教育思想资源当代转化的过程中要积极吸收和借鉴其他国家的人格教育思想资源，将其中的精髓，适合我国国情的，有利于我国健全人格塑造的部分加以吸收和学习。第二个要求则是相对于第一个要求而提出的，其实质内涵是要求在传统儒家人格教育思想资源当代转化的过程中，要积极地把我国传统儒家人格教育思想资源传播到其他国家，在传播之前也要对传播地的一些社会文化背景做深入研究，这样才能在传播的过程中得到一些意想不到的效果，不断提高我国传统儒家人格教育思想在国际社会中的地位，提高我国传统儒家人格教育思想的国际影响力。

（二）为什么要坚持开放性原则

在传统儒家人格教育思想资源转化的过程中，必须要坚持开放性原则，之所以要坚持这样一个原则是由我国文化所处的世界环境所决定的。我们所处的21世纪，是一个全球化的时代，在这样一个世界中，世界经济一体化、政治多极化和文化多元化都出现了对立与统一、守旧与创新以及竞争和融合的新局面。人们原有的生产、生活和思想方式，在信息社会、经济社会的冲击中发生了与原来社会相差甚远的巨大改变。随着全球经济一体化的进程不断推进，世界各国文化之间的交流和融合与原来相比越来越密切，国家与国家之间的合作越来越多，国家与国家之间的竞争也比以往更加激烈。在这样一个大的世界历史潮流之下，每个国家的民族文化的发展在一定程度上不仅关系到本国民族文化的存亡和发展，而且关系到每个国家的政治、经济和社会的发展。从这个角度来看，每个国家民族文化发展的兴盛抑或衰败都与该民族的兴衰有着密切的关系。在这样的历史背景下，每个国家的文化建设必将受到每个国家政府的高度重视。

毋庸置疑的是，文化的发展并不是独立发展的，文化的发展需要依靠科学技术的支持和政治力量的保护，才能得到其发展必要的外在驱动力。我国当今文化的发展必须要以史为鉴，从历史的角度来看我国传统儒家人格教育思想资源的当代转化作为传统儒家文化在现代发展中的地位，在传统儒家人格教育思想资源当代转化的历史过程中，必须要兼顾世界文化格局和世界文化发展的趋势，在充分认识我国文化历史的国情下完成传统文化的现代发展。

传统儒家人格教育思想资源作为我国传统儒家文化中璀璨的一部分，在健全人格塑造和当代人格发展上必将有着不可忽视的历史性作用。传统儒家人格教育思想资源和传统儒家文化一样，生于以农业社会为基础的封建社会，它其中的很多部分需要在马克思主义的指导下进行必要的扬弃。现在，很多西方国家的人格教育思想随着世界全球化的发展进入了我国人格教育的领域，不同国家因为其国情不同而会出现不同的人格教育方向、方式以及方法。我们在进行传统儒家人格教育思想资源当代转化的过程中，必然要正确看待外来人格教育思想资源，不仅要以本土的历史背景为主体来正确认识和分析外来人格教育思想资源是否有利于我国人民之健全人格的塑造，而且要将有利于本国健全人格塑造的传统儒家人格教育思想资源输出到其他国家，在其他国家中进行不同社会环境下的考验，发现其中适合世界大潮流的部分和只适合我国人格教育发展而不适应世界发展大潮流部分。我们不难看出，在这样一个全球的大的历史背景下，各国之间相互开放的程度在不断加深，文化的交流在很大程度上必然会导致文化之间的矛盾与冲突。因此，传统儒家人格教育思想资源只有在与世界各国文化的相互交流中实现自身的更新、发展，才能使传统儒家人格教育思想资源的当代转化成为现实。在传统儒家人格教育思想资源当代转化的过程中，要积极吸收、借鉴其他外来的人格教育思想资源，在借鉴其他优秀人格教育思想资源的情况下，不断完善自身的人格教育思想体系，从而做到促进健全人格的塑造和当代中国人格之发展。同时，要积极地将自身优秀的人格教育思想资源推出国门，与世界其他国家的人格教育思想资源进行对话，把传统儒家人格教育思想资源之精华推广到全世界。

（三）怎样坚持开放性原则

第一，在坚持开放性原则的指导下完成传统儒家人格教育思想资源的当代转化，要做到将西方的优秀人格教育思想资源引进来。西方优秀的人格教育思想资源同我国传统儒家人格教育思想资源的优秀部分一样，是人类在历史发展过程中智慧的结晶。很显然，由于社会发展的背景不同，中国传统儒家人格和西方人格的注重点不同，传统儒家人格教育思想注重"德行"之人格，而西方则注重理性的"智性"之人格。在这样的历史条件背景下，我们在传统儒家人格教育思想资源当代转化的过程中，必须要充分认识到传统儒家人格教育思想与其他国家人格教育思想各有所长、各有所短。只有在相互吸收和相互借鉴的基础之上，才能够做到相得益彰，弥补传统儒家人格教育思想资源的缺陷，不断保持其自身的生命力。因此，在传统儒家人格教育思想资源当代转化的过程中，对外来人格教育思想资源做到海纳百川、兼容并蓄，不断吸收外来国家人格教育思想资源中的优秀部分以及自身发展所欠缺的部分，从而做到在开放性的原则下完成传统儒家人格教育思想资源当代转化之任务。

以美国的人格教育思想资源为例，美国的人格教育理论大致可以分为三个基本构架：一、完整的教育是知识与德行的统一，只有当受教育者受到足够的道德与伦理方面熏陶而成为有品德的人格者，他们才能完美驾驭并运用他们的才能。在美国人的眼中，随着社会经济的不断发展，人民生活质量不断提高，在计算机给人类生活带来巨大便利的同时，高度发展的物质文明也给人们带来很多精神上的烦恼和不安，区别于物质压力而言的精神压力越来越多。所以，在美国的人格教育思想之中，认为只有人的心智和人格的力量不断强大，才能适应社会文明的发展，如果人的心智和人格力量的发展跟不上社会物质的发展，那么文明的发展就会受到来自物质方面的威胁和挑战。只有人类的躯体和心灵都能得到满足的同时，人的生命才会感受到完全的幸福。正是因为有精神和物质两个方面的需求，人类在历史的发展过程中才会有物质和精神两方面的发展和成就。物质和精神发展与成就所相对应的则是科学技术的发展与宗教哲学的发展。在教育的层面也有两个类似于物质与精神的分层，那就是智育与体育的分层，在教育的两个层面中，人格教育必然应当占据首要位置，当人的心灵能够很好地控制自身的欲望，合理面对外界的诱惑和压力的时候，人的发展才是健康的。二、性情是人的核心本质所在，道德是协调人伦关系的基本准则，性情培养与道德训练共同构成人格教育的完整内容。在美国有关教育目的的认知当中，认为教育的理想是培养有德行的人、全面发展的人。其中，人的全面发展包括个人品质的发展，人与人之间关系的发展以及人与自然之间关系的发展。个人人格的发展属于个人品质发展，人格教育正是借助于伦理和道德的教导与训练，使得每个个体获得成长过程中不可缺少的成熟性以及人与人之间关系的和谐性。性情作为人格教育中最核心的要素，需要通过个体的身体进行表达，因此，性情教育与道德训练共同构成了人格教育的完整内容。全面发展的教育体制必须要把人格教育当作优先的教育内容，其中，性情教育的规范传授是教育的关键，目的在于促进人的健全人格之发展。三、人格教育的基础是人类普遍的价值观，它整合了精神与物质的要素，传统与现代的文明成果，以及东方与西方的文化遗产。在美国的学者眼中，人类历史发展过程中所留下来的具有普世价值的思想是人格教育的基础，这种观点很显然与我国传统儒家人格教育思想资源的教育基础是一致的。

美国学者同样认为具有普世价值观精神的人格教育是可以被具有文明的社会和民族所共同认同和重视的，其思想中的精华部分可以用来融合和连接古今中外不同的文化。在道德建设没有与社会物质发展一致的社会历史背景下，在各种文化相互交融的多元文化背景之下，在道德相对主义盛行的社会背景下，只有确认一个普遍价值观的人格教育思想，才能在当代人格教育运动之中完成塑造一个健全人格的历史性任务。在此，需要对具有普世价值观的人格教育思想的特点做一些介绍："所谓普遍性的价值观，是指它具有以下特点：第一，它要使个人和社会真正受益，要使所有人得到长远的好处；第二，要有普遍的可行性，其标准之一就是可逆性，既能施于人者，必能被人施与己；第三，符合良知，也就是说无论是从直觉上还是从理智上考虑，都被示为正确、切实的；第四，带有普遍性的价值观是超越文化界限的，是与人性本质共鸣的，是在不同文化与民族的历史长河中经过检验而被证明是正确的。"①在人格塑造的实践活动中，西方对人格培养的方式是值得我们借鉴的。它大致可以分为人的成长法则、建立真爱家庭和服务于广大社会三个维度，这些都是值得我们在传统儒家人格教育思想资源当代转化过程中借鉴的方式方法。

第二，在传统儒家人格教育思想资源当代转化的过程中，坚持开放性的原则，既要做到"引进来"又要做到"走出去"。在日益开放的世界体系之中，传统儒家人格教育思想资源当代转化需要摆脱国家和地区的束缚，摆脱民族与民族之间的局限。通过科学技术将传统儒家人格教育思想资源与世界人民共享，在与世界其他国家和民族的人格教育思想进行交流的过程中不断融合，力争不断得到其他国家和民族的认可。与此同时，在传统儒家人格教育思想资源"走出去"的情况下，传统儒家人格教育思想只有在全球人格教育思想中的实力得到很大提高，才能够在全球众多人格教育思想资源中立于不败之地。那么，传统儒家人格教育思想资源在当代转化的过程中如何做到"走出去"呢？大致有以下几条途径。

其一，要不断加强在国际上的传播能力，促进传统儒家人格教育思想资源的国际传播。现代社会中，以互联网为媒介的新兴媒体在社会信息传播中的作用无可匹敌。我们需要通过这种网络媒介将传统儒家人格教育思想资源传播到世界各国，在运用网络、电视、广播等传统传媒手段的同时，要发挥最新的大众喜闻乐见的传播媒体对传统儒家人格教育思想资源进行传播，如现代所盛行的微博、微信等社交软件。重点还是要通过媒体、网络等传播手段向国际社会传播各种言语版本的、受众广的、具有很强的普世价值的传统儒家人格教育思想资源，提高传统儒家人格教育思想资源传播的效率。

其二，在对外传播传统儒家人格教育思想资源的同时，要促进这些人格教育思想资源的本土化。在对外传播我国传统儒家人格教育思想资源时，不仅要强调其中具有中国特色的部分，而且需要在传播之前研究传播地国家的文化环境，要根据不同国家受众的文化心理特征因地制宜地向其国家传播传统儒家人格教育思想资源。而要完成这项任务，更多的还需要借助当地媒体及华人的帮助，在传播传统儒家人格教育思想资源的同时要处理好与当地主流媒体之间的关系，通过各种方式与当地的主流媒体机构进行交流，获得其信任和支持；同

---

① 梁丽萍.美国人格教育的理论与实践[J].教育理论与实践,2000(06):60.

时，要发挥当地华人的作用，他们和当地人民有较多的交流和接触，知道该如何以一种被当地人所喜闻乐见的方式在其中传播传统儒家人格教育思想资源。要多与当地华人接触，重视当地华人对传统儒家人格教育思想资源传播的意见和建议。

其三，要大力发展与传统儒家人格教育思想资源相关的对外文化贸易。发展相关的对外贸易是比较困难的，它对个人和机构的要求都非常高。首先，发展与文化相关的贸易，需要提高自身的文化素养以及产品所包含的文化内涵，要在文化产品中植入传统儒家人格教育思想之精髓，真正做到把具有中国特色的人格教育思想之产品推向整个世界。

综上所述，在开放性原则的指导下进行传统儒家人格教育思想资源的当代转化，既要将其他国家有关人格教育思想资源的优秀部分引进我国加以吸收、借鉴，又要将我国传统儒家人格教育思想资源中优秀的部分传播到其他国家去。在传统儒家人格教育思想资源当代转化的开放性原则下，我们要发挥传统文化中兼容并包的原则，积极吸收和借鉴外来人格资源中的精华，在此基础之上不断完善传统儒家人格，实现自我更新和健全人格的塑造。同时，将我国传统儒家人格教育思想资源中的精华因地制宜地往其他国家进行合理的、科学的传播，既要完成传统个性化的要求，又要完成传播的多样性的要求，还要维持文化之丰富性，增强传统儒家人格教育思想资源在国际社会上的影响力。简言之，就是要"对于世界诸民族，务保持吾民族之独立地位，发扬吾固有之文化，且吸收世界之文化而光大之，以期与诸民族并驱于世界，以驯致于大同，此为以民族主义对世界之诸民族也"[1]。

四、创新性原则

（一）创新性原则的内涵

创新是人类特有的有意识、有智慧的实践类活动，创新和其他一般的实践类活动相比，更多是属于一种求同存异的开创性实践类的活动。创新相对于其

---

① 中山大学历史系孙中山研究室,广东省社会科学院历史研究所,中国社会科学院近代史研究所中华民国史研究室.孙中山全集:第七卷[M].北京:中华书局,1985:60.

他的活动，需要更多的知识和智慧，也需要消耗更多的脑力，相比较于其他活动所创造出的价值也更大，因而是一种高级形式的实践活动，是人的本质力量的重要体现。而所谓创新性原则，就是要坚持创新的途径。首先，要遵从客观规律。必须先通过发挥人的主观能动性，认识规律，然后按客观规律办事，违背客观规律的创新注定是要失败的。其次，要以社会需要为目的。因此，传统儒家人格教育思想资源的当代转化的创新性原则只有在这些要求的指导下进行才是合理的。

（二）为什么要坚持创新性原则

在对传统儒家人格教育思想资源进行了适当的选择之后，筛选出来的人格教育思想资源，其本身具有很高的学术价值和实用价值，然而每一种理论都是一个时代的产物，它的产生在一定程度上，具有先进性、普适性和局限性共存的特点。在选择性的原则下，对明显属于思想糟粕的人格教育思想资源进行排除之后，接下来要做的就是将那些属于思想精华的、具有很高学术价值并能为当代所用的人格教育思想资源进行新的阐释。因为这些筛选出来的传统儒家人格教育思想资源并不能直接融入当代的人格建设的工程中去，需要借助科学的、理性的、正确的指导思想和方式方法对其进行创造性改变，让其富有符合当今社会发展需求的特性，并对其赋予新意，使原本用于培养古人健全人格的教育思想资源为培养当今社会健全人格的教育所用。简而言之，就是对传统儒家人格教育思想资源中的合理部分进行创新化的阐释，使具有现代价值的传统儒家人格教育思想为社会政治、经济、文化的发展服务，为社会主义现代化提供良好的人格基础。

传统儒家人格教育思想资源的当代转化既是当今社会发展需要培养新的健全人格的需求，又是儒家文化发展的内在需求。自孔子创立儒家学派以来，在先秦时期经历了以孔子、孟子和荀子思想为代表的发展和演变，虽然有些不合时宜，但是因为其根基较深，因此才没有在历史的大潮中被淹没。到汉朝，统治者认为秦的灭亡可归于"仁义不施"四个字。汉王朝在短暂实施道家无为而治、修身养性的政策之后，才接受董仲舒的建议，在文教政策上"罢黜百家，独尊儒术"。然而，这个儒术不是对先秦孔子、孟子和荀子思想的简单复制，而是根据当时王朝统治的需要，封建制国家为了加强中央集权的需求，提出了

"天人感应"和"君权神授"的思想。这些思想的理论根据，无疑是从荀子提出的"天人相分""天命可制"的思想中演变而生的。董仲舒对儒学创造性的阐释和发展，不仅符合当时统治者思想一统，加强中央集权的需求，而且促进了儒学的发展和完善。魏晋时期，玄学与佛学融于儒学，宋明时期的理学，等等，都是当世之人对儒学创造性地继承和发展，他们赋予儒学符合时代发展之新意，使其可以更好地为当时社会的稳定和发展服务。此外，儒学自身需不断完善和发展。因此，历史告诉我们，要实现中国传统文化的创造性转变，使原本用于促进古代社会发展的优秀文化为今所用，必须根据社会现状对传统文化进行新的阐释。传统儒家人格教育思想，以人性论为逻辑前提和理论基础，重视发挥人的主体性，强调人们在追求和塑造君子、圣人等理想人格的过程中，不断地克己恭行等。对这些宝贵财富的批判继承，对我国现代公民的人格教育具有借鉴意义，一方面可以通过对先秦儒家理想人格内涵和养成方法的发掘丰富先秦儒家人格塑造理论，另一方面有助于我们对公民道德人格教育的认识，为建设社会主义精神文明贡献力量。

改革开放和社会主义市场经济体制改革以来，我国2000多年积淀下来的传统思想在全球化的潮流下受到了一些来自其他国家的冲击。毋庸置疑，我国的经济在不断发展，已经到了全面建设小康社会的最后阶段。因此，在推动经济发展的同时，国家致力于我国国民的健全人格的培养。在竞争激烈的市场经济的社会背景下，对传统儒家人格教育思想资源的研究，有利于解决在经济发展过程中产生的社会道德价值失落、信仰危机、行为失范、人际关系疏离等时代问题。如何解决这些时代问题必然是一个历史性的问题，而传统儒家人格教育思想资源中的合理部分则相对于其他外来思想，具有很强的因地制宜之效果。以传统儒家人格教育思想中的"忠恕"思想为例，忠恕思想的主要内容可以概括为：以诚待人、换位思考、推己及人等等，其目的是要求人们做到设身处地为他人着想，在互动中达到人伦的和谐与人格的提升。然而，各个朝代的学者对传统儒家的"忠恕"有不同的理解。唐代孔颖达提出了"忠"和"恕"是实现"仁"的两种方法，认为"忠"是忠于内心，"恕"是不欺外物。宋代理学者根据忠恕思想提出了"体用"一说，朱熹在《四书集注》中阐述道："忠者天道，恕者人道；忠者无妄，恕者所以行乎忠也；忠者体，恕者用，大本达道也。"①朱熹认为，只有内心有忠，才能在行为上有恕。现代学者对"忠恕"提出了自己的看法，认为孔子的"忠恕"是从两个不同的角度对"仁"的践行，"这两方面合起来，称作'忠恕之道'，孔子认为，这就是把仁付诸实践的途径，也就是孔子所说的'仁之方'"②。不同的时代因其社会发展的需求和健全人格培养的需要，都会在一定的程度上对"忠恕"进行继承和创造性的阐发。新形势下，对传统儒家人格教育思想资源中的"忠恕"也可以在继承的基础上进行创造性的阐发。如"忠"，可以理解为忠于国家、忠于人民和忠于事业，把自己的个人前进的道路与国家的繁荣、社会的进步和民族的兴衰联系起来；要热爱祖国和人民，把人民的集体利益放在自身的利益之上；爱岗敬业，通过自身的努力，在平凡的岗位上做出自己力所能及的成绩，实现自身的价值。如"恕"，不仅可以理解为换位思考、设身处地为他人着想，而且可进一步理解为宽容。无论在任何时代，宽容是美德，在调解社会关系方面，其作用之大无可比拟。如果人人都养成仁厚、宽恕的美德，就会使社会矛盾锐减，犯罪率骤降，这对于营造社会安定、祥和、和谐的氛围无疑是大有裨益的。

（三）怎样坚持创新性原则

从上面的论述中，我们不难发现，在传统儒家人格教育思想资源的当代转化过程中，遵循创新性原则是转化过程中必不可少的一部分。毋庸置疑，创新性的转化既是儒家人格教育思想资源在当代发展的内在要求，又是社会发展的需要。因而，我们不得不承认，在传统儒家人格教育思想资源当代转化的过程中，必须要坚持创新性的原则。传统儒家人格教育思想资源的当代转化过程中需要坚持的创新性原则，主要表现在以下三个方面。

第一，在传统儒家人格教育思想资源当代转化的过程中，要结合当代中国社会现实情况和未来发展的趋势，与现代所提倡的时代精神所融合，在转化的过程中不断发掘人格教育的内涵，不断在传统儒家人格教育思想资源当代转化的过程中探索出人格教育的新的形式，不断开辟人格教育的新的途径，从而促进现代人格教育与传统人格、外来人格的优化、调整和融合，促进传统儒家人格教育思想资源当代转化的完成。

① 朱熹.四书集注[M].长沙:岳麓书社,1987:102.
② 冯友兰.中国哲学简史[M].赵复三,译.武汉:长江文艺出版社,2015:41.

以传统儒家人格教育思想资源中的"孝"的思想为例。"孝"的思想最早见于《尚书》，《论语》一书对"孝"有着提纲挈领的解释，在《礼记》一书中更有着非常全面的阐发，还有很多儒家经典中也提到对"孝"的解释和理解。由此，我们不难发现，"孝"作为一个核心范畴，理所当然地成为一切教化的根本、德行的根源，而其他一切品性和德行都是"孝"的不同表征和体现。基于孝意识的这种理论定位与观念设计，自然而然地被赋予了丰富而具体的内涵与意蕴，大致可以分为三个方面的内容：

第一，"孝"是一种建立在具有自然属性的血缘关系上的最原始的情感，从这个角度来看，它体现出了一种生命的根源意识，也彰显出了人类高于动物的一种情感。毋庸置疑的是，"孝"的观点可以被确认为人与兽之间的有着根本区别的标志之一。"孝"是子女对父母的尊敬，是对其意志继承和事业的继承。传统的孝道理论并不仅仅是纯粹地强调保身安命，持家守业，而是主张在谨慎事亲、持敬行孝的基础上要进一步创造事业、成为事功，从而保其禄位、守其宗庙、彰显孝业，正所谓"孝有三，大孝尊亲，其次弗辱，其下能养"[①]。此外，孝有慎终追远、丧葬祭祀之礼。这个就比较好理解，是指当自己的父母去世之后要进行丧礼。

那么，该如何将这个具有典型代表的、属于传统儒家人格教育思想资源的"孝"之思想资源，与现在的社会环境衔接，对其进行创造性的转化呢？首先，我们要对"孝"思想中一些不适合当今社会发展的内容进行批判式的继承，摒弃不适合社会发展、稳定、和谐的部分，对一些出于折中状态的内涵进行甄别、利用。当然，对其中有利于促进社会和谐发展、人民健全人格塑造的内容要积极继承，并根据当今社会的实际提出针对性的补充。如"孝"中对父母的尊敬和赡养之思想是必须要继承的，它的继承可以有利于社会问题的解决，有利于健全人格的塑造和家庭的和谐、社会的发展。不仅如此，我们也需要开拓新的培养人格的方式，对"孝"的内涵进行新的阐释。同时，优化人格建设的环境，建立与市场经济体制相适应的人格塑造机制，例如道德训练机制、价值导向机制、心理疏导机制、公平竞争机制、褒贬奖惩机制、舆论作用机制、群众监督机制等等。用健全的机制改善和净化社会精神空间，创造一个宽松、和谐、讲正义、讲正气、健康向上的社会精神道德环境。

---

① 礼记[M].崔高维,校点.沈阳:辽宁教育出版社,2000:161.

第二，将个人的人格健全、培养与社会发展的现实相结合，不断调整二者之间的关系，真正做到与时俱进；不断解决个人人格发展状态与社会发展所需求的人格之间所存在的不平衡的问题，并在这个过程中处理出现的意料之外的问题，从而使人格的发展与社会的发展相适应，在动态中保持人格的发展与社会发展的步伐，真正做到传统儒家人格教育思想资源在创新性原则的转化基础上达到与时俱进的效果。

马克思历史唯物主义认为，个人发展和社会发展是辩证统一的，二者既有一致性，又有矛盾性。个人发展与社会发展的一致性表现在：社会发展是个人发展的前提，个人发展是社会发展的重要条件。个人人格的发展包含于个人整体发展之中，因此处理好个人人格发展与社会发展之间的关系包含于个人发展与社会发展之中。个人人格的发展与社会发展的辩证关系可以分为两个方面。一方面，社会发展是个人人格发展的前提：一定的生产关系和社会关系是个人发展的基础，个人人格的发展只有在社会中才能得以实现。个体的生命的维持和人格的发展是无法在一个与世隔绝、离群索居的情况下进行的，只有生活在一定社会关系中的现实的人才有发展个人健全人格的可能，离开一定的社会和生产关系，个体是无法长久存在的，也无法使个体的人格得到发展。社会发展为个人人格的发展提供了物质条件。个人人格的发展离不开一定的物质条件，而个人人格发展的物质条件是由社会提供的。社会为个人人格的发展提供了教育条件和必要的物质、技术手段。社会发展的状况决定着个人人格发展的进程和趋势，因此在不同的时代，个人人格发展的状况也不同。社会发展是衡量个人人格发展的准绳。个人人格发展的程度和水平，不能以个人自身为标准，只能到社会中去衡量，在社会实践中受检验，得到社会的承认。由于个人的人格是在社会中形成的，因而衡量人格健全与否的标准也必然是社会。另一方面，个人人格的发展也反作用于社会的发展：个人人格发展的状态与生产力、生产关系和上层建筑的发展和完善有着密不可分的联系。个人的人格发展在一定程度上反作用于生产力，促进了生产力的发展。生产力的发展迟早要引起生产关系的变革，进而引起上层建筑或快或慢的变革，推动社会向前发展。

我们不难看出，个人人格的发展状况与社会的发展既有一致性又有矛盾性。一致性表现为：个人的人格发展是个人作为一个主体有意识、有目的的活动，它受到了社会发展的客观必然性的支配。而在具体的日常生活中，在不同的社会关系中所涉及的一切事物又都是发展着的人们所创造和改变的。个人人格的发展是一个动态的过程，是一个从幼稚的、不成熟的人格往一个健全的人格方向发展的过程。而人格发展是否健全的评价标准恰恰要根据个人所处社会情况而定。个人人格发展的健全与否反过来也会影响社会的发展。个体的人格得到合理的发展必然会促进社会的发展；个体的人格如果没有得到合理的发展，则会不利于社会的发展。但是，个人人格的发展与社会发展也具有矛盾性。"社会虽然是以有生命的个人存在为前提，并以人为主体实现一切活动，但社会发展却是一个自然历史过程，又表现出对一切个人都具有独立的性质。反之，个人发展虽然离不开社会，但人的活动又有着自身的物质和精神特点，因而往往会使个人发展与社会发展发生矛盾。"①

该如何利用创新性的原则处理好个人人格发展和社会发展之间的平衡关系呢？马克思主义中关于个人发展和社会发展的思想可以为我们正确处理好个人人格发展和社会发展的关系提供一些借鉴。马克思主义认为，个人发展与社会发展既有一致性又有矛盾性。从宏观的角度上来看，社会的发展为个人的发展提供了相应的条件，然而既定的社会历史条件又限制着个人的发展。个人的发展既是在既定的历史条件下的发展，又在不断地突破社会历史条件的限制，创造出个人发展的新的历史条件，这样个人和社会可以得到共同的发展。马克思主义关于个人发展和社会发展的思想，是我们正确处理个人人格发展和社会发展之间关系的路标。因为马克思主义指明了人类社会历史发展的规律，也指明了个人发展的方向，使每个个体在发展的过程中具有自觉性和主动性；以马克思主义为指导的我国，能够根据社会发展的客观规律和我国的具体国情制定出个人发展的正确的方针政策，这些为个人的发展提供了保证。我国是以生产资料公有制为基础的，建立在此之上的社会主义生产关系促进了生产力的发展和科学教育等事业的发展，人们的物质和生活水平得到了不断提高，为个人的发展提供了物质上的条件，而个人人格的发展则包含于个人发展的内涵之中。

以传统儒家人格教育思想资源中的"尊道忘势"为例，儒家所称之"道"，乃是融自然、社会、天命、人性于一体后从中提取出来的最高的人生理想和原则。在儒家人格教育思想中，"道"字起到了提纲挈领的作用，它是儒家的天道观、人生观和价值观的集中概括，起源于万物之中却高于万物。儒家把"行道"

---

① 柳耀福.个人发展与社会发展的关系[J].东岳论丛,1988(1):107.

作为高尚人格的标志，我们不难看出"尊道忘势"的意思：作为一名仁人志士绝不能贪生怕死，当需要主持正义的时候，就要义无反顾，勇于担当，要坚守内心的正道而不为外界的压力所妥协。从某种程度上来说，传统儒家人格教育思想资源中的"尊道忘势"之精神有利于当代健全人格的培养，其有利之处在于可以将人格的塑造摆脱于外界的种种干扰。然而也有不好的地方，因为在竞争激烈的社会环境之下，坚持自身内心正道而对于一些必需的生活资料的夺取无动于衷，则会使得自身失去赖以生存的物质条件。更进一步说，当你身居要职之时，需要懂得以退为进，以短暂的退步来为广大的人民群众谋取更多的利益。如果只是一味遵守内心的正道，是否会给广大人民带来较大的损失呢？因此，要想取得个体人格的发展和社会发展之间的平衡，就需要明白一点：为了人民群众的利益和社会的稳定发展，个体人格的短暂受损并不算人格的不健全。有时候，为了顾全大局或为人民谋取更多的利益，往往会牺牲小我的人格，这是一种更高尚的人格。因此，我们必须合理运用马克思主义关于个人发展和社会发展关系的理论，坚持创新性原则，正确处理个人人格的发展与社会发展之间的平衡关系。

第三，传统儒家人格教育思想资源的当代转化所要遵循的创新性原则要建立在博采众长的基础之上。对其他非儒家的人格思想资源的内容，要用包容的态度去接受其中合理的、有助于传统儒家人格教育思想资源当代转化的部分。在如今这样一个开放的社会环境之中，人格教育的体系应该是开放的，对其他的相关人格教育的思想有海纳百川、兼容并包的态度是必要的。在传统儒家人格教育思想资源当代转化的过程中，除了吸收对传统儒家人格教育思想资源的合理部分之外，还需要吸收外来的人格教育思想资源，也需要从其他快速发展的学科中汲取人格教育的方式和理论，在与不同学科人格教育思想资源中的合理部分融合的过程中，不断地创新人格教育的理论和方式，从而促进传统儒家人格教育思想资源的当代转化。

我国传统儒家思想文化有一个非常显著的特征：它更多关注现实的人生和社会，忽视对抽象思想本体论的探讨。在表现形式上，没有西方国家所推崇的"绝对真理"或者神圣意识等，也不会出现绝对经典。"中国古人有句'有经有权'便道明了'经'并非至高无尚，它可以由人权衡利弊，灵活掌握。换言之，'经'也是可以权变的。因此，在中国各种理论学说都可以调和，各类相仰都可以并存，以至相互渗透。"①传统儒家文化的这一特征决定了其对外来文化具有兼容并包、博采众长之特性。兼容并包的传统对传统儒家人格教育思想资源的当代转化具有重要意义，新的人格的塑造和培养要为现实服务。传统儒家人格教育思想资源有着丰富性、开放性和包容性等内在属性，这就要求我们努力去吸收、借鉴其他的人格思想资源，要在充分利用传统儒家人格教育思想资源中精华部分的基础上，大量吸收外来的人格教育思想资源。但必须注意一个问题：兼容并包、博采众长并不是对吸收、借鉴的思想进行生吞活剥、毫无批判的吸纳。我们所要吸收的是其中有利于我们个人发展和社会发展的部分，也可以理解为是我们现代化建设过程中所需要的那一部分。因此，我们要正确处理好传统儒家人格、非儒家人格以及外来人格之间的关系。这就迫切需要开展多种渠道各领域的人格文化的交流和沟通活动，增进相互理解、相互学习、相互启发。在冲突中求融合，在互斥中求互补，超越中西之辩、古今之辩，努力建设以马克思主义为指导，多极并立、多元良性互动，适应时代潮流和现代化建设需要的中国社会主义人格。

我们以道家的理想人格中的"无为"思想为例，传统的道家和传统的儒家最根本的不同之处在于，道家是提倡出世的，而儒家则是提倡入世的。道家出世之思想，所提倡的理想人格是无为，可以做到顺从内心，顺从自然。很显然，在如今社会竞争如此激烈的环境之中，道家的这种出世的思想是很难有其生存的空间的。而相应的，儒家所提倡的入世之思想则很好地符合了人们去努力奋斗以适应社会环境的现状。道家的思想在某种程度上具有抚慰人们心灵之作用，这种心灵上的作用如何与儒家之思想相结合？在现代社会生活中，每一个个体在自己所处的学习或者工作岗位上，都在为了某个既定的目标而努力奋斗着。但是从历史的角度来看，付出和回报往往很难达到让所有人满意的程度。因此，当个体遇到挫折或失败之时，道家之出世思想具有一定的抚慰心灵的功效。

总而言之，在传统儒家人格教育思想资源当代转化的这一较为漫长的过程中，我们需要不断地创新人格教育的内涵、形式和途经，在马克思主义指导下，不断地对传统儒家人格教育、非儒家人格教育以及外来人格教育进行审视及阐释。同时，要根据出于不断变化的社会现实，在借鉴其他学科人格教育的思想的基础上，不断赋予传统儒家人格以新的内容、新的时代精神等，这样才能总

---

① 莫法有.兼容并蓄:中国文化的一大传统[J].浙江学刊,2001(1):177.

结出新的、具有历史意义的经验，适应社会发展的需要，解决现代关于人格方面的问题。只有在传统儒家人格教育思想资源当代转化的过程中，坚持创新性原则，才能处理好传统人格、现代人格和外来人格之间的关系，才能达到中国当代公民人格适应社会发展的效果，从而实现传统儒家人格教育思想资源的当代转化和创新。

五、发展性原则

（一）发展性原则的内涵

发展性原则是指在传统儒家人格教育思想的当代转化过程中，要用发展的理念来指导转化。传统儒家人格教育思想资源作为儒家文化中的一部分，必然既有精华，又有糟粕。对于精华部分，在传统儒家人格教育思想资源当代转化的过程中肯定要继承。在继承的过程中，要根据当代社会发展的需求对其思想的形式和内容进行一定整合和创造性的阐释，让其有利于当今社会健全人格的塑造。同时，对于其中的糟粕，虽然要摒弃，但是其在传统儒家人格教育思想资源的当代转化的过程中也具有一定的历史借鉴作用。因此，要正确看待传统儒家人格教育思想资源中的精华和糟粕，并用马克思主义的发展观来指导传统儒家人格教育思想，从而促进当代健全人格的塑造。

（二）为什么要坚持发展性原则

毋庸置疑，之所以要在传统儒家人格教育思想资源当代转化的过程中坚持发展性的原则，是因为原本的传统儒家人格教育思想资源之中的一些人格教育思想不符合社会发展的需要。这部分思想资源在经过了创造性的转变之后，才可能有利于当今健全人格塑造的需要。而在创造性转变的过程中，必须要以有利于健全人格塑造，有利于个人发展和社会发展为方向。在传统儒家人格教育思想资源当代转化的过程中，发展性原则主要是针对其中需要经过一定创造性转变之后才能有利于个人健全人格塑造和社会发展的部分，同时适用于那些至今仍有利于人格发展的传统儒家人格教育思想。我们下面就来解释在传统儒家人格教育思想资源当代转化的过程中，为什么要坚持发展性的原则。

在传统儒家人格教育思想资源当中,有关社会伦理方面的观点在某种程度上存在一些很不合理的地方,但是在马克思主义辩证观点的指导下,我们可以发掘出其中一些有利于当今社会健全人格塑造的部分,抑或以史为鉴,从其中不合理的部分中来寻找正确的做法。从孔子创办了儒家学说之后,儒家思想在中国长达两千多年的历史中扮演了极为重要的角色。然而自汉以后,儒学思想根据当时社会发展的需要、统治者维护自身统治的需求,经过当时所谓儒学大家的创造性的阐发后用于当时的社会之中。儒家经典几乎在每一个朝代都是经典和信条,而在这种不同时代下的儒家思想慢慢地成了当今社会所说的根深蒂固的封建思想。其中的一些伦理思想可以说是非常不人性化的,在非民主的社会中出现野蛮的伦理思想是历史必然的产物。在野蛮的伦理思想下所产生的人格教育思想也必然存在不合理的部分,而这些伦理思想在一些儒家的经典之中也是有根据的。儒家所宣扬的"礼"在封建社会中形成了一种非常森严的等级制度,从某种程度上来说,这种宣扬道德的思想和做法存在着各种不合理、不道德的地方。"三纲五常"以及各种各样的"礼"打造了一个森严的等级体系,儒家一直都在宣扬的伦理道德思想其实并不是完全合理的,它将人划分为不同的关系和等级,君臣、男女、夫妻、兄弟之间的不平等性实在是毫无道理可言。这种思想的始作俑者毋庸置疑会被认为是儒学的创始人孔子,很显然这对儒家的一些思想就有消极的影响。蔡尚思认为,孔子所说的女子与小人难养,女子就是小人,这种理解未免有失偏颇。比较温和的解释是:"在春秋那个时代,'小人'有时是指一般庶民而言。……其中并无半点在道德上卑鄙的意思……总结来说,我们现在可以明显地看出,女子和庶民的'不孙'与'怨',在原因上完全不同,在性质上则有类似之处。"①

用辩证法的观点来看,传统儒家思想中的确存在着一些不利于人格发展的伦理文化因素,而这种伦理文化表现在现实生活中则是有利于男性而不利于女性的。比如《春秋谷梁传》一书中提到了"人之无良"的伯姬之例:"伯姬之舍失火,左右曰:'夫人少辟火乎?'伯姬曰:'妇人之义,傅母不在,宵不下堂。'左右又曰:'夫人少辟火乎?'伯姬曰:'妇人之义,保母不在,宵不下堂。'遂逮乎火而死。"②从这段话中,我们可以看到古代女性为了维护儒家所宣扬的

---

① 萧民元.论语辨惑[M].昆明:云南人民出版社,2007:154-155.
② 春秋谷梁传[M].顾馨,徐明,校点.沈阳:辽宁教育出版社,1997:102.

"礼"，不惜牺牲自己的生命，这种为礼仪而失去生命的理由是相当滑稽的，也是不值得提倡的。不仅如此，《易传》一书中充满了男主女从、重男轻女的封建思想，包括《礼记》中的重父轻母、重男轻女，连居丧也要分男女，实在是荒谬而不公平的。很显然，我们肯定要摒弃这些所谓的道德，在当今宣扬人人平等、生命可贵的社会环境之下，这种重男轻女的思想，过于看轻女性的思想也是要坚决反对的。如果在当今这样一个宣扬公平、民主的社会大环境下还宣扬那样的封建社会思想，必然会给当今健全人格的塑造带来极度不好的负面之影响。如果男女不平等，那么在人格的塑造上，就很难处理好男女之间的关系了。现代社会是一个开放的社会，女性在社会发展中的作用越来越大，甚至在一些领域远远超过了男性。当然，儒家学说中的一些正面的道德品质还是要传承下来的，如在家庭中的尊老爱幼的道德要求，孝悌思想中的精华部分，等等。人格教育思想资源中的道德伦理因素也是需要我们在传统儒家人格教育思想资源当代转化的过程中进一步发展的，我们不仅要传承其中一些人格教育思想资源中的精华部分，而且要对一些不合理的部分进行发展性的继承，最后对极不合理的部分要以史为鉴，根据其特点有针对性地发展甚至批判。

（三）怎样坚持发展性原则

在传统儒家人格教育思想资源当代转化的过程中，可以从世界观和方法论两个角度来坚持发展性原则。儒家文化中关于人格教育的思想有着两千多年的历史传统，在当代社会中，一些现有的具有中国特色的人格就是在这种人格教育思想中孕育而生的，因此在传统儒家人格教育思想当代转化的过程中，就更要根据我国现代社会发展的需求，立足于传统进行转化。同时，要反对脱离传统而进行人格塑造的一些过激、片面、非科学的想法。在传统儒家人格教育思想资源当代转化的过程中坚持发展性原则，是针对儒家传统人格教育思想的提升和再造，在这个过程中要立足于传统、发展于现代，不能离开传统的人格教育思想而谈现代健全人格教育的塑造，同时要避免将现代的一些人格教育思想凌驾于传统人格教育思想之上，更不是将传统人格教育思想与现代人格教育思想简单叠加。从马克思主义方法论的角度来看，在传统儒家人格教育思想资源当代转化的过程中所要坚持的发展性原则，意指不能保守传统儒家人格教育思想资源本身，要与现代社会的情况相结合，在坚持发展性原则的过程中整合和超越。要在全球化的背景下对传统儒家人格教育思想资源进行扬弃、整合、创新和超越。当然，还有一点需要我们注意，就是在传统儒家人格教育思想资源当代转化的过程中，我们必然会与西方其他不同的文化产生碰撞、融合等等。正如美国学者塞缪尔·亨廷顿在世纪之交时曾指出：在新的世界中，冲突的根源主要将是文化的而不是意识形态的和经济的二文明间的冲突将主宰全球政治，文明间的断裂带将成为未来的战线。从这句话中，我们可以探索在传统儒家人格教育思想资源当代转化的过程中该如何坚持发展性原则。

1.整合人格教育思想的民族性和时代性，构建新的人格教育体系

传统儒家人格教育思想资源作为我国文化中的一部分，具有其自身发展的机理。文化的发展很显然离不开民族性和时代性，在众多的思想理论中，文化发展所面临的时代性和民族性话题是相伴而生、互为补充且缺一不可的，两者相辅相成却又独树一帜。社会大的历史潮流于东亚四小龙经济发展腾飞后开始注意到民族文化优势在经济发展中的作用，而传统儒家人格教育思想资源属于文化中的一部分，其中的精华部分虽然不能产生直接的经济效益，但是可以在人的健全人格塑造的过程中，培养一批批优秀的社会主义接班人和未来的建设者，这些具有健全人格的人才不仅有着很好的个人人格的发展，同时会在社会的建设和国家的发展中做出自己的贡献，通过个人主体之手来为社会创造更大的经济效益。在这样一个全球化的背景下，每个国家的文化民族性都将在一定程度上得到进一步增强，世界的多元局面也会进一步得到发展，很有可能会出现文化百家争鸣的"春天"。之所以说文化的民族性和时代性是密不可分的，是因为民族的就是世界的。从这个角度来说，我们在传统儒家人格教育思想资源当代转化的过程中要坚持现代化而不能西化；从另一个角度来看，每个国家的文化的民族属性都会带有其产生时期的时代属性，这种时代的属性会随着历史的发展慢慢成为抱残守旧的根源。这样来看，我们在传统儒家人格教育思想资源当代转化的过程中，不能对传统儒家人格教育思想盲目欣赏；在文化发展的过程中，历史文化既是多元的，又是一元的。一元文化寓于多元之中，而多元文化也最终走向一元。这就要求我们在传统儒家人格教育思想资源当代转化的过程中正确对待非传统儒家人格教育思想之外的人格教育思想资源，正确看待传统儒家人格教育思想资源的民族性和时代性，积极整合传统儒家人格教育思想资源中的民族性和时代性以及其带来的发展契机和机遇，不断提升传统儒家人格教育思想资源的自我净化、革新和超越的能力。在整合传统儒家人格教育思想资源的过程中，很显然要考虑到传统儒家人格教育思想资源作为文化的一部分所具有的民族性和时代性，并在此基础上塑造新的人格教育体系。当代著名哲学史家庞朴认为："文化，从最广泛的意义上说，可以包括人的一切生活方式和为满足这些方式所创造的事事物物，以及基于这些方式所形成的心理和行为。它包含着物的部分、心物结合的部分和心的部分。如果把文化整体视为立体的系统，那时它的外层便是物质的部分——不是任何未经人力作用的自然物，而是'第二自然'（马克思语），或对象化了的劳动。文化的中层，则包括隐藏在外层物质里的人的思想、感情和意志，如机器的原理、雕像的意蕴之类；和不曾或不需体现为外层物质的人的精神产品，如科学猜想、数学构造、社会理论、宗教神话之类；以及，人类精神产品之非物质形式的对象化，如教育制度、政治组织之类。文化的里层或深层，主要是文化心理状态，包括价值观念、思维方式、审美趣味、道德情操、宗教情绪、民族性格等等。文化的三个层面，彼此相关，形成一个系统，构成了文化的有机体。这个有机体，有自己的一贯类型，有自己的主导潮流，并由此规定了自己的发展和选择：吸收、改造或排斥异质文化的要素。"①传统儒家人格教育思想资源作为文化中的一部分，要塑造一个新的人格教育体系来实现健全人格的培养，必然要大胆祛除传统儒家人格教育思想资源中的僵化部分，同时要以整合和超越为落脚点，在不断融合其他民族人格教育思想资源的过程中，不断开创新的人格教育体系。

2.坚持马克思主义的指导，促进学科间的融合

传统儒家人格教育思想资源的当代转化，作为中国现代化事业中的一部分，必然要坚持马克思主义的指导，走具有中国特色的社会主义道路。走具有中国特色的社会主义道路就必须要与马克思主义进行交流和对话。我们在传统儒家人格教育思想资源当代转化的过程中，必然要面对传统与现代、传承与创新、本国与他国之间的关系问题，在解决这些问题时不可能忽视马克思主义中关于这方面的理解和认识。马克思主义已经与中国的国情走向了融合，与每个历史阶段的中国社会的实际相结合，发展出了具有中国特色的马克思主义，成了我国现代化建设中的唯一指导思想。与此同时，我国的文化在马克思主义的指导下，也走向了繁荣的方向，我国传统儒家文化在马克思主义的指导下也慢慢地

---

① 庞朴.文化结构与近代中国[J].中国社会科学,1986(5):84.

与当今中国的社会实际融合。我们以儒家思想中所提倡的大一统的观点为例，此种观点就是强调要有一个统一的政治局面，而这种统一的局面就是在我们伟大的党带领全体中国人民取得各种斗争胜利的果实。儒家思想需要经过现当代的社会的转化、提炼、整合和扬弃才能找到一个新的发展点。传统儒家人格教育思想资源作为传统文化的一部分，也需要经过发展才能有利于当今健全人格的塑造和培养。就如传统儒家人格教育思想中所推崇的仁、义、礼、智、信这五种君子该有的品质一样，它们虽然是构成封建社会的一种人格修养和人伦底线范畴内的要求，但是可以作为我国社会主义核心价值体系的一部分——在马克思主义的指导下，发挥群体优势，多角度、多范围地探讨传统儒家人格教育思想，与其他领域的学者相互协作，从而实现传统儒家人格教育思想的当代转化。随着中国社会的不断发展，中国的国际影响力不断提高，综合国力不断增强，我国传统的历史文化必然会在世界文化秩序的重塑方面起到很大的作用。儒学之所以可以在世界大的历史潮流中得到发展，是因为儒学特别强调德行伦理，特别强调个人自身的修养，这与西方文化强调的规范、文明形成补充。汤一介说过："如果能实现影响力广泛的'国学热'和建构性后现代主义的有机结合，之后能在中国社会深入开展，并且进一步发展，那么中国就有可能顺利地实现其自身'第一次启蒙运动'的进程，实现现代化，然后快速进入到以'第二次启蒙运动'为标志的后现代社会。如果真能如此，中国当前文化复兴中实现的成果必将对人类社会产生深远影响。"①由此可见，传统儒家人格教育思想资源的创新、发展，在社会文化发展的历史大潮中具有极其重要的作用。

3.架起学术儒学与民间儒学之间的桥梁，推进人格教育大众化

新中国成立以来的一段时间内，儒学被当作一种海市蜃楼般的学问而被束之高阁，尽管在某种程度上有很多知识分子在传统儒学的现代转化的过程中尽心尽力，但是无奈的是，广大的人民群众似乎对儒学没有多大的热情。儒学当代转化所面临的最大问题之一，与其说是理论在转化的过程中与现代的社会情况脱节，还不如说是因为儒家学说在传播的过程中没有引起广大人民群众足够的注意和支持。因此，在传统儒家人格教育思想资源当代转化的过程中，需要注意学术界的儒学和民间儒学之间的关系和异同，在转化的过程中既要从学术儒学的角度入手，又要兼顾民间儒学的一些认知；在两者之间深入沟通，在学

---

① 汤一介.儒家思想及建构性的后现代主义[J].人民论坛,2013(22):73.

术儒学和民间儒学二者之间架起桥梁；深入挖掘传统儒家人格教育思想中的精华和当代价值，并致力于将其推向社会、推向生活。正如王学典教授指出的："学界儒学应该走一条路，民间儒学应该走另一条路。落实到实践层面上，应该提出重建礼仪之邦这样一个目标，我们现在正在对礼仪之邦重建的细节进行设计，在必要的时候会提出方案。礼仪之邦的重建也是从属于当前社会整合的一个重大措施，它的重要意义和实质就在于提升中国人的教养。"①传统儒家人格教育思想资源的当代转化是一个比较艰难的过程，在这个转化的过程中，必然会和传统儒家文化一样受到西方文化的冲击和文化全球化的影响。因此，在转化的过程中，必须要坚持那些可以经受社会历史考验的精华部分，把人格教育的内在体系放开搞活，推动内生动力的发展和转化，凸显时代感，体现现代性和群众性。所谓群众性，就是日常生活的内在价值，也就是群众生活中的习惯和礼仪，儒家思想的群众性，是将儒家所倡导的思想和理念在日常生活中体现。儒家入世的特性使得儒家伦理必须扣紧生活世界。儒家的内圣之学是"修身养性"之学，当群众性的认可形成生活的习俗，必然能够治疗工具理性所造成的创伤。

---

① 方鸿琴.王学典：推进儒学研究 重建礼仪之邦［EB/OL］.（2013-05-20）［2019-04-07］.
http://www.cssn.cn/xr/xr_xrf/xrcc/201310/t20131029_746574.shtml.

第七章 传统儒家人格教育思想资源
当代转化的基本内容

社会的现代化归根到底是人的现代化，是人类文化传承与相应人格的现代转型问题。具体到一个国家，也就是国民素质的现代化问题，而国民素质的现代化当然就要从青少年抓起，才有可能完成一个民族、一个国家乃至全人类——全球的现代化进程。这就是说，现代社会的发展与现代人格的培育两者应是一种互动关系，当然这种良性互动有两个重要前提，这就是基本物质条件的具备与社会政治诉求的明确，在这两个前提条件真正具备的情况下，良性互动才是可能的。不过，这种良性互动，也不是自然而然地发展的，这种互动应当和社会养成教育与个人自我教育相伴而生。

一、传统儒家人格教育目标的当代转化

构建社会主义市场经济所需的理想人格，要既能弘扬中华民族的传统美德，又能反映社会主义市场经济的精神和原则，并赋予其时代特征和要求。"内圣外王"是儒家理想人格的完美体现。"内圣"即人通过道德修养达到的一种高尚的内在品德，"外王"是人的内在品德的外在表现，即人把自己所习得的内在品德外化到自己以外的社会领域，自觉地承担某种社会角色和实现社会理想。《论语》中虽未对"内圣外王"做出具体规定和解释，但孔子把"圣"与其最高的道德规范"仁"并称，一生矢志不渝地倡导和追求之，希望通过"修己以安人"，达到"治国，平天下"；孟子把圣人看作"人伦之至"，以"至善"为圣人的人格境界，并从善端扩展、落实到"王天下"，如此由内圣而外王，由圣人到"圣王"；荀子则将"圣王"一分为二，"圣也者，尽伦者也；王也者，尽制者也；两尽者，足以为天下极矣。故学者，以圣王为师"。只有做到"两尽"之"圣王"，才拥有至善、至德的理想人格。在建设社会主义市场经济体制的今天，

传统儒家理想人格仍具有重要的现实意义和旺盛的生命力，如何借鉴中国古代理想人格模式，批判地汲取中国传统儒家理想人格理论的营养成分，使传统儒家理想人格的理论精髓和现代社会发展的新要求相契合，使中国传统的以道德为主的道德人格向知、情、意、行统一，真、善、美一体化的现代人格转化，建构和谐人格，促进人的全面发展，推动社会的文明进步，是今天研究中国传统儒家理想人格问题的现实意义。

孔子说："古之学者为己，今之学者为人。"所谓"为己""为人"，可以用孟子的一段话来说明。孟子说："有天爵者，有人爵者。仁义忠信，乐善不倦，此天爵也；公卿大夫，此人爵也。古之人修其天爵，而人爵从之。今之人修其天爵，以要人爵；既得人爵，而弃其天爵……"①荀子认为："古之学者为己，今之学者为人。君子之学也，以美其身；小人之学也，以为禽犊。"②这里的"美其身"，就是"为己"，相当于孟子讲的"修天爵"，指人格的提升；而所谓的"为禽犊"，就是"为人"，相当于孟子讲的"要人爵"，即把"学"作为追求名利的手段，这是儒家大师们最为反对的。什么才是人生真正的幸福？积学修德可被看成幸福，饱食暖衣也可被看成幸福。究竟谁是谁非呢？我们从人的观点来说，人之所以高贵于禽兽者在于他的灵魂。人如果要充分地表现他的人性，必须充实他的生活。幸福是一种享受，享受者或为肉体，或为心灵。人既有肉体，即不能没有肉体的享受。我们不必如持禁欲主义的清教徒之不近人情，但是我们也须明白：肉体的享受不是人类最高的享受，而是人类与鸡豚狗彘所共有的，人类最高的享受是心灵的享受。哪些才是心灵的享受呢？其实就是真、善、美。学问、道德、精神、艺术，无一不是心灵的活动，人如果在这些方面达到最高的境界，也就达到了最幸福的境界。一个人的生活是否丰富，有无价值，就看他对于心灵或精神生活的努力和成就的大小。如果只顾饱食暖衣而对于真、善、美漠不关心、毫无兴趣，那他就是一具行尸走肉。

传统儒家人格教育说到底就是"君子"教育或"成人"教育，就是要培养全面发展的人，需要人有完善的人格，有内在的德行，有一种兼济天下的情怀。所谓成人之教，或者是人的教育，实质上是要发挥人的内在潜能，让其完整发展，包括人格上的完善，精神上的自由。如果把教育变成我们今天说的偏功利

---

① 杨伯峻.孟子译注：简体字本[M].北京：中华书局，2015：209.
② 荀况.荀子[M].牟瑞平，译注.济南：山东友谊出版社，2001：13.

主义的科学主义的教育的话，就有失偏颇了。传统儒家以成就"君子"乃至"圣贤"为志业，道德修养、理想人格是儒者的标志。

（一）"圣人"教育目标的转化

在现代人看来，"圣人"无疑是一种不可望其项背的"偶像"和"超人"。但从语源上讲，"圣人"最初是对聪明人的称谓，并没有玄妙和神秘之义。《说文解字》中说："圣，通也，从耳呈声。"应劭的《风俗通》中说："圣者，声也，通也。言其闻声知情，通于天地，条畅万物也。"由此可知，"圣"有精通之义，"圣人"就是精通之人，一般指的是在某种才能上的精通者。在中国人的认知系统中，各个领域中的杰出人物都可以冠以"圣"的称号，而在后世中，人们也常常把某门科学、技术、艺术领域的奠基者、集大成者尊为"圣人"，如尊医学家张仲景为"医圣"，精通茶道的陆羽为"茶圣"，书法家王羲之为"书圣"，画家吴道子为"画圣"，等等。当然，也可以指德行精通者。不过，五经中的《诗经》《尚书》中有不少"圣"字，指的都是人聪明、能力强，而并没有崇高无比的意思。如《尚书·洪范》中有"睿作圣"。根据朱义禄的研究，圣人神圣莫测、崇高无比的观念起始于孔子，并成为先贤们所称颂的完美的人格典范。

孔子认为圣人是一种即使尧舜也尚未完全达到的理想人格的典范，是一种指导目标而不是具体目标。孔子虽然标榜"仁"，以"仁"为首出之德，却不认为"仁"是道德境的极致，而将"博施济众"的"圣"看作更高的人格境界。故当子贡问他"博施济众"算不算是"仁"者的表现时，孔子答曰："何事于仁？必也圣乎！"并表示："尧舜其犹病诸！"[1]意思是圣人的境界连尧舜恐怕都无法企及呢！所以，孔子说："圣人，吾不得而见之矣；得见君子者，斯可矣。"[2]对于当时已有人称许他为"圣人"这件事，孔子则十分理智并果断拒绝："若圣与仁，则吾岂敢？"[3]由此看来，有道德操守的君子人格是成德的目标，圣人则是君子永恒追寻的人格的理想境界。在孔子心目中，"圣人"并非是由才能所定，而是经由具体生活实践领悟而来。从《论语·雍也》中孔子对子贡的回

① 杨伯峻.论语译注[M].北京:中华书局,2006:72.
② 杨伯峻.论语译注[M].北京:中华书局,2006:83.
③ 杨伯峻.论语译注[M].北京:中华书局,2006:86.

答中也可以看出其"博施于民而能济众"者能超越"仁"达到"圣"的人格理想。可见，圣人应有博施的仁爱内圣之德和济众的外王事功，不仅要有内在的品德，还要有安民、平天下的功业，应是内圣与外王合一的"德才兼备者"。不过，孔子并没有赋予"圣人"一个清晰的人格图像，也从未称过任何人为"圣"。在《尧曰》《泰伯》《卫灵公》《八佾》《述而》等篇章中，孔子对尧、舜、禹给予了近乎理想化的评价，然而从未说他们是"圣人"。

虽然孔子并未描绘出圣人清晰的图像，但自孔子后，"圣人"成为富于理想象征意义的文化符号，对社会发展和人才成长的方向起着十分有效的指导作用。继孔子之后的两位儒学大家也都以"圣人"为理想人格的最高境界和典范，孟子曾说："圣人，人伦之至也"[1]，但它并非可望而不可即。孟子对圣人的描写是"仁智合一"。如孟子赞扬孔子说："学不厌，智也；教不倦，仁也。仁且智，夫子既圣矣。"[2]孟子从孔子传道施教的态度肯定了孔子不断自我学习的智能和有仁、有爱、有教无类的教育精神。孟子说，圣人之所以能够被列入"圣人"的范畴，乃是因为他们能秉持着生命的至诚精思力行，即孟子所说的："形色，天性也；惟圣人然后可以践形。"[3]通过人的形色肉身，将上天所赋予的善性四端（善性四端即恻隐之心，仁之端也；羞恶之心，义之端也；辞让之心，礼之端也；是非之心，智之端也）实践并发挥出来，即其所谓的"尽心"——"知性"——"知天"——"存心养性以事天"，而且这样的圣人境界是通向每一个人的。依孟子看来，人人都具有善的本性，每个人都可以存养自己生来具有的善端心性而到达"圣人"的境地，即孟子在《孟子·告子》中所说的："圣人，与我同类者"，"人皆可以为尧舜"。

孟子是第一个给圣人画像的儒者，对于圣人的境界，孟子有这样一番描述："充实之谓美，充实而有光辉之谓大，大而化之之谓圣，圣而不可知之之谓神。"在这里，孟子认为，圣人不仅能将每个人本来具有的四端之心、良知良能加以培养、扩充，使德充于内，光华形于外，并且能将这样的德行光辉温润他人、普照万物，而让天地万物得到感化，自然循善，这就是中庸上所谓的"天地位，万物育"，即圣人以道德心点化宇宙自然秩序，使天地万物在其影响下，各得其

① 杨伯峻.孟子译注：简体字本[M].北京：中华书局，2015：123.
② 杨伯峻.孟子译注：简体字本[M].北京：中华书局，2015：47.
③ 杨伯峻.孟子译注：简体字本[M].北京：中华书局，2015：249.

所，其生命已达到《礼记·中庸》中所说的"万物并育而不相害，道并行而不相悖"①的境地了！故孟子在"大而化之"之后又说"圣而不可知谓之神"，这看似好像"圣人"之上更有"神人"，实际上，孟子是要强调圣人"正己而物正"的神妙不测之境。

和孔、孟两位儒家先贤一样，荀子视"圣人"为可与天地并列的人道之极，是荀子人格类型中的极致，也是为学的最高目标和理想人格的典型。荀子曾说："血气和平，志意广大，行义塞于天地之间，仁知之极也。"②他将"圣"界定在"仁智之极"，并且认为这样的理想人格还有待于后天的修养："故圣人者，人之所积而致也。"③

孟子主张圣人具有主客观道德实践的才能，其能力足以"王天下"，不过，孟子也指出，有德无位者不碍于成圣，圣人的重心仍在内在德行的修养上。比起孟子，荀子显然更重视圣人的外王功业，所以他花不少的篇幅说明圣人得势在位时的作为，如圣人当以"三德"化民和教民。所谓"三德"，就是"和调累解""忠信均辨""正己而后责人"。在荀子眼中，圣人本身既是"化性起伪"的性伪合一的实践者，又是礼乐教化刑政的制定者和施行者，"礼义者，圣人之所生也，人之所学而能、所事而成者也"④，"圣人积思虑、习伪故，以生礼义而起法度，然则礼义法度者，是生于圣人之伪，非故生于人之性也"⑤，"故圣人化性而起伪，伪起而生礼义，礼义生而制法度。然则礼义法度者，是圣人之所生也"⑥，"礼义积伪者，是人之性，故圣人能生之也"⑦。圣人本身深具文化素养，并且是创制主导文化的领袖。由此看来，荀子的"圣人"可说是将儒家礼乐文化治国的理念发挥得淋漓尽致。此中也包含了荀子期待"在位者有德"且"以德化民""文化治国"的政治理想。总体来说，荀子的圣人具有内圣外王的特质。正因为具有"至强""至辨""至明"三至的人格特质，才能治理"至重""至大""至众"的天下，是具备所有美德的"尽伦"者，又是"县天下之权称"，是足以衡量天下的"秤砣"："天下者，至重也，非至强莫之能任；至大

① 礼记[M].崔高维，校点.沈阳：辽宁教育出版社，2000：192.
② 荀况.荀子[M].牟瑞平，译注.济南：山东友谊出版社，2001：302.
③ 荀况.荀子[M].牟瑞平，译注.济南：山东友谊出版社，2001：620.
④ 荀况.荀子[M].牟瑞平，译注.济南：山东友谊出版社，2001：607.
⑤ 荀况.荀子[M].牟瑞平，译注.济南：山东友谊出版社，2001：612.
⑥ 荀况.荀子[M].牟瑞平，译注.济南：山东友谊出版社，2001：612.
⑦ 荀况.荀子[M].牟瑞平，译注.济南：山东友谊出版社，2001：617.

也，非至辨莫之能分；至众也，非至明莫之能和。故三至者，非圣人莫之能尽。故非圣人莫之能王。圣人，备道全美者也，是县天下之权称也。"①梁漱溟融合儒家和现代生命哲学思想，对儒家的圣贤人格进行了理论重构，提出这种人格应具有思想力，能明辨是非；有真性情，为求真理而力行；富有创造力、意志力、宽容心。人格的道德追求已由传统的"至善"转化为"生命流畅"。他结合乡村建设实践，探讨了通过圣贤特质的人格范导功能，影响大众人格境界提高的人格培养模式。就现代人仍需要通过现实的模范体现的理想人格境界作为人生范式和价值取向来看，梁漱溟的理论和实践是有益的启示。

康德曾指出：人类精神普遍存在真、善、美三维结构。把"可持续发展"引入人格境界中，就是要发掘真、善、美，塑造高尚人格。从价值论角度看，"真"是客观必然性的最高价值；"善"是主体必然性的最高价值；而"美"超越了必然性，包融真、善，进入自由境界。美的境界体现了人对一切利害关系的超脱和对对象存在的无所欲求的自由，尤为重要的是，它弘扬人的主体性，解放人的心灵。人格教育要求把教育的基础建构在"人"这个基础上，通过培养主体解放人，进而促使社会发展。

（二）"君子"教育目标的转化

在中国历史上，"君子"人格具有几千年不褪色的榜样作用。古往今来，人们无不或隐或显地怀有君子情节。君子于世，如莲花之于淤泥般清新脱俗而又熠熠生辉。"君子"人格因包含了处理人情事理之要义而成为整个中华民族人文气质的基石。无论成长成才，还是观人用人都要重视并应用之。而且，"君子"乃是众人通过砥砺品行、坚持不懈能够成就的理想人格。儒学的最大特点，就是将理想人格解释为日常生活规范的一种自然发展。

"君子"大约出现于西周初年，起初并非指称伦理意义上的"有德之人"，而更多地在政治学意义上被使用，它的初始含义是"君之子"，主要是"贵族男子"和执政者的代称。到了春秋末期，孔子在构建和传播自己的儒家学说时，对"君子"概念的内涵进行改造，赋予其许多优秀道德的意蕴，使其基本骨架、内在气质和精神风貌，在《论语》多视角的反复刻画中脱颖而出并惊艳四方。作为"有德之人"的"道德君子"的出现乃是经历了一个由"位"至"德"的

---

① 荀况.荀子[M].牟瑞平，译注.济南：山东友谊出版社，2001：449.

漫长转化过程，孔子是实现这一转化的关键人物，孔子的贡献就是将界定"君子"的标准从"位"转化为"德"。换言之，"君子"和"小人"不再指贵族和庶民，而是高尚之人和奸邪之徒；区分"君子"和"小人"的标准不再是血统，而是德行。他以"德"诠释君子，以"小人"反衬"君子"，为人们标举了做人典范："君子喻于义，小人喻于利"，"君子和而不同，小人同而不和"①，如此等等。从此，人人皆可成君子，而成为君子就是中国人做人的理想。可以说，传统社会之正常运转，端赖于君子教育体系之存在。

"君子"一词在《论语》里出现了100多次，是使用频率很高的一个核心概念，由此足见孔子对君子人格的百般钟爱和悉心打造。冯友兰曾说，孔子一辈子思考的问题很广泛，其中最根本、最突出的就是对如何"做人"的反思，就是为人的生存寻求精神上的安身立命之地。如果说，孔子思想的核心是探求如何立身处世，即如何"做人"，那么他苦苦求索的结果，或者说最终给出的答案，就是做人要做君子。

君子作为孔子心目中的崇德向善之人格，既理想又现实，既尊贵又亲切，既高尚又平凡，是可见、可感，又可学、可做，并应学、应做的人格范式。难怪辜鸿铭曾断言，孔子的全部哲学体系和道德教诲可以归纳为一句话，即"君子之道"。孔子作为伟大的思想家与教育家，确信文化教养能够提升人的品质，改善社会风气。儒学的价值就是培育具有这种文化教养的人（君子），再通过君子的言行与修为引领社会风尚。

君子之德遍及为人处世的各个方面。概而言之，即为仁、义、礼、智、信五项内容。君子依"仁"。儒家"仁"的本质含义就是要尊重人、爱人，人与人之间应和谐相处。如何使自己成为仁者，孔子的答案就是"克己复礼"。这里的"克己"即克制和超越自己的生理本能、个体感性欲望；"复礼"即按照社会典章制度和伦理原则行事，做到在视、听、言、动诸方面皆合于礼。在解决分歧、冲突、矛盾时，要做到"礼之用，和为贵"。孔子认为，"仁"不仅要求人要自律、自勉，还表现在人与人的关系上，主张与人为善，成人之美，多为别人着想。"己所不欲，勿施于人"，"己欲立而立人，己欲达而达人"，就是儒家所倡导的推己及人的忠恕之道。忠恕之道的推行，以个人的道德自觉作为保证，以个人忠信的品质作为基础。实现了忠恕之道，也就实现了对他人的爱。推广到

---

① 杨伯峻.论语译注[M].2版.北京：中华书局，2018：200.

整个民族群体，主张"天下为一家"，为群己关系的融洽，为国家民族的稳定提供了重要的理论指导。

君子秉"义"。如果说"仁"体现了一种道德情感，那么"义"则表达了一种道德判断力、一种理性，二者的结合就是道德意识。用韦伯的观点解释，我们可以把它们视为"价值理性"。"义"就是恰到好处的意思，再通俗地讲，就是合情、合理、合法。"尊贤为大"就是在社会上我们推崇什么样的人，什么样的人就会成为榜样。"贤"可以是人，可以是事，可以是一种思想，可以是一种价值取向。"义"是一种观念形式的规范，一个人在社会里行事为人，有他应该遵行的义务和应该做的事情，而这些义务的本质便是爱人，即"仁"。一个人必须要有仁爱之心，才能完成其社会责任和义务。人们在内化了某种道德规范后，产生对这种道德规范正确的信仰，从而自觉指导其行动。用日常生活中的语言说，就是：我做一件事，不是为了给别人看，不是因为别人希望我这样做，而是我愿意做，我自己认为我做得对，符合我的道德准则。而对这个道德准则的判断能力和实施的勇气就属于"义"的范畴。"为人谋而不忠乎？"日日自问以自省。"事君能致其身"，奉献自身为主上谋事。同时，他还耻于"见义不为"的行径，不"谄"而好"勇"，见义必为。在孔子看来，"义"是君子的本质规定："君子义以为质，礼以行之，孙以出之，信以成之。君子哉！"[①]这说明一个真正的君子，是优秀道德品质的集合体，"义"是根本，表现在外面的行为是"礼"，有高度的文化修养；然后是态度，非常谦逊、不自满、不骄傲；最后是诚信，对人对事，处之有信，言而有信，自信而信他人。在孔子看来，"义"是区分君子与小人的标准。如果说，君子是孔子崇尚的人格，那么，小人则是孔子反对的人格，"近之则不孙，远之则怨"[②]。

君子守"礼"。"礼"，原指古人祭祀仪式，表现了对上天和祖宗的尊敬，也体现了人间的等级和尊卑。孔子将"礼"从宗教范畴推广到人间，成为人文世界的行为规范。它不仅是等级社会的外在形式，而且与人的内在理性——"仁"结合在一起，使"礼"的实践成为人的内发行为，达到自我控制的地步。君子"富而好礼"，不以自身之贵而欺侮下位之人，依礼而行来处理人际关系。与人交往"同而不比"，照顾周全而不会顾此失彼，能够身在下位而不卑不亢，事上

---

① 杨伯峻.论语译注[M].北京:中华书局,2006:187.

② 杨伯峻.论语译注[M].北京:中华书局,2006:214.

以礼而"远耻辱"。做事能够以礼求和、以和为贵、一团和气，自然事事皆美。

君子怀"智"。君子不求自身之安乐、勤苦好学、学而有方、敏思精进，自然智达而知天下。"知者不惑"，没有什么事情能难倒他。

君子有"信"。"信"有两层含义：一是受人信任，二是对人有信用。人生活在群体中，与人相处，得到别人的信任十分重要。信任又是相互的，要得到别人的信任，首先就要自己讲信用。孔子把忠与信并提，认为忠信是做人的基本要求。《论语》中多处讲到这一思想，如"曾子曰：'吾日三省吾身——为人谋而不忠乎？与朋友交而不信乎？传不习乎？'"就是把忠信作为修养的基本内容，要求个体每天检查反省，看自己是不是做到了忠信。有人问孔子如何治国，孔子说要做到三点，分别是："足食""足兵""民信"。当这三者不能同时具备时，他说可以"去食""去兵"，唯独不能失信。他解释"信"时说："信则人任也。"只有讲信用，人们才会信任你。因此，无论交友还是做事乃至治国理政都必须言出必行、恪守信用。孔子十分看重"信"，他说："人而无信，不知其可也。大车无輗，小车无軏，其何以行之哉？"①孔子也说过君子能够"先行其言而后从之"②，就是要力求避免言而不能行的失信情况，足见"信"对于君子人格的重要性。孔子以后，后世儒家又发展了这一思想，把"信"与"诚"相连，称"诚信"，诚就是实的意思，就是真实、实在，没有虚假。"诚"在"信"之前，可见，只有先"诚"，才能"信"，没有心之诚在前，就没有信之行在后。"诚"是表现在内，不欺己；"信"是表现在外，不欺人。《大学》说："欲正其心者，先诚其意。"能怀赤诚之心、秉真诚之意，方能遵循光明之理、奉行正义之事。《中庸》则明确指出："诚者，天之道也；诚之者，人之道也。"从天道诚信来进一步说明人必须诚信的道理。天道，就是自然之道，天地之间，日月星辰的运行，春夏秋冬的交替，自然万物的生长繁息，都是真实、实在的，没有丝毫虚妄；事实上，虚妄的东西在自然中不能存在。所以说，诚是"天之道"。既然自然之道真实无妄，人也就应该如此，也应该真实无妄。所以有"思诚者，人之道"之说，这样就深刻地说明了人为什么必须讲求诚信的道理。

儒家学说所阐扬的仁、义、礼、智、信以及忠、孝、廉、悌等众多为人处世的伦理规范或者说美好品德，最终都聚集、沉淀和升华到"君子"身上。孔

---

① 杨伯峻.论语译注[M].北京:中华书局,2006:22.

② 杨伯峻.论语译注[M].北京:中华书局,2006:18.

子被尊为"万世师表",被誉为高于历代帝王的"素王",最能体现其思想情怀和豪迈气质的人格形象,或者说真正让他自觉内化于心、外化于行的人格模式,就是"君子"人格。这种"君子"人格在中华文化奔腾不息的历史长河中,受到上至历代政治家、思想家及文人士大夫,下至社会各阶层人士包括普通百姓的广泛认同。君子虽不贪求功名,但以兼济天下、泽被苍生为己任,因其超凡之内圣修为,自然而然便会身居上位。君子以德治政,治政重在教民,宣扬纯正无邪的思想,使民"思无邪",引导万民齐心向善。君子重"临之以庄""孝慈""举善而教不能",从而使民"敬、忠以劝"。这便是君子懿德懿行感化民众,辅之以教化之功。这大概就是德政的最精华处:以德化民,不伤君意、民心。君子尚德化,轻刑罚,重信爱民,如此教化民众,自然能实现济天下之壮志。君子知人善任,识人之法有:"视其所以,观其所由,察其所安。"①通过对人做全面的分析、观察,从而能够彻底了解所用之人。孔子说:"不患人之不己知,患不知人也。"②就是强调要能够知人而善任,通过对所用之人的全面考察,做到"举直错诸枉",亲贤远佞,因而能使民心服。如此贤能者居其位而谋事,事功自然易成。

君子之所以为君子,就在于其将仁(孝)、义、礼、智、信视为自己必备之德目,并且用自身言行来将此五德演绎得恰到好处。君子之德成,虽无劳神费心、殚精竭虑之刻意追求,却能处处彰显超凡脱俗的人格魅力。至此之时,君子便具备了内圣的修为,而外王之事功自然水到渠成,浑然天成。

儒家认为君子的人格理想是修身、齐家、治国、平天下。要求一个人从自我德行修养出发,做一个有仁德、知礼义的品行高尚之人,做一个有健全人格的人,做一个有思想和社会担当的仁人志士。孔子在《论语·里仁》中提道:"君子怀德,小人怀土;君子怀刑,小人怀惠"③,"君子喻于义,小人喻于利","君子上达,小人下达"④。君子向上追求,追求的是仁义;小人的目光是向下看的,看重的是财利,这就是君子和小人的区别。

"君子和而不同,小人同而不和。""和而不同"的意思是,君子相交,有容人的雅量与坚持己见的操守,互相取长补短,不趋炎附势,不与黑暗势力同流

---

① 杨伯峻.论语译注[M].北京:中华书局,2006:17.
② 杨伯峻.论语译注[M].北京:中华书局,2006:10.
③ 杨伯峻.论语译注[M].北京:中华书局,2006:41.
④ 杨伯峻.论语译注[M].北京:中华书局,2006:173.

合污。小人相交，只顾眼前利益，蝇营狗苟，依附强权，各怀损他利己之鬼胎，表面上强求一致，转过身来就互相攻击，故同而不和。"君子之交淡如水，小人之交甘若醴"的意思是，君子不追求同，不会要求别人跟自己一样，各自保持自己的特点。对待朋友，是倾听和尊重的态度，是一种纯净的不夹杂任何功利色彩的交往，所以看起来平淡如水，实则是一种心灵的相通。

"君子矜而不争，群而不党。"①这是说君子内心非常庄重，与人和睦相处，不拉帮结派、牟取私利，而小人总与君子相反。孔子将事事苟同、不讲道德原则的人称为"乡愿"，他批评乡愿是"德之贼也"，指出小人、伪君子定然是众人所唾弃的。孔子这样判断一个人的德行：不以众人的好恶为依据，应以善恶道德标准为依据。君子对于大是大非的原则问题在任何时候都是不会妥协的。

君子光明磊落，不忧不惧，胸襟永远是光风霁月，像春风吹拂般清爽和畅；像秋月挥洒般皎洁光华。内心保持这样的境界，与人为善，所以"坦荡荡"。小人呢？总是患得患失，不是觉得别人对不起自己，就是觉得某件事对自己不利，忙于算计，受各种利欲所驱使，经常陷入忧惧之中，所以总是"长戚戚"。

"君子求诸己"。就是说君子严格要求自己，宽容别人，遇到矛盾时君子从自己身上找原因，能"内省不疚"，"过则勿惮改"，能够不断反省，通过修身完善自我修养，砥砺自己的品格。"小人求诸人"。小人苛求别人，放任自己，并常常违反礼义。小人有错总要推诸他人或文过饰非，无法面对自己的缺失。

"君子成人之美，不成人之恶。小人反是。"②君子成全别人的好事，不促成别人的坏事，而小人则正好相反。作为君子，会设身处地为别人着想，"己所不欲、勿施于人"，"己欲立而立人，己欲达而达人"。君子严己宽人，只有能真正节制自己才能以仁德的胸怀面对世事，才能够达到关爱他人、关爱生命、关爱天地万物的境界，而成就"博施于民而能济众"的仁爱，成为"内圣外王"理想的践行者。君子的意志不仅是无所畏惧的勇敢，而且有承担重任的坚毅，"可以托六尺之孤，可以寄百里之命，临大节而不可夺也"③，除邪扶正，济世安民，一切行为以能彰显伦理道德及作为人民表率为目标，是道义的实践者和克己的典范。而小人则只顾眼前利益，喜欢勾结谋私，为满足个人私欲而不择

① 杨伯峻.论语译注[M].北京:中华书局,2006:187.
② 杨伯峻.论语译注[M].北京:中华书局,2006:145.
③ 杨伯峻.论语译注[M].北京:中华书局,2006:92.

手段。

"君子之德风，小人之德草。草上之风，必偃。"①君子的德行好比是风，小人的品行好比是草，风在草上刮过，草必定向一边倒去。孔子认为君子有教化百姓的社会职责，是肩负社会重任的中坚力量，以经世济民的功业为抱负。这种担当精神，也就是儒家人格中一贯倡导的"以天下为己任"。

一个真正的君子，必然是具有高尚精神追求的人。孔子说，"朝闻道，夕死可矣"，"君子谋道不谋食"，"忧道不忧贫"。他称赞学生颜回："贤哉，回也！一箪食，一瓢饮，在陋巷，人不堪其忧，回也不改其乐。"②孔子自己也是这样："饭疏食饮水，曲肱而枕之，乐亦在其中矣。"③对于品德高尚的君子来说，快乐不在于物质享受，而在于精神境界的追求，在于融于道的心灵深处的快乐。君子能够安贫乐道。

"君子食无求饱，居无求安，敏于事而慎于言，就有道而正焉，可谓好学也已"④，"君子欲讷于言而敏于行"，"君子耻其言而过其行"。《论语》中的这些论述，无不鲜明体现出儒家乃至整个中华传统文化洋溢着的"实用理性"精神。这种重行动、轻言词，重实践、轻思辨的观念，使历代士大夫和知识分子都不把仁、义、礼、智、信及忠、孝、廉、悌等只是作为一种理论或学术来探讨，而是作为一种值得遵循并应该遵循的伦理规范推向社会、推向大众。其结果就是要在全社会尽可能多地培育和塑造君子人格，并以其为引导、带动各阶层大兴君子文化、大倡君子之风、大行君子之道。

《周易》有言："天行健，君子以自强不息；地势坤，君子以厚德载物。"儒家标出君子作为理想人格的化身，传统文化将人们所具有的一切美德都赋予了君子，教人们做君子莫做小人，使人思考人性与良知的尊严价值，谦卑地永远追求真理。君子成为历代特别崇尚的楷模，历史上有无数仁人志士、正人君子坚守着道义和节操。

孔子把人的质性品相分为中行、狂者、狷者、乡愿四个层次。他最不能容忍的是"乡愿"，称之为"德之贼"，即正义与德行的败坏者和虐害者。"乡愿"的特征，是"同乎流俗，合乎污世，居之似忠信，行之似廉絜"，总之是"阉然

---

① 杨伯峻.论语译注[M].北京:中华书局,2006:145.

② 杨伯峻.论语译注[M].北京:中华书局,2006:65.

③ 杨伯峻.论语译注[M].北京:中华书局,2006:80.

④ 杨伯峻.论语译注[M].北京:中华书局,2006:9.

媚于世也者"①。以现实作为参照,"乡愿"显然是小人具有的属性,君子则反"乡愿"。孔子所以深恶"乡愿",在于"乡愿"具有"似是而非"的诡异之貌。正如孟子引孔子的话说,"恶似而非者……恶乡原,恐其乱德也"②。

孔子说:"不得中行而与之,必也狂狷乎!狂者进取,狷者有所不为也。"③我认为,在春秋时期,孔子的这一思想,具有革新的甚至革命的意义。本来孔子在人的质性品格的取向上,主张以中道为期许,以中庸为常行,以中立为强矫,以中行为至道。但他的这一思想,在他所生活的春秋时期并不行于时。相传为孔子的孙子子思所作的《中庸》,频繁引录孔子的原话,一则曰:中庸是很高的思想境界,一般的人很难做到,即使做到,也难以持久。二则曰:很多人都认为自己聪明,可是如果选择中庸作为人生的信条,大约连一个月也坚持不了。所以,孔子非常失望地承认:"道之不行也,我知之矣。"尽管如此,孔子仍然不愿放弃中庸理念所包含的人生价值和人生理想,认为"依乎中庸",是君子必须具备的品格,即使"遁世不见知",也不应后悔。

然则,什么样的人有可能达至中庸的品格呢?孔子说,唯圣者能之。这样一来,无形中提高了能够躬行中庸之道的人群的层级,不仅社会上的普通人,甚至道德修为可圈可点的"君子"也难达到此一境界。孔子失望之余的一线期许是,看来只有圣人才能做到"依乎中庸"。然而"圣人,吾不得而见之矣;得见君子者,斯可矣"④。这等于说,在孔子的眼里,现实中并没有"圣人",能够见到"君子",已经很不错了。结果,如此美妙的中庸之道,在人间竟成为没有人能够践履的期许。

正是在此种情况下,孔子提出了打破原来宗旨的新的人的质性建构方案:"不得中行而与之,必也狂狷乎!"⑤中庸不能实现,中行不得而遇,只好寄望于"狂狷"。"狂者"是一种精神,"狷者"是一种气度。"狂者"精神的特点是勇于进取,行为比一般人超前;"狷者"气度的特点,是守住自己,不随大流,不人云亦云。"狂者"和"狷者"的共同特征是独行自立,富于创造精神。

如果对"狂者"和"狷者"试作现代分析,则"狂者"所体现的,更多的

①杨伯峻.孟子译注:简体字本[M].北京:中华书局,2015:270.
②杨伯峻.孟子译注:简体字本[M].北京:中华书局,2015:270.
③杨伯峻.论语译注[M].北京:中华书局,2006:158.
④杨伯峻.论语译注[M].北京:中华书局,2006:83.
⑤杨伯峻.论语译注[M].北京:中华书局,2006:158.

是意志的自由，"狷者"所代表的，更多是意志的独立。尽管求之学理，独立是自由的根基，自由是独立的延伸，两者无法截然分开。其实，通过对"狂狷"在中国历史上各朝各代呈现状况所做的梳理发现，凡是"狂者精神"和"狷者气度"得以张扬发抒的历史时刻，大都是中国历史上创造力喷涌、人才辈出、艺术与人文的精神成果集中的时代。而一旦"狂者"敛声，"狷者"避席，社会将陷于沉闷，士失其精彩，知识人和文化人的创造力因受到束缚而不得发挥。"狂者"和"狷者"，对思想革新和社会进步所起的作用，犹如大地之于翱翔天空的雄鹰，大海之于涛头的弄潮儿，绝非其他选项所能比拟。人类文化人格的精彩，其要义就在于不"媚于世"。中国现代史学大师陈寅恪说："士之读书治学，盖将以脱心志于俗谛之桎梏，真理因得以发扬。"就是这个意思。所谓"媚于世"，就是通常所说的"曲学阿世"，乃是学问人生的大忌、大桎梏也。

如果一个社会的"狂者"精神和"狷者"气度成了稀罕物，也就是人的主体意志的自由受到束缚，那么这个社会的创新机制将大大削弱。但"狂者"和"狷者"如果完全置中行之道于不顾，也会迷失方向。人的质性的四品取向中，哪一项质性最有资格充当对"狂狷"进行"裁之"的大法官呢？是为中道。正是在这个意义层面上，中庸、中道、中行，可以成为节制狂狷的垂范圣道。它可以发出天籁之音，警示在陷阱边冥行的人们：左右都有悬崖，前行莫陷渠沟。其实，宇宙人生的至道，都是可参可悟而不可躬行的绝对。然而，中行如果没有"狂者"的风起云涌和"狷者"的特立独行作为比照和激励，更容易与"乡愿"同流合污于不知不觉中。

孔子塑造的君子人格，伴随《论语》的流传而走入人们的心灵，可谓振臂一呼，八方响应。儒家学派的后继者孟子、荀子等，对君子人格张扬申说并竭力推崇自不待言。孟子笔下"立天下之正位"，"行天下之大道"的"大丈夫"的行为标准是："得志，与民由之；不得志，独行其道。富贵不能淫，贫贱不能移，威武不能屈……"①这种任道精神和崇高人格就是君子人格和君子风范，曾激励了我国历史上无数的志士仁人。荀子的"权利不能倾，群众不能移，天下不能荡"的"成人"标准，其实也就是君子品格的具体表现。至于被誉为"群经之首"的《周易》，更是对君子人格推崇备至。其中广为人知的名句"天行健，君子以自强不息；地势坤，君子以厚德载物"，是对君子形象的生动描绘，

---

① 杨伯峻.孟子译注:简体字本[M].北京:中华书局,2015:105.

也被认为是对中华民族精神的集中概括。

不屈从、不苟合、刚正不阿、清醒处世，这基本上就是传统儒家对待政治权势的正面态度与做人的基本原则。儒家之义，既是主体品格又是行为品格，能够在任何情况下把道德的价值原则与行为实践统一起来，从而使得儒家的伦理道德思想历久弥新，成为影响中国人道德修养和性格品质的主导力量，塑造了一批批"忧国忧民"的忠臣，"事亲敬长"的孝子和"文质彬彬"的君子。人们的社会伦理道德实践虽然丰富多彩，但万变不离其宗，就是要做一位有情、有义、有道德的君子！

君子文化讲求知与行的交融统一，主张将道德完善落实到具体的行为过程中，它所倡导的仁爱正义、诚实守信、与人为善、扶危济困的互助理念和关爱精神，对于当代社会爱岗敬业、诚实守信、服务群众、奉献社会、遵纪守法、助人为乐、尊老爱幼、邻里团结等社会公德、家庭道德和个人道德的建设，对于良好、有序的社会风尚形成，以及和谐的人际关系改善，都具有重要的现实意义。人到底要成为一个什么样的人，是他自己决定的。所以，孔子说："克己复礼为仁。"还说："为仁由己，而由人乎哉？"孔子曾经这么乐观地讲："仁远乎哉？我欲仁，斯仁至矣。"[①]"仁"离我们人很远吗？我想要成为一个仁者，经由我的努力，我就可以获得"仁"，这是对人的心的正面的肯定。儒家认为，人的"心"要时时保持一种觉醒的状态。那么，什么叫觉醒呢？就是你的心不会被各种外在的力量所牵扯，而使你做自己的主人。儒家所谓的君子，就是能够做自己主人的人。

（三）"士"教育目标的转化

《说文解字》中说："士，事也。""士"就是做事的人。早在西周时期，周王朝的社会等级中，有天子、诸侯、卿大夫、士各等级。"士"属于贵族中的最低等级，其主要任务就是给天子、诸侯、卿大夫当家臣，有武士、文士，他们是靠知识和技能谋生的专业人士。虽然，"士"是贵族阶层中的最低等级，但地位高于农民和工商业者，社会排序为"士、农、工、商"。"士"是中国知识分子的前身。"子贡问曰：'何如斯可谓之士矣？'子曰：'行己有耻，使于四方，

---

① 杨伯峻.论语译注[M].北京:中华书局,2006:85.

不辱君命，可谓士矣。'"①可见，"士"作为一种人格，其范围较广，在孔子看来，"士"更多的是就个人的品德和责任担当而言，正如曾子所说："士不可以不弘毅，任重而道远。仁以为己任，不亦重乎？死而后已，不亦远乎？"②强调的也是担当精神。

何谓"士"？孟子说："无恒产而有恒心者，惟士为能。"③"恒心"者何？是为道也，即仁义也。故王子垫问"士"是干什么的，孟子回答说："尚志。"又问何为"志"？孟子说："仁义而已矣。"孔子概括人生的基本目标为"志于道，据于德，依于仁，游于艺"④，亦是斯义。孔子又说："士志于道，而耻恶衣恶食者，未足与议也。"⑤则是直接提出，士的追求目标必须与知耻联系在一起。士人有廉耻，斯天下有风俗。风俗之所以每况愈下，其源起于士人之寡廉鲜耻。有耻则砥德砺行，顾惜名节，一切非礼非义之事，自羞而不为。难怪孟子直言："人不可以无耻，无耻之耻，无耻矣。"⑥可见，知耻是士人的立身之本。

"士"是做事的家臣，那么，"士"忠于主人、做事讲信誉不就够了吗？孔子讲的"主忠信"，以忠信为主，非常符合"士"阶层的社会定位。但是，我们看到，儒家赋予"士"一种坚忍而壮美的形象。以"天下归仁"为自己的任务，不是很重大吗？"仁"的根本内涵就是爱人。"仁"的社会理想，就是建立一个以"爱"为价值中枢的社会秩序，建立人与人相亲相爱的社会伦理和制度。超越了"士"原本的家臣定位，而是"仁以为己任"。目标是"仁"，是"仁政"，是天下归仁。"士"的根本目标，不是忠信于主人、侍奉主人、迎合主人，而是要推进天下归仁这样的社会理想。这样，儒家就重新定位了"士"阶层的价值取向，"士"应当是"以仁为己任"的。"士"就是应当忠于"仁"的社会理想、具有忠信品格的优秀专业人才。确立了"士"阶层必须"仁以为己任"这样的价值目标，自然就确立了"士"的善、恶、是、非标准。如果君主为政不仁，"士"阶层就不能去忠信于这样的君主。如果贵族卿大夫无恶不做，"士"阶层

① 杨伯峻.论语译注[M].北京:中华书局,2006:157.
② 杨伯峻.论语译注[M].北京:中华书局,2006:92.
③ 杨伯峻.孟子译注:简体字本[M].北京:中华书局,2015:13.
④ 杨伯峻.论语译注[M].北京:中华书局,2006:76.
⑤ 杨伯峻.论语译注[M].北京:中华书局,2006:40.
⑥ 杨伯峻.孟子译注:简体字本[M].北京:中华书局,2015:235.

就不能去忠信于这样的贵族士大夫。

儒家的"士"秉持着自己的价值准则，是为了理想价值而行动的独立个体。一个人精神独立的前提，是因为他真诚地拥有社会理想，积极为理想而奋斗，而不是为领导者而奋斗。拥有价值准则，坚持做正确的事，这是一个人自尊的前提。

社会的转型意味着人格的转型，传统社会和工业社会是以竞争为生存标志的社会阶段，这往往易于造就依附性人格，依附性人格其实极易转变为双重人格，这就是为了谋取私利，又不便于明说，于是往往拉大旗作虎皮，说一套做一套；或是在权威统治下，总是言不由衷，以求自保。由此，双重人格成了某些人的选择，进而影响到社会风气，轻则见风使舵，苟且偷生，重则说假话以隐藏自己的私心杂念。人性的幽暗、理性的遮蔽和为人行事的虚伪，成为此类人格者的必然表现。今天，儒家所倡导的道德观、人格观逐渐被一种新的、更合乎人性的、更能对我们的全部生命活动提供必要支持和积极指导的价值观和道德规范所取代，而这正是我们寄以希望并大力倡导的社会主义核心价值体系和公民基本道德规范。

现代公民人格可体现在个人的行为规范、价值观念、个性气质、心态情绪等方面。现代人的行为不再是宗教伦理通行规则指导下的循规蹈矩，而是基于合法利益的理性思考主导下的自由选择；现代人的价值观不再是由抽象精神理念决定的固化的理想价值目标，而是基于需要层次的合乎人性、尊重自我需求的现实的价值序列；现代人不再是淹没在群体中面目模糊的微不足道的惯于妥协、退让的草民，而是个性鲜明多样、积极主动的个体；现代人的心理结构和情感模式也发生了变化，他们更开放、自然、表里一致、自在、从容。

生命的魅力在于其丰富性和可能性。生命的丰富性，在于其存在方式的千姿百态，在于其思想价值的多元共存，在于其语言文化的各尽其妙，在于其色、声、味的各尽其美，不一而足。而生命的可能性，则在于个体成长永远会给未来以不可预测的精彩。生命的高贵，在于其人格。正如帕斯卡尔所言，人是会思想的苇草。思想是生命的维度，更是生命的高贵存在，它寓于语言与文化之中。人类拥有语言，意味着人生下来就汇入了人类生命的历史记忆之中；人类拥有精神，意味着他一生都在构建生命的意义时空；而人类有爱，意味着我们得以超越国界、种族、宗教乃至生死而成为一个命运共同体。生命的这些高贵之处，决定了我们的教育辞典里永远没有画地为牢、故步自封，永远没有老死不相往来的孤立与对垒，相反，它必然以最开放的胸襟去吸纳人类最优秀的文化成果，去对话世间所有的真、善、美，去以心灵的健美敞向崇高。

人类的历史已经证明：人类社会的发展往往决定于人自身，决定于人的理性水平。同样，一个国家、一个民族的生存发展，也往往取决于国民的素质与国民的理性水平。现代国民素质提升的核心内容无疑应为公民素质，这在经历数千年传统社会的中国更应是重中之重，也是难中之难。现阶段的公民素质提升的教育或曰公民教育，除了一些知识性的教育外，最为关键的当属独立人格的培养，这是一种品性的养成，也可以说是一种理性的提升。

随着网络技术的发展，人类已经进入了网络社会。网络技术与信息将对经济、政治与文化发生全方位的深刻影响，这是从宏观的社会层面而言。而从微观的人的日常生活来看，随着电脑的普及，快捷的网络正成为人们现代生活的依赖工具：人们将从网上获取从物质到精神生活的各类信息，在网上处理从专业工作到家庭生活安排的一切事务，在网上与人聊天、讨论，在网上娱乐、游戏、看电影……可以说，网络技术与网络信息彻底改变了人类的生存与生活方式，这其中最大的一个变化则是人与人的交往方式的变化，人的自我认同的变化。对于青少年的成长与教育而言，如果网络能提供给新一代人感兴趣并有助于其健康成长的信息，那么人们就无须担忧；但如果提供的是不利于新一代人健康成长或是新一代人不感兴趣的信息，那么优良传统的绵延、文化的积累与传承就将面临严峻的考验。让网络成为人类文明传承的主渠道，应是办网人和用网人的共识，也是网络存在的理由。

今天，网络已经完全融入了社会生活特别是青少年的日常生活，正在成为青少年生活的一部分。网络的使用可以是单向的，也可以是双向的，这就决定了网络使用的参与互动性。现今，无论是家庭琐事还是国家大事，人们都可在网上发表自己的见解，见智见仁，争执、探讨，各抒己见，或抨击或褒奖，体现了相当的民主自由。只要说得在理，就能获得一片喝彩声，反之，则遭贬斥，这就在一定程度上推动了上网人的理性思考。在网上交流可以匿名，亦无人监管，在交流对话乃至行为中，人们可以通过他人的评价来认识自我，通过自我的评价来对自己的认识与行为进行纠正与改善，这也就是所谓的自我教育。从积极的方面看，这是一种内生的自律性较强的自我约束与完善；从消极的方面看，这种自我完善缺少必要的硬性的监督与奖惩，其成效令人堪忧。但是，网络毕竟为我们提供了一个培养现代公民极其需要的自下而上的自我教育的抓手和通道，只有优化网络环境，加大监管力度，才能尽可能地发挥其积极性，抵制其消极性。

在物质文明、政治文明、精神文明共同进步的过程中，现代公民人格建构及其教育的重要性将会越来越明显。科技的不断进步、人的社会关系的不断丰富将使每个社会成员更加充分地获得个性自由和人格的发展；而另一方面，只有人格健全、全面发展的人，才能驾驭生产力、科学技术和交往形式的巨大进步；只有人格健全的个人才能占有日益提高的生产力和日益丰富的文化。中国现代公民人格建构——使每个公民成为自由、全面发展的人，是构建社会主义和谐社会的出发点和归宿，也是现代化建设的现实行动纲领。

二、传统儒家人格教育内容的当代转化

传统儒家人格教育目标的当代转化让我们明确了方向，具有目的论意义，传统儒家人格教育思想的一些具体内容该如何进行当代转化，传统儒家人格教育思想资源转化的背景何在，有哪些内容需要转化？

首先是回应全球化潮流冲击的现实需要。全球化早已突破经济范围的全球控制，带来的是政治领域、军事领域、生态领域乃至思想领域的全球化。全球化给各个国家的各行各业带来冲击的同时，也给人类带来了竞争与合作、机遇与挑战、融合和冲突。全球化给中国和中国特色社会主义事业带来机遇的同时，也给中国人民的思维方式和价值观念带来了一定的冲击。在全球化潮流中，国外思想文化带来了崇洋媚外、享乐主义、个人主义等价值观念和思想错乱的负面影响，中华民族能否保持自身的民族特色和文化特色关系到中国的生存与发展，而这都与中华民族的民族精神和独立人格紧密相连。传统儒家人格教育思想资源在中国特色社会主义实践中要进行现代转化，要在保持中华民族的自主性、独特性、奋进性的精神品质的同时，让我们不落后于全球化融合趋势的必然选择。在这个过程与选择中，传统儒家人格教育思想资源会超越历史和时代条件限制获得生生不息的生命力，中华民族的民族性也会在全球化潮流中不断得到加强。

其次是社会主义精神文明建设的必然要求。党的十九大再次把社会主义精神文明建设摆到一个新的高度，提出社会主义事业要"创新、协调、绿色、全面、共享"发展，其中协调发展就要求社会主义物质文明与精神文明并重发展。社会主义精神文明建设是中国特色社会主义事业的重要建设部分，是中国特色社会主义"软实力"建设的重点和难点。传统儒家人格教育思想资源作为中华民族跨越时代与历史沉积的优良传统，必然要在中国特色社会主义实践中实现现代转化，才能增强中国特色社会主义"软实力"，为社会主义精神文明建设补充后劲。自强不息的民族精神是民族文化的重要组成部分，中华民族要实现民族文化的与时偕行就要融入自强不息的精神品质。这样，在弘扬和培育自强不息的民族精神基础上，可以起到加强中国特色社会主义文化建设的作用，进而完成社会主义精神文明建设的重要任务。

最后是实现中华民族伟大复兴的"中国梦"的使命担当。党的十八大以来，以习近平同志为领导核心的新一代领导集体，以高超的政治智慧和宏大的视野结合中国特色社会主义实践提出了"中国梦"，即"实现中华民族的伟大复兴，就是中华民族近代以来最伟大的梦想"，"国家好，民族好，大家才会好。实现中华民族伟大复兴是一项光荣而艰巨的事业，需要一代又一代中国人共同为之努力"。自强不息的民族精神在民族生死存亡时刻发挥了重要作用，在和平的时代条件下更要起到重要作用。当前，我们面临的是更为复杂、艰巨的国际国内环境和更难解决的利益矛盾、冲突。为了提高人民的生活水平和幸福指数，党和政府提出了到2020年全面建成小康社会的奋斗目标。要实现经济、政治、文化、生态等领域的全面、协调发展，法律是支撑和保障，所以党提出全面依法治国战略。中国共产党的领导是实现"中国梦"的必要条件，面对党内出现的极个别纪律涣散等"四风"问题，要"严"字当头，全面从严治党，才能保持党的凝聚力。面对这些目标、任务，中国人要有"天下为己任"的家国天下情怀，也要在中国特色社会主义实践之中发扬发奋图强、刚毅进取、知难而进、百折不挠、求真务实的精神，也就是要发挥自强不息民族精神的内涵。

（一）"仁民爱物"教育内容的转化

1．"仁民爱物"的具体内涵

"仁"在《尚书》《诗经》里出现过，主要是指人的一种美德。孔子在此基础上，把"仁"上升到哲学高度，构建了以"仁"为核心的仁学思想体系①，"用以解释人类社会各种关系中理想的价值取向"②。

何为"仁"？简单的解释是爱人，详细的解释是孔子回答颜渊问"仁"："克己复礼为仁。一日克己复礼，天下归仁焉。为仁由己，而由人乎哉？"颜渊曰："请问其目。"子曰："非礼勿视，非礼勿听，非礼勿言，非礼勿动。"在儒家看来，"仁"就是人性光辉的体现。儒家学派从孔子开始，后继者均以"仁"或"仁爱"作为最核心的价值观念。孔子讲"仁者爱人"，"克己复礼为仁"；孟子说，"仁者，人也"，真正的人就是有仁德的人，孟子还讲"仁，人心也"，"道二，仁与不仁而已矣"；荀子也主张"王者先仁而后礼"。可见，在孔、孟、荀那里，"仁"是最核心的价值观念，是普世性道德。

孔子认为他最好的学生颜渊是在日常生活中表现"仁"的最佳典范，因为他"不迁怒，不贰过"，"三月不违仁"。"仁"的价值是所有其他价值的基础和前提。如果没有"仁"，"义"可能变成苛律，无人情可言；没有"仁"，"礼"是形式主义；没有"仁"，"勇"是匹夫之勇；没有"仁"，"智"是小聪明，而非大智慧；没有"仁"，"信"是虚伪的。忠、孝、悌、温、良、恭、俭、让，也都以"仁"为基础。每个人在不同环境中，都要尽量遵守各自所扮演的角色要求。所谓君君臣臣、父父子子，就是君要行君道，臣要行臣道，父要行父道，子要行子道，也即君义臣忠、父慈子孝，只有人人各行其道，各安其所，社会才能和谐。一般而言，人们往往通过诸如"仁者爱人"，"己所不欲，勿施于人"，"己欲立而立人，己欲达而达人"，等等，确认儒学的核心就是处理人与人之间的关系。其实，儒家一直以来非常重视"生态道德"，要求人们"仁民爱物"。"仁民爱物"是孟子首先明确提出的命题，但在孔子的伦理思想中已初露端倪。在孔子的"仁"学思想中，仁者"爱人"，首先着眼于人与人的关系。但是，由于"仁"的本质是爱，也有"爱物"的观念，因而，儒家后学在阐述"仁"时就很自然地把爱物看成是"仁"的应有之义。

孔子在《论语·雍也》中说道："知者乐水，仁者乐山"，就是因为"仁"有爱的天性，使"万物以成，百姓以飨"。人的本性是极复杂的，孔子用"知""仁"来概括，并把其与山水的关联概括为"乐"，体现出山水等这些客观存在

① 单纯.国际儒学联合会.国际儒学研究(第15辑)[M].北京:九州出版社,2007:98.
② 单纯.鸿爪纪学[M].成都:四川大学出版社,2005:62.

的自然物并不外在于人，而是具有人的某些精神属性，或者具有与这些精神属性相类似之处。当然，孔子"仁者爱人"并不主张抽象地看待一切人，在"爱人"与"爱物"之间，就重要性来讲，其基本观点是人伦道德重于生态道德。一个人爱自己的父母、子女的情感甚于其他人。同理，"爱人"重于"爱物"。《论语·乡党》记载："厩焚。子退朝，曰：'伤人乎？'不问马。"①这种爱人爱物有差等的思想，既合实际，又合常理。孔子的"爱有差等"并不否定人的仁爱本性，相反，正是基于对亲情的自然属性的尊重，能近取譬，推己及人，延伸扩展到泛爱众，去实践"仁"的精神。《论语·述而》中的"子钓而不纲，弋不射宿"②，体现出了"爱人"与"爱物"这种人类的社会秩序与自然的生态秩序圆融无碍。这种由人际道德向自然领域的扩展是以道德主体与道德对象即人与自然之间的亲密程度构成的伦理等级体系，尽管随着道德对象范围的逐步扩大，道德关怀的程度也逐渐减弱，但人类道德与生态道德是一个不能割裂的整体。

孟子继承和发展孔子的"仁"学思想，明确提出"仁民而爱物"。《孟子·尽心上》曰："君子之于物也，爱之而弗仁；于民也，仁之而弗亲。亲亲而仁民，仁民而爱物。"③意思是说，君子对于自然万物，爱惜它，但谈不上仁爱；对于百姓，仁爱，但谈不上亲爱。亲爱亲人而仁爱百姓，仁爱百姓而爱惜自然万物。可以看出，孟子的"仁"爱思想由近及远、由人及自然，差异性中包含着普遍性。这不仅继承和发展了孔子"仁者爱人"，"泛爱众而亲仁"的思想，而且批判了墨家"爱无差等"的"兼爱"主张。墨子的"兼爱"思想主张不分远近、亲疏、贵贱的无差等之爱。孟子在与墨者夷之的辩论中，针对外在、一次性的活动与普遍的原则割裂的"爱无差等，施由亲始"，在《孟子·滕文公上》中指出："且天之生物也，使之一本，而夷子二本故也。"④差等之爱是内在条理性的外在展现，在差等之爱中的仁爱是一以贯之的。就是说，儒家的差等之爱只是外在的形式，真正的本质则如《中庸》所说："君子素其位而行，不愿乎其外。"⑤意思是人尽己之性以尽人之性、物之性。

---

① 杨伯峻.论语译注[M].北京:中华书局,2006:120.
② 杨伯峻.论语译注[M].北京:中华书局,2006:83.
③ 杨伯峻.孟子译注:简体字本[M].北京:中华书局,2015:252.
④ 杨伯峻.孟子译注:简体字本[M].北京:中华书局,2015:101.
⑤ 剑楠,崔永晨.四书五经[M].长春:吉林大学出版社,2011:28.

可以说，"仁民爱物"是儒家生态伦理思想的主要内容。其存在的理论依据，在于以"天人同源"为主要内容的"天人合一"理念，与儒家先验道德"仁"的有机结合。其生态伦理属性，在于以"仁""爱"为纽带，联结具有社会属性的"民"与具有自然属性的"物"，将关注的视野由血缘亲疏关系扩大到整个自然界，在价值层面平等地看待人类与万物，进而以人性关怀的"仁""爱"之方为手段，实现人与自然的和谐与统一。《中庸》讲："能尽人之性，则能尽物之性；能尽物之性，则可以赞天地之化育；可以赞天地之化育，则可以与天地参矣。"①你如果能体现人性，就是体现了物性，就真正参与了宇宙大化的创造，是共同创造者；因为我是创造者，所以在宇宙大化中不只是一个观察者、欣赏者。不过，这同时意味着人可能会成为最可怕的破坏者。所以，人要有责任感，不仅对自己、家庭、社会、国家要有责任感，而且要对天地万物负起该负的责任。

2."仁民爱物"转化为"以人为本"

通过分析，可以清楚地看出儒家"仁民爱物"思想之中包含了深刻的以人为本的教育思想，这也是该思想当代转化的方向所在。"仁民爱物"视域下的以人为本需要弄清楚"以什么样的人"和"以人的什么"为本的问题，才能进行创造性转化。我们认为，对"以人为本"中的"人"，可以从以下四个层次来分析：

其一，"以人为本"的命题首先针对的是"以物为本"。在一定意义上，"以人为本"只有相对于"以物为本"才是成立的。因此，"以人为本"中的"人"指的是与"物"相对应的"人"，"以人为本"就是以"与物相对应的人"为本。所以，"以人为本"的最基本要求就是在人与物两者之间把人放在首位。马克思主义强调"人的生命是最宝贵的"，也就是说，与其他一切事物相比较，人是世界上唯一具有智慧和改变世界能力的伟大生命。面对客观存在的物，人具有主体地位，具有改变物质世界的主导作用，提出"以人为本"就是为了重申人对物的主体地位和主导作用。在当代中国，倡导"以人为本"，具有极强的现实意义。当今我们贯彻"以人为本"，首先要改变"见物不见人"的现象，真正按照人的需要来组织生产，使我们的社会以人为中心。

其二，不可否定，"以人为本"中的"人"包含着"普遍的人"的含义：必

---

① 剑楠,崔永晨.四书五经[M].长春:吉林大学出版社,2011:39.

须承认有一般的人的特性的存在，必须承认"人性""人的本质"这些"共性"概念的合理性。这样，"以人为本"就意味着要尊重普遍的"人性"，亦即尊重所有人的生存和所有人的权利。改革开放以来的理论研究，特别是马克思主义理论研究的一个重要成果是明确了人不仅有其特殊性，而且具有普遍性，即人体现了普遍性与特殊性的统一。人是具体的、活生生的、现实的人，但认可人是现实的人并不意味着否定人是普遍的人。因为现实中的人总是既有其个性的一面，又体现着作为"人"的普遍性，从而认可人是现实的人实际上也就认可了人的普遍性。现实的人既有先天的自然性又有后天的社会性：不仅先天的自然性是普遍的，就是后天的社会性也有其普遍的成分。

其三，"以人为本"是领导层首先对自己提出的要求，因此对领导者来说，"以人为本"也就是"以民为本"。在"官"与"民"这对关系中，必须把"民"放在首位。尽管"以人为本"中"人"的含义的外延远比"民"来得广泛，但无疑其主要成分就是"民"。这意味着，"以人为本"就是以人民的利益为"本"，即全心全意地为人民谋利益，"以人为本"中的"人"主要指的是"民"。如果把"以人为本"主要理解成"以民为本"，那么这一命题确实继承了中华文明的精华。但这并不意味着可以得出结论：我们只是把"蒙尘"很久的中国古代的"以民为本"思想挖掘了出来，古为今用而已。正如胡锦涛同志所指出的："现时代中国强调的以人为本……既有着中华文明的深厚根基，又体现了时代发展的进步精神。"①关键在于，今天提出的"以人为本"与古代政治家和思想家强调的"以民为本"，其立足点与出发点有着根本的区别。后者是站在封建统治阶级的立场上，为了维护和巩固封建统治制度，劝说君主和贵族、官吏等统治阶级对被统治的人民发一点"善心"，做一点让步而已，这在一定意义上说只是一种统治策略。而前者则一方面是基于对人民群众是改变世界、推动历史进步和社会发展的主要力量这一事实的基本认识，另一方面是由中国共产党是代表了人民群众的根本利益这一事实所决定的。

其四，仅仅认识人具有共性是不够的，还应在此基础上承认人具有特殊性。包含在"人"这一概念之下的各种人的群体的利益总有不相一致甚至冲突之处。在这种情况下，就存在着"以人为本"究竟是以包含在"人"这一概念之下的

---

① 中共中央文献研究室.十六大以来重要文献选编（下）[M].北京:中央文献出版社，2008:428.

哪一部分的人的群体为"本"的问题。显然，"以人为本"只能以包含在"人"这一概念之下的那些人数最多，同时又处于最底层的人的群体的利益为重。然而，承认不承认人有特殊性，承认不承认"人"这一概念下的不同群体的利益有不相一致之处，不是一个理论问题，而是一个是否面对客观存在的现实问题。在这种情况下，我们必须充分地利用甚至发展资本，但与此同时，我们在贯彻"以人为本"时，不能把资本的拥有者的利益作为人的共同利益加以维护与推崇，而必须首先保护劳动者的权益，也就是说，在保护好劳动者作为人与资本的拥有者的共同利益之外，更多地关注劳动者的利益。

以上从四个层次论述了"以人为本"中"人"的含义；这四个层次是有机的整体，它们相互联系缺一不可。事实上，"以人为本"中的"人"确实具有多层含义。我们只有全面地了解了"以人为本"中"人"的含义，才能全面地贯彻"以人为本"的原则。

对于"以人为本"究竟以"人的什么"为本这一问题，同样可以从四个层次来加以探讨：其一，人都是有需求的，"以人为本"就是要尽力去满足人的需求。但实际上人的需求是全面的、综合性的，所以我们不能以人的某一方面的需求为"本"，而应当以人的全面的需求为"本"。具体地说，我们不能把"以人为本"仅仅理解为去满足人的物欲，而是应当理解为满足人的物质、精神、文化、心理等各方面的需求。人的最现实的存在就是人有需求，不管从哪个角度去分析，需求总是人的最基本的动力，人有需求才会去进行有意义的活动。正因为如此，人们也就很自然地把"以人为本"直接地与如何满足人的需求联系在一起。

问题在于，人的需求究竟是一种什么样的需求呢？如果把"以人为本"理解为"以人的'需求'为本"，那么"需求"的内涵是什么呢？其一，无可非议，人的需求首先是对物质生活资料的需求。如果人只是一种需要物质生活资料，也就是说只满足自己物欲的"经济动物"，那么事情也就简单了，社会只需从这一方面去满足人就可以了，但事实并非如此。人的需求不只是生存需求，还有发展和享受的需求。当人的生存需求得到基本满足以后，人就会产生从事政治、科学、艺术、宗教等等活动的需求。人为了满足自己的生存需求而从事生产劳动，通过生产劳动其生存需求得到满足，而生存需求的满足和满足生存需求的活动又产生新的需求。如果说在人类"最初的社会形态"即自然经济形态中，由于生产力极其低下、社会产品极其匮乏，人的需求只能在一个极其低下的层面上得到满足，也就是说，满足了其物质生活需求就等于满足了其基本的甚至全部的需求，那么当人类进入现代文明社会，生产力空前发展、物质财富相对富裕时，只是满足人们的物质生活方面的需求，人们就会因其他方面的需求得不到满足而感到贫乏、空虚。马克思就是因为资本主义社会不能充分满足人的各方面需求而对其提出了尖锐批评，进而希望建立新的社会即社会主义、共产主义社会，来全面地满足人的物质、精神、文化、心理等各方面的需求。今天我们强调"以人为本"，应当"以人的全面的需求为本"，具有极强的针对性。自20世纪60年代以来，全世界的许多地区特别是西方世界都走上了消费主义的道路。所谓消费主义，就是把物质消费作为生活的宗旨，把对物质生活资料的需求作为人的主要的甚至全部的需求。在消费主义支配下人所满足的需求实际上不是人的真实的需求，而是虚假的需求。所谓"虚假的需求"，是指那些为了某些特殊的社会利益而从外部强加于人的需求。在消费主义的背景下，如果强调"以人为本"，必须以不断满足人的需求作为宗旨，很有可能把那种虚假的需求、片面的物质需求作为主要的甚至是全部的需求加以追求和满足。因此，在当前的中国，把"以人为本"的原则落实到满足人的需求、落实到人的消费行为上时，我们应引导人们全面地、综合地满足自己的多样化的需求。

其二，人总是处在不断的发展之中，所以在一定意义上，"以人为本"就是"以人的发展为本"，"以人为本"实质上就是不断地推动人的发展。但发展有"片面的发展"与"全面的发展"之分，我们不能"以人的片面发展为本"，而只能"以人的全面发展为本"，而且"全面的发展"又与"自由的发展"紧密相连。如此说来，"以人为本"就是实现人的全面和自由的发展。人的全面发展是马克思主义经典作家所设想的未来理想社会的主要特征。马克思对于人的全面发展的要求，包含着要求人的全部特征的发展。具体地说，首先，马克思所说的发展的全面性指的是活动方式的全面发展，即全面发展的个人应当是那种把不同社会职能当作互相交替的活动方式的全面发展的个人，来代替只是承担一种社会局部职能的个人。其次，马克思所说的人的全面发展还包括人的性格、智慧方面的发展。最后，马克思认为，全面发展的人应是一些天赋得到充分发展的人。既然人的发展的内容如此丰富和全面，我们怎么可以让人的发展只停留在某一个层次，甚至只是停留在某一层次的某一方面，从而把"以人的发展为本"变成只是"以人的某一方面的发展为本"呢？在马克思主义经典作家那里，人的全面发展与人的自由发展是紧密地联系在一起的。人的全面发展和人的自由发展是人的发展中同一个问题的两个方面。全面发展必然是自由发展的，而实现了自由发展的人则必然是全面发展的。在人的所有需要发展的特性中，最重要的是其自由个性的发展。在某种意义上，只有人的自由个性的发展得到保障，其他的特性、素质和潜能的发展才有了可能。因此，自由发展构成了全面发展的基础。按照马克思和恩格斯的观点，个人的发展就是一种以个人为主体的自觉、自愿和自主的发展。马克思和恩格斯已经把个人的自由发展作为社会发展的最终目的，把个人的自由发展视为人类发展的必然趋势。自由的充分实现是人类从必然王国飞跃到自由王国的标志，也是人类发展和解放的最高境界。既然人的自由发展在人的整个发展中占有如此重要的地位，那么我们在贯彻"以人为本"，努力推进人的发展的过程中，怎么可以漠视人的自由的实现呢？实际上，人的复杂性决定了人的发展必须具有多方面的内容，也决定了人的发展是走向自由和全面的永恒追求过程。就拿全球化来说，尽管全球化给人们带来了众多的正面效应，但其负面影响绝不可忽视。因此，我们在倡导"以人为本"，进而又把"以人为本"理解为"以人的发展为本"之时，就不能不对"什么是人的发展"做出正确的阐释，就不能不使"以人的发展为本"具有更强的针对性。明确地说，就是应当把"以人的发展为本"具体化为"以人的全面和自由的发展为本"。

其三，人不仅从其他事物中追求和获取价值，而且有着自身的价值，故"以人为本"实际上还是"以人自身的价值为本"。那么，什么是人自身的价值以及如何才能实现人自身的价值呢？我们认为，人自身的价值就在于创造价值，人只有在为社会创造价值的过程中才能实现自身的价值。人是自然界的一个物种，当然有其肉体组织的物理、化学、生物属性及功能。但人既然与自然界的其他物种截然有别，那就不能把这些肉体组织的物理、化学、生物属性及其功能视为其自身的价值所在。人应当有其自身的人之为人的独特价值，这种独特价值主要来源于人按"人的方式"所从事的多种多样的活动。人按"人的方式"从事各种活动的过程，实际上就是为社会提供和创造新的价值的过程。从这一意义上说，人们把"创造性"视为人自身的价值是有道理的。人的创造造就了一个日益扩展的属人的对象世界，与此同时产生了一个无限丰富的价值世界。

最需要明确的是，人在自觉创造价值以实现自身的价值的过程中，其所从事的价值创造活动的领域，不能仅停留在物质的层次，而应当不断地由物质层次进入精神层次。因为人之所以追求和创造价值，不仅仅是为了自身"谋生"的需要，而主要是为了展现人作为人的自身的"生命力"，也就是说展现人生意义。正如马克思所说的："人甚至不受肉体需要的影响也进行生产，并且只有不受这种需要的影响才进行真正的生产。"①马克思这里所说的"真正的生产"就是能实现自身的价值的"价值创造活动"，在他看来，这种价值创造活动只有"不受肉体需要的影响"才能真正开展。不仅人有自身的价值，物也有其价值，但是人的价值与物的价值有着根本的区别。只有了解了这一点，才能进一步明白我们为什么要"以人为本"，而不能"以物为本"。在一定意义上，人和物的价值都是在人的实践过程中产生和存在的，两者的价值都是相对于作为价值的主体的人而言的，两者都是价值客体，区别在于人既是价值客体又是价值主体，而物只是价值客体。而且，即使同样作为满足人的需要的对象，即同样作为相对于价值主体的人的价值客体，两者也有区别。前者作为价值客体是人本身，而后者作为价值客体只是物，换言之，渗透在人的价值之中的是人与人之间的关系，而渗透在物的价值之中的是人与物之间的关系。两者更大的区别还在于，与物的价值不同，人的价值主要既不是指如前所说的人本身的肉体或生理的价值，甚至也不是指其权力、地位及受教育的程度等，而主要是指人的那种创造价值的能力。简言之，人的价值与物的价值的最大区别在于：人，而且唯有人创造和实现价值。物作为价值客体，它的价值在于能够通过供人消费、使用而满足人的需要，而人的价值在于通过消费和使用他的劳动，创造出满足人所需要的各种物质产品和精神产品。人与物以及人与人之间的价值关系正是借助于人的那种劳动而建立的，人自身的价值也是借助于人的那种劳动而实现的。现在的问题是，人们虽然注重实现人的价值，但由于或者把人的价值单纯地理解为"索取"，或者把人的价值简单地归结为一些肉体或生理的价值以及权力与社会地位之类，或者把人的价值与物的价值相提并论，从而不可能真正地实现人自身的价值。在这种情况下，搞清楚人的自身价值究竟何在确实至关重要。

其四，上面所说的人的需要、人的发展、人的价值实际上都是同人的本质

---

① 高放,高哲,张书杰.马克思恩格斯要论精选[M].增订本.北京:中央编译出版社,2016:9.

联系在一起的，所以"以人为本"归根到底就是"以人的本质为本"，亦即促使人实现自己的价值，使人真正地像"人"那样活着。问题在于，对于"什么是人的本质"，历来众说纷纭。当然，我们在贯彻"以人为本"的过程中，要按照马克思所揭示的人的本质的内涵去促使人们实现自己的本质。马克思曾经明确地指出，整个历史也无非是人类本性的不断改变而已。对于什么是人的本质，马克思在不同的历史时期有不同的论述。在青年时期，马克思把自我意识视为人的本质。在中年时期，马克思在反对书报检查争取出版自由的斗争中，把自由看作人固有的东西，并提出自由是人的本质。在这一时期，马克思还从社会关系出发去把握人的本质，认为人的本质不是人的胡子、血液、抽象的肉体的本性，而是人的社会特质。马克思在写作《1844年经济学哲学手稿》时，对人的本质的认识开始从人本身转向人的对象性活动及其产物，他把人的本质理解为人的"自由自觉的活动"，即人的生产劳动。不久，马克思则完全着眼于人的现实的社会历史本质，提出了人的本质不是单个人所固有的抽象物，在其现实性上，它是一切社会关系的总和。马克思在写作《德意志意识形态》时期，则以现实的人的物质资料生产，取代了《1844年经济学哲学手稿》时期的理想的人的自由自觉的活动；与此相应，马克思以人的现实本质取代了《1844年经济学哲学手稿》中理想的人的本质。这样，马克思把对人的本质的研究归结为研究人的生产实践对自然、社会和人自身的能动改造。从马克思对人的本质的研究的历史过程可以看出，马克思的人的本质观的形成有一个从抽象到具体，从理想到现实的发展过程。倘若我们将马克思把人的本质规定为劳动，视之为马克思本质观转变的一个节点，那么我们完全可以把马克思揭示人的本质是一切社会关系的总和，并进一步在劳动实践与社会关系的结合上来理解人的现实本质，看作马克思本质观的一个革命性的变革。如果我们像马克思所说的那样把人的本质理解为人的自由自觉的活动即人的劳动，那么我们就可以进一步把"以人的本质为本"归结为"以人的劳动为本"。实际上，正如西方一些"生态学马克思主义者"所指出的那样，人类对自己的最大误解就在于不是在"生产"领域，而只是在"消费领域"寻求满足和享受，其主要原因就在于不是将人的本质与生产联系在一起，而是将其与消费联系在一起。因此，我们贯彻"以人为本"应当集中于人的劳动，而不是仅着眼于人的消费。由于人在其对象化劳动实践中非但没有丧失自身，而且表现、实现和确证了人的内在力量和主体性，所以人在劳动中能够获取无穷欢乐。但并不是任何劳动都能实现人的本质并使人获得快感，只有作为人的本质的展现的劳动才能达到此目的。具体地说，只有作为自身自觉的活动的劳动，作为目的本身而不是作为手段的劳动，才能取得让人实现自身的本质并从中获取快感的效应。由此说来，我们绝不能把"以人的劳动为本"只是具体化为让人们通过劳动创造更多的物质财富。倘若这样去理解，将会严重地违反提出"以人为本"的初衷，其结果是人们越是"重视"人的劳动，越是不能实现自己的本质。"以人的劳动为本"的关键在于，如何使劳动变成消遣，即如何使劳动从谋生的手段升华到作为生活目的的自由活动的生活享受。如果我们像马克思所说的那样，把人的本质理解为人的一切社会关系的总和，即把人视为"社会存在"，那我们就可以进一步把"以人的本质为本"归结为"以人的社会性为本"，具体地说，就是促使人们在劳动实践的基础上建立起互相依存、交往和合作的、合理的社会联系。人是"社会存在物"，社会交往是人类特有的现象，关键在于这种交往是不是"合理"，即交往是不是按照人的本质进行。我们生活在商品社会中，商品的普遍交换产生和发展着普遍的交往与联系，而由于人们在进行这种交往和联系时必须遵循市场经济的要求，所以在极个别时候这种交往和联系会染上一定的功利主义色彩。面对这种情况，我们要把"以人为本"的原则贯彻到人际关系中，就必须把这种负面效应降到最低，不断地铲除世态炎凉、无情无义的土壤，造就能滋生和谐、共生、互利的人际关系的社会环境，从而使人的社会本质得以充分展现。

上面从四个不同的层次论述了"以人为本"究竟以"人的什么"为本。无论是哪个层次的论述，都非常清楚地表明贯彻"以人为本"，最重要的是必须防止仅仅把注意力集中于人的某一个方面，即把"以人为本"只是归结于以人的某一方面的需求、发展、价值和本质为本；而必须以整体的人为本，即所要满足的人的需求是人的全面的需求，所要推动的人的发展是人的全面的发展，所要展现的人的价值是人的全面的价值，所要实现的人的本质是人的全面的本质。实际上，人的本质的一个主要特征就是整体性。人绝非在一种规定性上生产自己，而是生产自己的全面性。人的本质是由很多要素、层次、方面所构成的复杂系统。人的本质的这种全面性又决定了人的需求、发展和价值等的全面性。现在，我们已经认识到必须"以人为本"，关键在于我们必须进一步明确这里的"人"是作为整体的人，必须把"以人为本"进一步落实到以整体的人为本。相反，如果我们把尽力满足人的某一方面需求，例如"物欲"作为贯彻"以人为本"的主要甚至全部内容，其结果必然违反提出"以人为本"这一原则的初衷。

我们今天谈论"仁爱"，需要强调以下几个方面：第一，爱憎分明，讲究爱的针对性。我们既不能去爱阻碍历史发展和社会进步的"跳梁小丑"，又不能爱自私自利、唯利是图的狭隘"小人"。我们应该旗帜鲜明地宣扬符合社会主义核心价值观的仁爱内容：爱祖国、爱人民、爱劳动、爱科学、爱社会主义。"五爱"是社会主义道德的基本要求，也是社会主义精神文明的重要组成部分，尤其是学校思想品德教育的主体部分，对于提升公民的道德素质有重要意义。第二，提倡爱的广泛性。当今世界不少人主张"爱"，是希望得到爱、享受爱，而不愿意付出爱。今天，我们不仅需要在传统意义上讲究"仁者爱人""推己及人"，还要关注"仁"在人与人的相互关系中能发挥的作用，并关爱他人。儒家认为"仁爱"不能停留在只是爱自己的亲人，而应该从"亲亲"扩大到"仁民"，博施济众，利及苍生。汤一介先生在《关于儒学复兴的思考》一文里指出："如果把爱自己的亲人扩大到爱他人，那么社会不就可以和谐了吗？如果一个国家、一个民族把爱自己国家、自己民族的'爱'扩大到对别的国家、别的民族的爱，那么世界不就可以和平了吗？"[①]"仁爱"作为儒家君子道德的中心，也是整个儒家道德体系的根本。它有很多方面的具体体现，包括忠、孝、恭、宽、信、敏、惠等内容，"仁人""仁者"是君子必备的美德。仁德的涵养和传承，才能铸就伟大的民族精神，造就杰出的人才，成为巍巍中华坚强的脊梁。

儒家"仁民爱物"思想具有超时代的特点，可以为当代社会服务。"仁民爱物"观可以培养社会成员的独立的道德人格和社会责任感，培养当代中国人的公民意识。儒家的仁爱思想还应该注入时代精神，使其具有更加丰富的内涵，把仁爱普遍地洒向洲际间的所有共同体中的人。"天下一家"，"民胞物与"，"主客相容为一"等儒学理念应该进一步开掘，形成人类命运共同体，以使人与人、人与社会、人与自然、人与洲际之间的所有陌生人相互之间得到关爱，彼此用善心来对待生活在地球共同体中的人，视彼此为同舟共济的人。

---

① 汤一介.关于儒学复兴的思考[M]//庞学铨,陈村富.文明和谐与创新.杭州:浙江大学出版社,2009:27.

（二）"重义轻利"教育内容的转化

1."重义轻利"的具体内涵

"义"与"利"的关系问题是中国古代哲学最基本的问题之一。在如何处理"义"与"利"的关系问题上，以孔子为代表的儒家思想明确地提出了"君子义以为上"的命题。"义以为上"就是重义轻利之意，这一命题的内容是十分丰富的。儒家明确地把求义与贪利作为区分君子和小人的界限。孔子言："君子喻于义，小人喻于利。"孟子言："……孳孳为善者，舜之徒也；……孳孳为利者，蹠之徒也。"[①]在儒家看来，君子为人处世、安身立命应当以"义"为重，"义"是君子判断得失的价值标准。

"见利思义"。在先秦儒家看来，有欲望无可厚非，但"得之""足之"必须有道，人在判断事物和行为准则上应以"义"作为唯一的取舍标准。孟子言："生亦我所欲也，义亦我所欲也；二者不可得兼，舍生而取义者也。"当物欲与道义发生冲突时，宁可杀身成仁，舍生取义。孟子还从人禽之别的角度来说明人欲的问题：人有物质欲求是自然的，然而，"人之有道也"，饱食、暖衣、逸居的水平则和禽兽差不多，只有追求道义，才是人的最本质的欲求。可见，"见利思义"的思想价值在于，它并不排斥"利"，而是要求人们在追求"利"的时候，必须以"义"作为取舍标准。

"以义克利"是荀子在《成相》中对义利观的概括。荀子认为："义与利者，人之所两有也。虽尧、舜不能去民之欲利，然而能使其欲利不克其好义也。虽桀、纣亦不能去民之好义，然而能使其好义不胜其欲利也。"[②]因此，他极力主张以"义"来约束"利"的膨胀，不可使利发展到顶端，否则难以真正获利。在儒家看来，义与利既有相统一的方面，又有相矛盾的方面。在"义"与"利"发生矛盾时，儒家主张牺牲"利"，而保存"义"。

2."重义轻利"转化为"以义取利"

儒家"义利之辨"归根结底体现为"义以为上"，即以德行的要求作为人之所以为人的安身立命之本的精神追求。当道义与利益、德行精神与感性欲求发生冲突时，志士仁人理当超越利益的纠结与感性的欲求而致力于对道义与德行

---

① 杨伯峻.孟子译注：简体字本[M].北京：中华书局,2015:243.

② 荀况.荀子[M].牟瑞平,译注.济南：山东友谊出版社,2001:712.

的追求，并在其中得到精神的满足与心灵的自由。由此，人才能超越物欲与私利的诱惑，不断提升自己的精神境界，成就以德行精神为依归的理想人格，这也是儒家精神追求的一个重要特色。所谓"不以物喜、不以己悲"，所谓"安贫乐道""淡泊明志"，所谓"先天下之忧而忧，后天下之乐而乐"，所谓"富贵不能淫，贫贱不能移，威武不能屈"，所谓"人生自古谁无死，留取丹心照汗青"，所谓"上下与天地同流"，"仁者与万物为一体"，都是这种精神境界的不同表述方式。在儒家思想中，做一个孜孜以求利、放于利而行，因而无德行、无操守、肆无忌惮的"小人"，还是做一个义以为上、行仁践义，因而重德操、求上达、行己有耻的"君子"，可以说是人的一次重大的抉择，这对于现代人在价值观上的选择无疑仍能起到相当程度的警醒作用。如果说儒家传统义利观特别是其流变在某种程度上存在着对"利"注重不够的偏颇，现代社会则似乎走到了另一个极端，即单方面地把"利"抬到了至高无上的地位，甚至达到完全不顾"义"的程度（唯利是图）。今天，面对市场经济的冲击，要想有效地抵御拜金主义、享乐主义以及极端个人主义的侵蚀，通过提升境界而筑起精神的堤防，具有不可替代的重要意义。在这方面，儒家思想中"义以为上"的精神追求无疑有着重要的借鉴意义。而如何既坚持"义以为上"的主导作用，又面对现代社会而达成客观效果方面的"义利双成"，更是在现代市场经济条件下儒家传统义利观的现代转化所必须认真面对的、急迫而富有挑战性的时代课题。我们认为，义利矛盾依然存在，正确的选择应该是追求符合"义"的"利"，也即"以义取利""以义制利"。

（三）"自强不息"教育内容的转化

自强不息民族精神是中国传统文化的要素，而能够总括新时期内涵和特征的则是中国特色社会主义实践。在现实复杂的背景之下，这种传统的民族精神能否在中国特色社会主义实践中大放异彩呢？如果能的话，这种传统的民族精神需做何种调适才能适应中国特色社会主义实践的需要呢？

1."自强不息"的具体内涵

堪称中国文化源头之一的《周易》，从尊崇天道出发，弘扬和肯定了自强不息的精神。在《周易·乾·象》中有："天行健，君子以自强不息。"根据《说卦传》，其取象"天"，其性质为"至健"。乾卦言"天行健"，不称卦名为

"乾"，而称之为"健"。行，道；天行，天道。天道的本质特征就是健，健是乾之德，乾就是健，故"大象"以卦德替卦名，而称天行健。"健"是运行不息的意思。天体运行，四时都在交替，昼夜不断更迭，岁岁年年没有停滞，所以称为"天行健"，其本意就是君子应当效法天道之健，应当自强不息。《中庸》中有"君子遵道而行，半途而废，吾弗能已矣"[①]。意思是君子做事遵从天道，勇于进取，不能半途而废。孔子把自强不息纳入衡量"君子"的标准之内，在《论语·泰伯》中有："士不可不弘毅，任重而道远。仁以为己任，不亦重乎？死而后已，不亦远乎？"北宋理学家"伊川先生"程颐在《遗书》中提道："生生之理，自然不息。"这些数千年积累的坚忍不拔、百折不挠、持之以恒、奋发图强的精神品质体现的是中国人特有的和深层次的民族心理结构。自强不息民族精神的实质是几千年中国文明传承与积淀的中华文化的内核，是根植于中国大地所形成的生活方式、风俗习惯的独立特性。总结起来，自强不息的民族精神实质归结为以下几点：

第一，敢与命运做斗争所表现出来的奋发图强和拼搏进取的"求生存"精神。先秦诸子很早提出"人事为本，天道为末"。可见，在古代中国人眼中，"命运"和"天道"只是一种存在方式，在"天道"面前"尽人事"才是根本所在。精卫填海、愚公移山、夸父逐日等故事反映出中华儿女志存高远、不畏艰难、坚毅自觉、奋发图强的拼搏与奋斗勇气和千磨万击还坚劲的毅力。

第二，敢与权贵做斗争，不畏强权的浩然气节，以天下为己任的情怀。孟子颂扬的"富贵不能淫，贫贱不能移，威武不能屈"的"大丈夫"人格形象，千百年来影响了无数志士仁人：朱自清宁死不食美国的救济粮，齐白石宁死不为日本人作画，刘胡兰不畏日本人的军刀英勇就义等这些感人故事反映出中华儿女敢于在强权面前不屈不挠的斗争精神，表现了"天下非一人之天下，乃天下之天下也"的人民与国家共休戚、共荣辱、共生死、共命运的民族大义和社会责任意识。

第三，"革故鼎新"的改革创新、开拓进取精神。自强不息还是一种"苟日新，日日新，又日新"的变革精神气质。一个人的思想风貌、精神境界、道德情操、认知水平、智慧程度、创新能力，一个民族的灵魂与脊梁，一个社会的秩序、公正和良知，一个国家的文化程度和进取精神，一个时代的变革力量、

---

① 剑楠,崔永晨.四书五经[M].长春:吉林大学出版社,2011:26.

开拓勇气、知识积储和道德素养，等等，都是文化及其作用所形成的，都是文化用自己神秘而万能的雕刀所精心雕塑出来的精神形象、道德形象、智慧形象与文明形象，都是文化的造化和赐予。

总之，自强不息的民族精神是根植于中国文化之中，是展现中华民族特有精神面貌和心理品质的实质。

2."自强不息"转化为"拼搏奋斗"

"自强不息"为中国特色社会主义实践注入新的时代内涵。全球化日益加速，"自强不息"不再是中华民族所独有的精神气质，世界上各个民族的独立和强大背后都有"自强不息"的拼搏精神作为支撑。那么，中华民族要想在世界民族之林中继续强大，就要不断为"自强不息"这种民族精神注入新的时代的符号和内容。每一个时代的理论思维，都是一种历史产物，在不同的时代具有完全不同的形式和内容。不断地在"自强不息"的民族精神主体中加入新的面向世界的独立内涵，就不会淹没在世界化的潮流之中。在中国特色社会主义事业这片土壤中，"自强不息"的民族精神继续生根发芽，在中国特色社会主义的实践开拓中不断茁壮成长。第一，中国特色社会主义实践为"自强不息"的民族精神提供了发展方向，即"自强不息"的民族精神要沿中国特色社会主义事业的方向发展才能有生命力。第二，中国特色社会主义实践为"自强不息"的民族精神注入了新的时代精神元素。在中国特色社会主义实践开拓中所表现出来的井冈山精神、长征精神、延安精神、西北坡精神、大庆精神、红旗渠精神、焦裕禄精神、"两弹一星"精神、雷锋精神、航天精神等不断地推动着中国特色社会主义事业向前发展。在新的时代条件下，合作精神、包容精神、责任精神、平等精神、法制精神都是"自强不息"的民族精神的开拓和发展。

"自强不息"为中国特色社会主义实践提供了新的时代价值：亿万人民是社会主义的建设者和开拓者，在新的历史时代背景下书写着新的篇章。在新的历史条件下，"自强不息"的民族精神不断丰富和发展。林语堂曾指出："一个富有生机的民族精神应该促使人们去创造、去生产，它不应该被认为是一种死板的、已经完成了其历史使命、应该被涂上防腐剂保存起来的东西。"①中国特色社会主义实践为"自强不息"的民族精神注入了新的时代价值。其一，"自强不息"的民族精神包含了中国在新的时代条件下实现国家富强、人民幸福的同时，

---

① 林语堂.中国人[M].郝志东,沈益洪,译.上海:学林出版社,2007:268.

肩负着国际责任，体现出一种更加包容的"共赢"价值追求。其二，"自强不息"彰显了在社会主义实践开拓性发展中的求实务实的价值追求。我们在中国特色社会主义各项事业的建设中，不能搞"形象工程"和"面子工程"，要以求真务实的价值追求作为中国各项事业的价值标准。其三，"自强不息"在社会主义实践开拓性发展中彰显了"钉钉子"的坚持不懈的价值追求。2014年习近平同志提出全面建成小康社会、全面深化改革、全面依法治国、全面从严治党的"四个全面"战略布局。这不仅是作为顶层设计的理论层面的全面开拓创新，而且是为实现"中国梦"制定的协同创新、与时偕行的实践战略。"自强不息"的民族精神要在中国特色社会主义实践开拓中不断与时俱进，不断发挥时代所需要的价值，更多地包含了协调、理性、科学的自强不息的奋斗实践。

"自强不息"为中国特色社会主义实践赋予了新的时代使命。现阶段，中国正处在实现"中国梦"的进程之中，弘扬"自强不息"民族精神既要重视传统的精神实质内容，又要立足于中国发展的现实基础，要充分利用优秀的文化解决时代的现实问题。把握好"自强不息"的民族精神的传统特性与时代特性之间的辩证规律，推进其与中国特色社会主义实践发展相适应的民族精神的发展。面对全球各种文化思潮的渗透和影响，如何既保持中华民族优秀文化又借鉴外来文化实现中国的现代化转型，是中国特色社会主义实践所面临的问题。"自强不息"的民族精神要在文化的借鉴、比较、转化中实现自身发展就要承担起文化选择的时代使命。面对文化传统认同不足现象，"自强不息"民族精神要在传统文化认同和现代文化选择中把握好度，承担好文化选择的历史使命。正所谓要拿出"敢教日月换新天"的气概，鼓起"不破楼兰终不还"的劲头，攻坚克难，趁势前进，不断增强中华民族自我完善、自我发展的民族自信心与自觉性。人生只有走出来的美丽，没有等出来的辉煌。一个人要奋斗，要有精神追求，人生的价值和意义才能得以彰显。

（四）"中庸"教育内容的转化

1."中庸"的含义

"中庸"不仅是一种德行，而且反映了儒家对世界万物本质规律的认识。中庸之道是儒家所大力提倡、世人所奉行的思考问题、待人接物的基本态度。《论语•雍也》载孔子的话说："中庸之为德也，其至矣乎！"①意思是，中庸作为一种品德素养，是最完善的了。"中"是指"适度"，就是不偏不倚、恰如其分，是指一个人思想和行为都不能过头，即"无过无不及"。"庸"有两层含义，一是"用"，指实际施行；二是"常"，指恒定不变。"中庸"就是持久、一贯地实行"中"的准则。"中庸"被儒家视为最高的道德准则和自然法则。《中庸》开篇就提出哲学命题："天命之谓性，率性之谓道，修道之谓教。"②"天命之谓性"是指天命属于人性，性即理，把天和人、天道与人道联系了起来；"率性之谓道"是说要自我管理而不可放纵本性，人性要受到"道"的制约和引领；"修道之谓教"是说改善自我要通过教育，这个"教"不仅指教育教化，还包含礼、乐、刑、政等社会治理方式。在这里，儒家论述了天命、性、道、教等重要概念，并使之升华到"人之所以为人"，"无一不本于天而备于我"这样的哲学高度。"中庸"思想不仅是一种伦理规范和处事准则，而且是一种世界观和方法论，对于个人、社会乃至人类发展都有积极的意义。对个人而言，"中庸"思想可以提高个体自我的内心修养，帮助个体树立正确的人生观和价值观，推动个人的全面发展；对社会而言，"中庸"思想有利于防止"左"或"右"的跳跃性思维，对于保持政治稳定、经济协调、平衡发展具有指导意义。同时，"中庸"思想可以为发展现代经济，创建安定、和谐的社会环境提供有益的借鉴。对世界而言，"中庸"思想能够促进不同的国家和民族实现和而不同、相互包容、共同发展，构建和谐世界。

在经济全球化的冲击和改革开放的背景下，中国正处在由传统的农业社会向现代化的工业社会的关键转型期。然而，"现代化"是一把双刃剑，人们在实践中逐渐认识到：通向现代自由之路绝不是在否定传统的前提条件下进行的，割裂历史的发展，中国的现代化就成为无源之水，就会失去发展的土壤。如果我们的民族要创新，要追求现代性，就必须在传统的基础上进行创造性的转化。儒家文化作为世界文化的一部分，在推动人类文明的发展中起过积极的作用。

"中庸"思想是儒家学说和中华文化的核心理念，是中国人文精神的精髓和社会伦理道德体系的标尺。历史的变迁和社会的发展已经充分证明：在现代社会的转型过程中，孔子的"中庸"思想不仅没有过时，而且在新时代获得了新

---

① 礼记[M].崔高维,校点.沈阳:辽宁教育出版社,2000:186.
② 剑楠,崔永晨.四书五经[M].长春:吉林大学出版社,2011:21.

的生长土壤，对社会文明的发展和进步具有促进作用。因此，对于孔子的"中庸"思想不应把其扔进历史的垃圾堆，而是首先需要辩证分析，厘清其现实价值并进行创造性转化，推动当代社会的转型和发展。

2."中庸"转化为"共赢""共享"

"中庸"思想有利于提升个人的自身修养，完善自我人格。"中庸"思想将"庸德之行，庸言之谨，有所不足，不敢不勉……言顾行，行顾言"①设定为人生修养目标。为此，每个人都应首先要"修身以敬"，通过提高自身修养达到"内省不疚""不忧不惧"，进而实现个体的身心和谐。

第一，自省——反思自我，认知自我。孔门弟子曾参提出："吾日三省吾身——为人谋而不忠乎？与朋友交而不信乎？传不习乎？""自省"是完善自我的逻辑前提，这要从三个方面去反思自己的思想和言行：一是反省谋事，对自己所承担的工作是否忠于职守，具有担当精神；二是反省交友，自己与朋友交往是否诚实不欺，言而有信；三是反省知行，自己是否能够做到知行统一，身体力行。通过自省，个人会对自己的思想意识、情感态度、言论行动等方面有全景式认知，进而"见贤思齐焉，见不贤而内自省也"②，最终达到"内省不疚，夫何忧何惧"③的境界。

第二，克己——克制自我、约束自我。在市场经济时代，面对激烈的竞争和过多的压力，很多人表现为自我心理失衡和错位，由此引发一系列消极的或偏激的行为。孔子反对盲目地感情用事或者好勇斗狠。"一朝之忿，忘其身，以及其亲，非惑与？"④不克制一时冲动，往往会干出伤害自己和亲人的蠢事。"好勇不好学，其蔽也乱；好刚不好学，其蔽也狂"⑤，只好武勇，不爱学习就不能以礼驭情，容易感情用事，难免闯祸。因此，"中庸"思想主张克己复礼、以礼驭情、以礼导行。"一日克己复礼，天下归仁焉。"⑥如果每个人都能按礼的要求克制、约束自己，社会就可以弘扬仁道。

第三，慎独——监督自我，管控自我。慎独是对个人内心比较隐蔽的意识、

---

① 剑楠,崔永晨.四书五经[M].长春:吉林大学出版社,2011:27.
② 杨伯峻.论语译注[M].北京:中华书局,2006:43.
③ 杨伯峻.论语译注[M].北京:中华书局,2006:140.
④ 杨伯峻.论语译注[M].北京:中华书局,2006:146.
⑤ 杨伯峻.论语译注[M].北京:中华书局,2006:207.
⑥ 杨伯峻.论语译注[M].北京:中华书局,2006:138.

情绪进行自我管理和自律的一种修养方式。"莫见乎隐，莫显乎微，故君子慎其独也。"慎独要求一个人即使独处时，也要严格要求自己，警惕思想中处于萌芽状态、尚未引起旁人注意的错误意识、不正当的私欲或不正常的情绪，并自觉地用社会道德规范加以约束，使之回归到正常状态，做到防微杜渐，防患于未然。这是一种比"克己"的自觉性要求更高的道德修养方式。

第四，践行——锻炼自我，完善自我。践行是内心修养见之于外在实践的具体行动，是提升个人修养的最高阶段。要达到"中庸之德"需要经过五个层次，就是"博学之，审问之，慎思之，明辨之，笃行之"，其中最重要的是实践、行动。"君子学以致远"，"行义以达其道"，只有"行"才能使"道"具有现实的社会价值。孔子在言与行的关系上，主张"君子欲讷于言而敏于行"，反对言行不一。

"中庸"思想有利于规范社会行为，实现人际关系和谐。一方面，"中庸"思想仍然是今天社会生活的基本规范。为了制止"礼崩乐坏"，维护社会的有序性，孔子提出规范社会秩序的"五达道""三达德"标准。"天下之达道五，所以行之者三：曰君臣也，父子也，夫妇也，昆弟也，朋友之交也，五者，天下之达道也；知、仁、勇三者，天下之达德也，所以行之者一也。"[1] "五达道""三达德"的现代意义主要体现在促进家庭美德、职业道德、社会公德等方面的建设。首先，提倡亲亲，能够促进家庭美德建设。"仁者人也，亲亲为大。"[2]只要合理地继承和发扬那些至今仍具有积极意义的人伦亲情关怀，不仅有利于父子感情、夫妻感情、兄弟感情的培养，而且有利于家庭和睦、幸福，从而实现"妻子好合，如鼓瑟琴。兄弟既翕，和乐且耽。宜尔室家，乐尔妻帑"[3]的天伦之乐。其次，提倡尊贤能够促进职业道德建设。尊贤是"三达德"的集中体现，具有普适性价值。通过宣讲"达德"，提高个人爱岗敬业、诚实守信、办事公道、服务群众、奉献社会的能力和素质；通过尊贤提高自我的进取精神，促进职业道德建设。再次，提倡修身能够促进社会公德建设。修身要建立在自觉自愿、诚心诚意的基础之上。为了加强人们修身的自觉性，孔子提出了自我约束、自我监督、自我教育的修身方式——慎独。只有真正将慎独贯彻到修身的全过

---

① 剑楠,崔永晨.四书五经[M].长春:吉林大学出版社,2011:34.

② 剑楠,崔永晨.四书五经[M].长春:吉林大学出版社,2011:33.

③ 剑楠,崔永晨.四书五经[M].长春:吉林大学出版社,2011:29.

程，才能坚持"至诚尽性"的原则。一旦真正做到至诚尽性，尤其在全社会形成了至诚尽性的良好风气，社会公德便转化为一种普遍性存在。另一方面，提出解决社会矛盾的方法，要求做到"忠恕"。孔子提出化解社会矛盾和纷争的"忠恕之道"，认为"忠恕违道不远"①，并从己（自我）与人（他人）两个角度提出处理人际关系的方法。"忠恕之道"的首要前提是"忠于己"，考虑问题时首先从自身入手。"射有似乎君子：失诸正鹄，反求诸其身。"②在一种想法还没有付诸行动之前，自己的内心深处就应该自觉为他人考虑。"己所不欲，勿施于人"，"己欲立而立人，己欲达而达人"。简言之，要善于"换位体察"。"忠恕之道"还蕴含"恕于人"之意，擅于为他人着想，能够以宽容之心待人。"宽裕温柔，足以有容也"③，如果只关心自己的利益，趋利而行，就会被私利所蒙蔽，从而失去中庸之德，为利而不择手段，必然招致怨恨。现代伦理学把"忠恕"解读为调整人与人以及人与社会之间关系的行为规范。要求人们用爱自己的心去爱他人，用责备他人的心来责备自己，用自己的真诚、忠恕去感召人、感化人、塑造人。只要坚持忠恕之道，人们就会相安无事、和平共处，人们就会达到素其位而行，无入而不自得的思想境界。

"中庸"思想有利于促进社会发展，构建和谐社会。社会主义和谐社会应该是民主法治、公平正义、诚信友爱、充满活力、安定有序、人与自然和谐相处的社会。"中庸"思想主张"安定国家，必大焉先"，这对当代社会的转型和发展仍具有理论价值。可以说，"中庸之道"是治国之道、处世之道、发展之道。

"中庸"思想能够维护政治稳定，创造安定的社会环境。"中庸"思想的核心理念是"中和"，强调矛盾的统一性。"致中和，天地位焉，万物育焉。"④用"中和"理念化解社会矛盾，以维护社会的稳定和发展，是实现现代化的理论前提。第一，"中庸"思想能够防止思想上"左""右"两极性错误。"中庸"思想提倡"适中"，反对"过"与"不及"两个极端。一个社会、一个国家，若坚持中庸之道，则可能持久发展与进步；若总是在两极之间跳来跳去，则民不堪其苦，国不堪其乱。因此，中国改革开放的力度要适中，进度要适当，避免重犯"左"或"右"的错误。所谓适中的力度，就是既能达到改革的目的，又能

① 剑楠,崔永晨.四书五经[M].长春:吉林大学出版社,2011:27.
② 剑楠,崔永晨.四书五经[M].长春:吉林大学出版社,2011:28.
③ 剑楠,崔永晨.四书五经[M].长春:吉林大学出版社,2011:46.
④ 剑楠,崔永晨.四书五经[M].长春:吉林大学出版社,2011:21.

为社会所承受的力度。力度太小达不到目的，完不成任务；力度太大则很可能会因社会承受不了而中断改革，或流于形式而失败。所谓"适当"的速度，就是客观条件允许范围内的、可持续的较快速度。如果主观的预期速度超过了客观的可能速度，最终的结果只能是"欲速则不达"。第二，"中庸"思想能够从实际出发，制定适合国情的政策、方针。党和国家酝酿出台大政方针时，需要立足国情，综合考虑国内外各种因素，兼顾各方的利益。孔子强调为政首先要"正名"，认为"名不正，则言不顺；言不顺，则事不成；事不成，则礼乐不兴；礼乐不兴，则刑罚不中；刑罚不中，则民无所错手足"①。"正名"就是要使主观认识符合不断发展的客观事实，即实事求是。只有正确认识中国的现实国情，才能制定正确的指导方针和路线，从而保证社会主义建设沿着正确的道路前进。毫无疑问，在全面推进改革开放的历史进程中不断为中国特色社会主义"正名"，既是必要的，又是有意义的。第三，"中庸"思想能够推进政治体制改革和完善。政治体制改革既是保证经济体制改革顺利进行的需要，又是社会主义制度自我完善的一个重要方面。孔子提出为政者实行"仁政"的四项举措：一是"修身以道"，注重自我修养。"故为政在人，取人以身，修身以道，修道以仁。"②二是"为政以德"，培育高尚的道德情怀。"为政以德，譬如北辰居其所而众星共之。"③三是"身正令行"，坚持以身作则。"其身正，不令而行；其身不正，虽令不从。"④四是"党而不群"，反对结党营私和山头主义。"人之过也，各于其党。"⑤结党是为特定的目的而聚集，可能导致君子过于仁爱而有失于中庸；小人贪图私利而不及中庸。任命官员要量才而用，能者居高，平者居下，庸者不用，这样才能实现政治昌明。第四，"中庸"思想能够推进法制文明建设。"中庸"思想主张德刑并用、宽猛相济的政治统治方式。要实现中华民族伟大复兴"中国梦"的宏伟目标，需要德治与法治两手抓，两手都要硬。"但对执政者即君子领袖来说，首先注意的还是要用德来引导。"⑥首先要抓好道德文明建设，全面贯彻社会主义核心价值观，使中华民族的传统美德深入人心，同时

---

① 杨伯峻.论语译注[M].北京：中华书局,2006：150.

② 剑楠,崔永晨.四书五经[M].长春：吉林大学出版社,2011：33.

③ 杨伯峻.论语译注[M].北京：中华书局,2006：11.

④ 杨伯峻.论语译注[M].北京：中华书局,2006：152.

⑤ 杨伯峻.论语译注[M].北京：中华书局,2006：40.

⑥ 王曰美.儒家政治思想研究[M].北京：中华书局,2003：329.

要抓好法制文明建设，坚持依法治国、依法执政。

"中庸"思想能够推动国民经济健康、稳定、可持续发展。儒家思想作为中国传统文化的主流，以"仁""和"为核心的"中庸"思想及其辐射出的其他儒学思想对于社会主义市场经济的发展具有塑形作用。第一，"中庸"思想有利于社会主义市场经济的建立。社会主义市场经济是契约经济，其首要前提是所有市场主体要诚实守信。而"中庸"思想特别重视诚信的社会价值，强调"信，国之宝也"。在"中庸"思想中，关于诚信的理念处处可见："人无信不立"，"信以成之，君子哉"，"人而无信，不知其可"，"言必信，行必果"，"敬事而信"，等等。上述思想认为，个人、集体、社会和国家都要守信用。诚信应该成为现代市场经济的基本理念和行为准则。"中庸"思想对社会主义市场经济的推动作用还表现在"和"的理念上。所谓"和"，是指"以他平他谓之和"，强调事物共同性与差异性的统一。就社会主义市场经济体制而言，"和"是指要坚持以公有制为主体，多种所有制经济共同发展的经济制度及以按劳分配为主，多种分配方式并存的分配制度。第二，"中庸"思想有利于保持经济持续、稳定、健康增长。孔子重视经济的发展，强调"足食，足兵，民信之矣"[1]，把民众丰衣足食放在三大政事的首位，主张欲"教之"，须先使民"富之"。今天，"富民"思想对于全面建成小康社会仍具有指导意义。

在义利关系问题上，孔子提倡"重义轻利"，但并不绝对地贬斥"利"，而是主张大胆追求符合义的"利"。"邦有道，贫且贱焉，耻也"[2]。孔子肯定人的物质欲望的合理性："富与贵，是人之所欲也；……贫与贱，是人之所恶也。"[3]冯友兰指出："儒家所谓义利之辨之利，是指个人的私利。求个人的私利的行为，是求利的行为。若所求不是个人的私利，而是社会的公利，则其行为即不是求利，而是行义。社会的利，别人的利，就是社会中每一个人所无条件地应该求底。无条件地求社会的公利，别人的利，是义的行为的目的，义是这种行为的道德价值。凡有道德价值底行为，都是义底行为；凡有道德价值底行为，都涵蕴义。"[4]孔子认为人的物质欲望是万恶之源，是导致等级、名分错杂与社

① 杨伯峻.论语译注[M].北京：中华书局，2006：141.
② 杨伯峻.论语译注[M].北京：中华书局，2006：94.
③ 杨伯峻.论语译注[M].北京：中华书局，2006：39.
④ 冯友兰.新原道：中国哲学之精神[M].北京：新世界出版社，2016：21.

会动荡不安的根源。"放于利而行，多怨。"①因此，孔子认为要节制人的过多贪欲，只有合乎义的欲望才是正当的，值得追求的，否则宁肯贫贱也不愿富贵。"不义而富且贵，于我如浮云。"②

"中庸"思想有利于防止两极分化，实现共同富裕。"丘也闻有国有家者，不患寡而患不均，不患贫而患不安。盖均无贫，和无寡，安无倾。"③就调整社会分配关系以求达于社会和谐与安定，达到"共同富裕"这一目标而言，"中庸"思想与社会主义本质有着相同之处。建构社会主义和谐社会，要兼顾社会各地区、各阶层、各群体的利益关系，充分激发全社会的活力和创造力，维护社会公平正义，如此，才能正确处理好各种社会矛盾和问题，协调好不同群体的利益诉求，形成团结统一、富强民主、和谐有序的社会环境。

"中庸"思想能够促进民族文化的发展。文化是一个民族的根基和血脉。当代中国思想文化是对传统思想文化的传承和升华，抛弃传统文化则意味着当代文化的断裂和毁灭。作为民族文化的核心，"中庸"思想对中国文化和世界文明的发展都有不可磨灭的贡献。"中国作为世界上有着悠久连续文化传统的泱泱大国，与传统根基较浅的新兴国家，或无很深文化传统的部落国家不同，既不可能彻底告别自己的文化传统，更不可能把自己的文化传统重新封闭起来，与外界隔绝。"④一方面，中华民族是一个极富有历史意识的民族，非常重视本民族文化的记录和传承。孔子竭尽毕生之力学习和保护历史文化，删《诗》《书》，定《礼》《乐》，赞《周易》，修《春秋》，皆传先王之旧。从孔子"述而不作，信而好古"，到后世儒家守古训，垂师统，传以解经，疏不破注，以遍注六经，"为往圣续绝学"为自己毕生抱负，可谓一脉相承。这一传统形成了中国对古文化的推崇心理和国人的尚古精神。另一方面，中国传统文化的"中""和"特性和巨大的包容精神，与"中庸"思想崇尚"调和持中"有直接关系。从孔子所处的时代起，"调和持中"就已被确立为"中庸"思想内在的质的规定性。这一特征在对待外来文化方面表现为对同质文化多能吸收，对异质文化多加包容。然而，自鸦片战争特别是五四运动以后，传统文化在西学冲击下陷入前所未有的困境。但是"中庸"思想所倡导的"和而不同"的文化内在本质却没有改变，

---

① 杨伯峻.论语译注[M].北京:中华书局,2006:41.

② 杨伯峻.论语译注[M].北京:中华书局,2006:80.

③ 杨伯峻.论语译注[M].北京:中华书局,2006:195.

④ 刘军宁.共和·民主·宪政——自由主义思想研究[M].上海:上海三联书店,1998:332.

经过艰苦的探索和创新,中国重构了以马克思主义为指导,以传统文化为主体的具有中国特色的文化发展模式。在文化多元化已经不可逆转的今天,随着市场经济的确立和改革开放的深入,传统文化的发展必将更能体现"中庸"思想的包容性特质。"中庸"思想的文化价值还体现在为中华文明的复兴提供精神动力。"中庸"思想所倡导的"仁"的精神一旦沉淀于民族心理深层,并通过政治思想意识渗透出来,便可加强民族的统一意识、群体意识和内凝聚力,增进国家的统一和社会的安定。中国的知识分子多以天下为己任,以民族大义为重,总怀有一种"天将降大任于是人"的使命感。所以,中国历史上才不乏为民请命,精忠报国的志士仁人;才有"富贵不能淫,贫贱不能移,威武不能屈"的民族精神。今天,我们要实现中华文明伟大复兴的历史使命,更离不开这种精神的鼓舞。

"中庸"思想有利于调和人与自然之间的矛盾。中庸之道不仅为构建"美丽中国"指出了和谐、适中的哲学意义,而且为人与自然和谐相处提供了"天人合一"的理论支撑。"中庸"思想主张:"万物并育而不相害,道并行而不相悖。"在人与自然的关系上提倡"成己"与"成物"相统一,强调人与万物都是自然界的一分子,处于同一个生命共同体之中。人类应从生命共同体的视域去理解人的价值与自然界的价值,自觉担当对自然界"参赞化育"的道德职责,尊重自然规律的"生生之大德",充分发挥人的主观能动性,对自然规律应该"遵道而行",而不是"背道而驰"。

"中庸"思想提出达到人与自然"天人合一"的理想境界的两条路径:其一是要善于认识和把握自然规律。承认自然规律的客观实在性是认识这一规律的必要前提,"天何言哉?四时行焉,百物生焉,天何言哉?"①自然规律是不以人的意志为转移的客观存在,决定世间万物的产生和发展。"天地之道,可一言而尽也。其为物不贰,则其生物不测。"②然而,自然界处在永不停息的发展、变化之中。"子在川上,曰:'逝者如斯夫!不舍昼夜。'"③因而,认识自然规律还需要善于发挥人的主观能动性。孔子提出,要认识客观规律必须"能尽其性,则能尽人之性;能尽人之性,则能尽物之性;能尽物之性,则可以赞天地之化

---

① 杨伯峻.论语译注[M].北京:中华书局,2006:211.

② 剑楠,崔永晨.四书五经[M].长春:吉林大学出版社,2011:41.

③ 杨伯峻.论语译注[M].北京:中华书局,2006:105.

育"①。只要全面把握事物的发展规律，就可能准确地预测事物的未来发展趋势。"至诚之道，可以前知。"②事物的规律通过偶然现象表现出来，善于思考的人能够通过这些偶然的现象来把握事物的本质规律，所以"如神"。其二是要合理利用自然规律，实现可持续发展。万物皆有法，遵循中庸之道，就要兼知古今、内外之法，因地制宜，按照规律来采取行动，这样才不会违背事物的发展规律，实现人与自然和谐发展。人类要遵从自然规律和生态环境的节律，在开发资源过程中应遵守适度的原则，要节制对资源的开发和利用，重视自然资源永久持续的存在。当前，中国的可持续发展存在两大问题：一是"追随前者"，学习西方为了发展经济不惜以牺牲资源、环境为代价；二是"自然主义"，只要维护生态不要发展。"不惜代价"的过急行为对经济平衡、协调发展造成威胁，日益恶化的生态环境环境则给社会带来极大危害。"自然主义"同样不符合中国国情，因为中国是发展中国家，要毫不动摇地把发展国民经济放在第一位，保持一定的经济增长速度和增长质量。中国走可持续发展之路，需要政策配套，需要公众参与，也需要正确的方法论做指导，而中国传统思想中的中庸之道则提供了有力的思想武器。

三、传统儒家人格教育原则的当代转化

儒家十分注重以"修己"的方法来实现理想人格。孔子说："为仁由己，而由人乎哉？"《大学》有云："自天子以至于庶人，壹是皆以修身为本。"儒家力图通过个人的道德修养，使个人的利益与社会和群体的利益相融合，通过达到身心、自我与社会统一的理想境界来解决人与现实、人与社会的矛盾。在生死抉择之际，宁可杀身成仁；公私权衡之间，只可公而忘私、大公无私；义利相搏之时，当然是舍利而取义。为此，传统儒家在人格教育实践中总结出许多行之有效的原则，诸如立志乐道、反求诸己、改过迁善、慎独慎染、知行统一等，但随着时代的变迁、社会的发展，个人思想意志的变化，这些原则均需进行适当的转化，以满足当代社会发展对人格塑造的新要求。

---

① 剑楠,崔永晨.四书五经[M].长春:吉林大学出版社,2011:39.

② 剑楠,崔永晨.四书五经[M].长春:吉林大学出版社,2011:39.

（一）"立志乐道"教育原则的转化

孔子晚年总结自己的治学经验时说："吾十有五而志于学"，且他认为要"志于道""志于仁""志于学"。孔子将"立志"放在了个人发展过程中的一个很重要位置上，这不是单纯的时间逻辑关系上的先后，而是在个人发展过程中的不同节点"立志"都有重要的意义。他说："三军可夺帅也，匹夫不可夺志也"，告诫学生"立志在于有恒"。这里的"恒"不仅是时间上的长久，这个时间就是个人坚持自己既定目标或者志向的时间，突出的是一种持久力。此外，还强调另外一层意思："志"本身的远大与长久，突出的是个人的视野与格局，这也就是我们今天常说的"常立志"与"立长志"的关系问题。孔子以时间的宝贵来强调立志有恒的迫切性："子在川上，曰：'逝者如斯夫，不舍昼夜。'"如果立志未坚持，时间一过，则志难以实现；如果志向太短浅，则无法与时间的宝贵相匹配。"乐道"强调的是个人的一种信仰与情操。所以当冉求说"非不说子之道，力不足也"的时候，孔子严厉地批评他"力不足者，中道而废。今女画"①，即以力不从心为借口而放弃学业，是画地为牢，半途而废的懦夫行为。

传统儒家强调"仁义取向"，把"志"引入人格教育，彰显的是儒家所要强调的独立人格。儒家以"仁义"说独立，其实是在把个人的人格教育同外界联系在一起。很显然，"仁义"不能直接实现，那么个人的人格教育就在一定程度上与外界的人或物捆绑在一起。值得注意的是，在"立志乐道"中看似鼓励学生"立"下"个人志"，实则"个人志"实现的前提包括了两个方面：一方面，"个人志"的出现是在与外界环境或事物产生联结的时候确立的；另一方面，"个人志"驶向的彼岸是对他人的"仁义"。人以高尚的道德理想作为人生的追求，就能够战胜自我谋求私利的欲望，就能拥有快乐的精神状态。一箪食，一瓢饮，人不堪其忧，回也不改其乐。颜回所乐的并非贫困，而是以高尚的道德追求为人生理想，立志成圣成贤，故而甘愿忍受贫困并且以贫困作为磨炼自我、增进自身德才的方式，这就是儒家讲的以苦为乐的意义所在。儒家的"乐"还是乐群之乐。儒家一直认为个人成就圣贤人格必须以成就他人为圭臬，所以儒家极为重视个人与他人的关系。

---

① 杨伯峻.论语译注[M].北京:中华书局,2006:66.

"立志乐道"本身在今天的时代背景下依然具有很现实的人格教育指导意义，但是"立志乐道"与今天我们所倡导的兼顾个性化与社会化不同的是，它更强调"由人"来"推己"，更关注个体本身内里与表象的取向，在一定程度上没有很好地兼顾社会化取向。

今天的人格教育中，我们强调既要重视受教育者的个性化，即要重视个体身心的发展和成熟，显现出与他人相区别的独特的人格特征，又要重视受教育者在接受人格教育时，能从社会发展需求出发，确定一个标准模式去塑造人，强调人的"德"的发展要合社会规范的共性要求。今天的人格教育尊重每一个个体的独特性，强调人格自我发展的自由，强调个体自我判断以及自我选择的权利，反对控制和制约。这并不意味着与社会化是矛盾的。因为人是具有社会性的个体，个体的人格发展不可能脱离社会发展需求。个性化和社会化是人格发展过程中的两个方面，它们相辅相成、互为补充、不可偏废。"个性化"与"社会化"在个体的人格教育中应是相互统一的，如果只是强调社会化原则取向，往往致使人的个性受到压抑，个体的感受与体验不被重视，个体在同样的环境下以同种模式被训练，人的行为与思维看似保持了高度的统一，其实人失去了独立性。社会发展需求本身是由不同的个体需求所共同形成直至上升到一定高度的。而既定的社会需求一定程度上会对不同群体中的个体需求产生限制，当个体需求未被满足时，驱动他们努力实现更高需求的动力能是什么呢？如果人格教育的个性化原则被片面强调，个体往往又容易以自我为中心，以自我的感受和体验去衡量其他的人或事。而其实从社会发展与人的发展的关系看，它们并不是非此即彼的。社会发展需要有主动进取和创造精神的人才，而主动进取和创造精神的养成离不开人的个性的充分发展。同样，人的个性发展一定要为整个社会服务才有意义，也只有为社会服务，才能更好地发挥和发展人自身的个性。

今天的人格教育需要综合社会发展需求和人的个性发展要求，坚持人格教育个性化与社会化协调统一的方针，做到人格教育的统一性与个体的独特性相结合，并注重对人的主体精神的培养，充分体现个体人格发展的内涵及层次性，以适应社会发展对人才的需要。

（二）"反求诸己"教育原则的转化

"反求诸己"是指通过自我反省随时了解、认识自己的思想、意识、情绪与态度。孔子教导弟子说，能否坚持这样做是区别君子与小人的主要标志："君子求诸己，小人求诸人"①，又说："吾未见能见其过而内自讼者也。"②"内自讼"即内心自责，自我反省。孟子进一步发扬孔子的"求诸己"思想，提出："爱人不亲，反其仁；治人不治，反其智；礼人不答，反其敬——行有不得者皆反求诸己……"③意思是说，我爱别人而别人不亲近我，应反问自己的仁爱之心够不够；我管理别人而未能管理好，应反问自己的知识能力够不够；我礼貌地对待他人却得不到友好的回应，要反问自己的态度够不够恭敬；任何行为若得不到预期效果，都应反躬自问，好好检查自己、反省自己。孔门大弟子曾参关于自省有一段著名的论述："吾一日三省吾身，为人谋而不忠乎？与朋友交而不信乎？传不习乎？"曾参每日三省是从三个方面去检查自己的思想和言行：一是反省谋事情况，即对自己所承担的工作是否忠于职守反省；二是反省自己与朋友交往是否信守诺言；三是反省自己是否知行一致，即是否把学到的内容身体力行。总之，通过自省是要从思想意识、情感态度、言论行动等各个方面去深刻认识自己、剖析自己。

儒家的"反求诸己"在把主体作为道德修养的立足点时，主张注重个人的责任和担当，这有点类似于今天我们常说的"责任意识"与"担当意识"。孔子对怎么才能做到这一点有很系统的一套提法。他认为，要修养仁德，必须使自己的行为符合礼的要求，也就是"克己复礼"。"礼"是"仁"的具体行为规范，具体来讲就是四目："非礼勿视，非礼勿听，非礼勿言，非礼勿动。"这是在谈个人修养，并非谈政治，所以这里的"复"应为符合、按照之意，并非恢复。其次，"反求诸己"意味着经常反思自己身上的责任，即"内省"。孔子说："见贤思齐焉，见不贤而内自省也。"只有"内省"才能检讨自身的缺点、错误，从而改过。孔子教导学生"过则勿惮改"，"过而不改是谓过矣"。曾子把"内省"概括为"三省吾身"："为人谋而不忠乎？与朋友交而不信乎？传不习乎？"这是

---

① 杨伯峻.论语译注[M].北京：中华书局，2006：187.
② 杨伯峻.论语译注[M].北京：中华书局，2006：59.
③ 杨伯峻.孟子译注：简体字本[M].北京：中华书局，2015：125.

对孔子思想准确的把握。最后，"反求诸己"还意味着"推己及人"，也就是"忠恕之道"。南宋朱熹对"忠恕"解作："尽己之谓忠，推己之谓恕。""忠"，就是"己欲立而立人，己欲达而达人"。"恕"的标准是"己所不欲，勿施于人"。

在处理人际关系的问题上，应该设身处地地站在他人的立场上来考虑具体的事务。孟子说的"老吾老以及人之老，幼吾幼以及人之幼"就是一种"推己"，"古之人所以大过人者，无他焉，善推其所为而已矣"[①]。在现实生活中能达到这种境界的人毕竟很少，于是儒家又提出"推己及人"的最低要求："恕"，这是人人都比较容易做到的，就是"己所不欲，勿施于人"，不愿意别人那样对待自己，也不要那样对待别人。

在我国的人格教育传统中，有"内省""自修"等主张。"反求诸己"在人格教育中虽然看到了受教育者的自主作用，但是针对的是受教育者。而在今天的人格教育中，教育者同样应该明白这一点——尊重受教育者的自主性。美国著名的哲学家、教育家杜威说过，"道德、智力发展的过程，在实践上和理论上乃是自由、独立的人从事探究的合作的相互作用的过程"[②]。德国教育家雅斯贝斯也说过："真正的权威来自于内在的精神力量。"[③]受教育者在人格教育过程中，具有主体地位，可以自主地选择和学习，根据自己的实际需要来确定学习的内容和计划，根据自己的人生目标和理想来确定自己学习的方向和程度。受教育者在人格教育中，虽然需要教师的指导和帮助，但本质上主要是学生自己的事，学生要自主地选择，并准备承担责任。

尊重受教育者自主性的人格教育强调人格教育观念和内容由"外加"变为"内需"，受教育者由"学会顺从"变为"学会选择"，由被人"塑造""培养"变为自己生成或者生长，并非是一种脱离社会实际的道德理想，而是对传统的人格教育进行改造的一种突破。在传统的人格教育中，人格教育向受教育者所传授的道德规范和道德取向，都是贴有社会需要标签的来自一定环境之外的道德要求和意志，让受教育者在无法充分了解"为什么"的情况下无条件地吸收和接受，这不仅违背了学习本质上的自由、自愿性质，而且违背了学习活动的

① 杨伯峻.孟子译注:简体字本[M].北京:中华书局,2015:12.
② 杜威.杜威教育论著选[M].赵祥麟,王承绪,编译.上海:华东师范大学出版社,1981:435.
③ 雅斯贝尔斯.什么是教育[M].邹进,译.北京:生活·读书·新知三联书店,1991:70.

客观规律。尊重受教育者自主性的人格教育，并不排除社会合理的道德需要，而是积极地促进受教育者内化需要，并以对社会生活高度负责的态度和精神，通过提高受教育者的德行，通过提高人格教育的活动质量和意义，促进社会整体道德水平的提高。

（三）"改过迁善"教育原则的转化

儒家人格教育中所倡导的"改过迁善"原则更多的是在强调道德自觉，在这种道德自觉下，个体应有自我修正以及自我学习的意识。

《周易·益》中提到：君子以见善则迁，有过则改。"所谓改过迁善，就是不断改正自己不符合社会道德规范的过失，积极促进自己的道德品质由恶向善，由低到高的转化和发展。"①孔子认为能分辨、善分辨是"改过迁善"的重要前提。倘若心中无对错，又如何分辨何为过，何为错；何为善，何为恶。他说："唯仁者能好人，能恶人"②，"好仁者，无以尚之；恶不仁者，其为仁矣"③。关于改过，人非圣贤，孰能无过？人人都可能犯错误，但是君子和小人的区别不是谁所犯错误多少或大小，而是犯了错误之后怎样对待错误。君子有错就改，小人对自己的错误总是掩饰的。所以，孔子极力主张"过而不改，是谓过矣"，"过而勿惮改"。孔子所重视的不是人不犯错，而是有了过错之后能否改正。真正有道德的君子不仅改过，而且不犯同样的错误，即"不迁怒，不二过"。孔子还要求人们能够正确对待别人的批评："法语之言，能无从乎？改之为贵。巽与之言，能无说乎？绎之为贵。"④对于别人正确的意见，应认真听取，有则改之，无则加勉。

所谓"迁善"，是指人应当积极向善、自尊、自爱，改过本身就是自强的表现。关于"迁善"，孔子告诉学生要择善而从。孔子认为，在道德修养的过程中，既要正确对待自己的错误，又要多学习别人的优点和长处，对别人的缺点和不足，应该引以为戒。他说："见善如不及，见不善如探汤。"⑤意思是，看到别人的优点应该学习，一定要有一种唯恐追赶不上的紧迫感；看到别人的缺点，

---

① 彭春.先秦儒家德育思想对当代大学生品格教育的价值[D].湖南：中南大学,2010：13.

② 杨伯峻.论语译注[M].北京：中华书局,2006：38.

③ 杨伯峻.论语译注[M].北京：中华书局,2006：39.

④ 杨伯峻.论语译注[M].北京：中华书局,2006：107.

⑤ 杨伯峻.论语译注[M].北京：中华书局,2006：200.

则如要把手伸到滚烫的开水里一样，要有一种躲之不及的危机感，引以自警、自戒。

孟子认为人应该分辨善恶，有错就改，将正确的道德信念付诸实践，从而达到改过迁善。"且古之君子，过则改之；今之君子，过则顺之。古之君子，其过也，如日月之食，民皆见之；及其更也，民皆仰之。今之君子，岂徒顺之，又从为之辞。"①他通过对"古之君子"和"今之君子"的比较、对照，说明了勇于改过的重要性。他认为一个人不固执己见、改过迁善，才能成为道德高尚的君子。改过需要决心和信心，需要日夜省思，做到见善必为，闻过必去。改过才能让人更客观地评价自己，在改过迁善中，养成宽广的胸怀。

荀子认为，人格修养不能只停留在对书本知识的学习上，还要从周围的人身上吸取有益的东西，互相学习，取长补短。"见善，修然必以自存也；见不善，愀然必以自省也；善在身，介然必以自好也；不善在身，菑然必以自恶也。"②意思是说，见有善行，一定要恭谨自查，自己是否也有此善行；见到不善的行为，一定要惊心警惕，反省自己是否也有此不善。自己身上的善，一定要固守；身上的不善，一定要畏恶它如同灾祸。因此，荀子强调"学莫近乎其人"，"学之径莫速乎好其人"。他要求人们亲近和喜欢道德高尚的人，这样自然会受到高尚品德的熏陶。

"改过迁善"是个体完善自我品格的重要原则与方式，然而这是基于受教育者本身的一种原则与方式。在今天的人格教育中，我们更注重教育者及其他群体能对受教育者产生何种影响。《论语·子路篇》中有言："其身正，不令而行；其身不正，虽令不从。"在人格教育者中，受教育个体在各种人际关系的交往中都会潜移默化地受到他人的影响，正面的影响自然是我们在人格教育中所要追求的取向，正面的影响会在人格教育中给受教育者以正确的引导，对受教育个体更具冲击性和震撼性。以教育者为例，教师不仅是知识的传授者，而且是学生的模仿对象。教师在长期与学生接触的过程中，其一言一行将会在学生心中留下很深的影响。学生在长达数年的学校教育中，与教师的接触时间很长，而学生在求学期间正是人格塑造的重要阶段。因此，榜样示范的原则应是当今人格教育中倡导的原则。

---

① 杨伯峻.孟子译注：简体字本[M].北京：中华书局，2015：76.

② 荀况.荀子[M].牟瑞平，译注.济南：山东友谊出版社，2001：23.

榜样对个体人格教育塑造的影响是巨大的，榜样教育的规律就是从"个别到一般"，或者说从"特殊到普遍"的发展过程。从当今的人格教育工作实践来看，从榜样教育入手，从点到面，把榜样的思想品质发扬、提升为一种精神和风气，这对提高个体的人格发展具有重要的促进和引导作用。儒家说"改过"方能"迁善"，"过"与"善"的标准可以由教育者传授给受教育者，但是如果只是具体内容的传授，谁能保证传过来的内容受教育者能接得住？被概念化的事物往往很难具有生动性，而榜样作为真实可现的案例即使未必生活在我们的视野里，但是其精神品质却能不受时空的限制，存活在个体人格教育的过程中。其次，榜样示范所发挥的影响也突破了传统的简单说教所带来的作用。其实"见贤思齐"说的就是这种影响的最好体现。榜样除了在人格教育中对受教育者具有促进与引导的作用之外，还有一个很重要的价值，便是检验我们所倡导的人格理念是否合理。如果我们所倡导的人格理念在现实生活中并无具体的直观体现，那么受教育者接受这样的人格理念的空间又在哪里？当某个人或者某个群体切实做到了我们所倡导的人格理念，受教育者才会明白：这种人格理念是真实存在的，而不是一种虚妄的存在，或者是一种人们自我建构的期待。同时，这种人格理念是可被实现的，不是遥不可及、不可达到的彼岸。

（四）"慎独慎染"教育原则的转化

儒家在人格教育中有一个很明显的偏向就是重视内化。"慎独"强调个体在独处时依然能诚如内心，坚守优良品质。"慎染"则注重"出淤泥而不染，濯清涟而不妖"。《中庸》说："是故君子戒慎乎其所不睹，恐惧乎其所不闻。莫见乎隐，莫显乎微，故君子慎其独也。"意思是说，在别人看不见、听不见的时候，在闲居独处的情况下，更要小心谨慎，使自己的行为符合道德规范。《大学》亦云："所谓诚其意者，毋自欺也。如恶恶臭，如好好色。此之谓自谦。故君子必慎其独也！小人闲居，为不善无所不至，见君子而后厌然，揜其不善而著其善。人之视己，如见其肺肝然，则何益矣？此谓诚于中，形于外，故君子必慎其独也。"①"慎独"离不开"诚意"，诚意就是强调行动之前的动机纯正，意念真诚。慎独就是要诚于己的本然之性，不自欺，既能慎独，则发见于外的话，自无不善了。孔子教导学生要慎交友，他提倡"友其士之仁者""乐多贤友"，即

①剑楠,崔永晨.四书五经[M].长春:吉林大学出版社,2011:9.

选择"仁者"和"贤者"为友，以达到"以友辅仁"的目的。孔子将朋友分为两大类，每一类中又有三种："益者三友，损者三友。友直，友谅，友多闻，益矣。友便辟，友善柔，友便佞，损矣。"①他要求自己的学生同正直、诚实和见闻广博的人交朋友。他认为择益友的目的是为取得朋友之间"忠告而善道之"。孔子还提倡对邻居要有所选择，他说："里仁为美。择不处仁，焉得知?"②荀子把外界环境对个人的影响称为"渐"，他主张教育者在教育学生时，应慎重地选择教育环境，荀子说："故人知谨注错，慎习俗，大积靡，则为君子矣。"③荀子关于"慎染"的经典论述是："蓬生麻中，不扶而直；白沙在涅，与之俱黑。"④

"慎独慎染"在人格教育中都强化了个体所能发挥的价值与作用。儒家人格教育中所倡导的"慎独慎染"原则其实是一种个体的自我教育，它期望通过个体的自我修养来实现理想人格。而我们今天所倡导的人格教育，不单单是个体发挥一定的作用就能实现人格的塑造的。古代的生活环境相对闭塞，个体能发挥的作用诚然很大，但是今天的人格教育环境大有不同。首先，今天的人格教育环境更具开放性。在个体人格塑造的过程中有家庭、学校、社会等多方面参与，个体没有理由也很难"拒人于门外"。其次，今天的人格教育环境更具复杂性。个体人格的塑造是否适当需要面对错综复杂的考验，居于一隅只会"固步自封"，看似求得心安，其实有可能为大环境所不容。因此，在今天的人格教育中应更注重多方环境的联动，不仅重视自我在人格教育中的调控与建构，而且要重视家庭、学校和社会环境带来的影响，应在秉持内控的同时适当外控。这样，当个体走出自我的空间后，才不会有束缚感、压迫感。

人格教育是一个过程，这一过程具有能动、系统和相对独立的特性。但它绝不是一个不受外界影响的"独立体"，它必须与外部环境发生物质、能量及信息的交换。这就要求人格教育与外在环境达成一种协调性。这种协调性则需要人格教育能紧跟时代要求，面对不同的环境、状况都可安然应对，这样，当个体走出家庭、走出校园才能尽快适应，而不是处于一种"与天斗、与地斗"的狰狞局面之中。如果说"慎独慎染"刻画的是一种自我调控与建构，那么保持与环境协调追求的便是一种外在雕琢与打磨。其实二者并无矛盾的地方，因为

---

① 杨伯峻.论语译注[M].北京:中华书局,2006:197-198.

② 杨伯峻.论语译注[M].北京:中华书局,2006:37.

③ 荀况.荀子[M].牟瑞平,译注.济南:山东友谊出版社,2001:167.

④ 荀况.荀子[M].牟瑞平,译注.济南:山东友谊出版社,2001:6.

外在环境所表现的各种人格要求终究也会被个体内在所溶解、消化。而溶解、消化之后的存在便是个体应对社会变迁最重要的力量，这种力量让"心理脆弱"遁形在踏入社会的大环境中。马克思说，观念的东西不外是移入人的头脑并在人的头脑中改造过的物质的东西而已。从人生历程来看，有家庭及血缘关系所产生的早期、长期、直接、细致、深刻与濡化的独特性影响，有学校教育的塑造性影响，有社会的诱导和习染性影响；从环境的横断面来看，有政治因素、经济因素、思想因素和文化因素等影响；从环境影响的性质来看，有引导和推动人们健康向上、积极进取的积极因素，也有侵蚀人的灵魂、玷污人的思想、干扰正确思想形成和影响良好行为培养的消极因素①。因此，在人格教育过程中，坚持与环境协调的原则，才是今天更应提倡的。

（五）"知行统一"教育原则的转化

知行统一是儒家塑造"内圣外王"理想人格的一个重要原则，这和我们今天所说的"知行统一"大抵相同。"知"和"行"是相互统一的，"知"是"行"的前提，"行"是"知"的落脚点，"行"之后又会出新知，循环往复，才能促进人格发展更趋完善。

"'知'在古汉语中通'智'，在儒家教育中指智育，相当于求得知识、提高认识、增长智慧的意思"②，孔子重"知"，他将"知""仁""勇"并举，谓"知者不惑，仁者不忧，勇者不惧"。《中庸》以"知、仁、勇三者，天下之达德也"，而"知"为成德的首要前提。孔子说："不知命，无以为君子也；不知礼，无以立也；不知言，无以知人也"③，"知者不惑"，"知者利仁"，"知者不失人"。此外，孔子重"行"，谓"力行近乎仁"。强调道德认知的全部目的在于践行。子曰："诵《诗》三百，授之以政，不达；使于四方，不能专对；虽多，亦奚以为？"④也就是说，如果撇开了最后的践行，"知"本身的意义就无法得到真正检验，那么，"知"何以称为知，君子何以称为君子，就不得而知了。他还提

① 黄建榕，刘社欣，冯小宁.德育新模式：德育环境化[J].深圳大学学报（人文社会科学版），2001,18（5）：112-113.

② 李丽丽，王凌皓.个体知与行和谐发展思想探析——以先秦儒家教育为论域[J].成人教育，2011（6）：45.

③ 杨伯峻.论语译注[M].北京：中华书局，2006：238.

④ 杨伯峻.论语译注[M].北京：中华书局，2006：152.

出"听其言而观其行",为此,主张"言必行,行必果"。孔子用"学"和"习"将"知"和"行"两方面有机地统一起来,即"学而时习之"。在孔子的严格教诲下,孔门终于形成崇尚力行的风气。在人格教育内容上,"子以四教:文,行,忠,信"①,这里的"行"就是我们今天所说的实践。

孟子继承和发扬了孔子的"力行"思想,进一步指出:"故天将降大任于是人也,必先苦其心志,劳其筋骨,饿其体肤,空乏其身,行拂乱其所为,所以动心忍性,曾益其所不能。"这就是说,要想担当大任开创伟大的事业,对于道德的修养不仅要身体力行,还要能自觉地接受各种严酷环境的磨炼和艰难挫折的考验,这样才可获得卓越的才能,形成完善的人格,达到崇高的人生境界。孟子的知行统一思想是以心性论为基础的。孟子以"四心"作为"四德"的来源,并界定"是非之心,智之端也"。孟子把"智"作为人辨别是非善恶的一种能力,强化了"知"对"行"的指导作用。他认为一个有德的君子"行"道很重要,但是首先应该是"知"道,"行之而不著焉,习矣而不察焉,终身由之而不知其道者,众也"②。孟子不但重视道德认识,而且更加重视道德实践,那是因为道德实践比道德认识更加困难。孟子说:"夫道若大路然,岂难知哉?人病不求耳。"③这里的"求"就是"行"之意。孟子在知行统一观上有自己独特的见解,孟子认为人生来就具有善性,这种善性即人的良知良能。孟子曰:"人之所不学而能者,其良能也;所不虑而知者,其良知也。"④这种良知良能具体为仁义礼智,即"四端"。由此,他提出"尽其心者,知其性也。知其性,则知天矣"的观点。在孟子看来,所谓道德认知就是扩充天赋的仁义礼智等善性,而这种认知或扩充又必须在道德实践中才能实现。正如孟子所说:"凡有四端于我者,知皆扩而充之矣,若火之始然,泉之始达。苟能充之,足以保四海;苟不充之,不足以事父母。"⑤

荀子在知行问题上首先肯定"知"对"行"的指导作用,"君子博学而日参省乎己,则知明而行无过矣"⑥。但是,他更注重道德实践上的"行"。"不闻不

① 杨伯峻.论语译注[M].北京:中华书局,2006:83.
② 杨伯峻.孟子译注:简体字本[M].北京:中华书局,2015:234.
③ 杨伯峻.孟子译注:简体字本[M].北京:中华书局,2015:214.
④ 杨伯峻.孟子译注:简体字本[M].北京:中华书局,2015:238.
⑤ 杨伯峻.孟子译注:简体字本[M].北京:中华书局,2015:59.
⑥ 荀况.荀子[M].牟瑞平,译注.济南:山东友谊出版社,2001:3.

若闻之，闻之不若见之，见之不若知之，知之不若行之。学至于行之而止矣。"①荀子认为，无论是获取直接感性认识的"见之"，还是获取间接感性认识的"闻之"，其实现亦依赖于具体的"行"，可见荀子把"行"视为认识的来源。荀子还认为"行"是道德修养的最高阶段："道虽迩，不行不至；事虽小，不为不成。"荀子与孔子一样在道德教育过程中，根据学生的实际行为来评判一个人的道德水平，而不是只听其言而不观其行。

《大学》对知行统一思想进行了高度而精练的概括。在"八条目"中，"格物""致知"属于"知"的范畴，即道德认识；"诚意""正心"属于"意"的范畴，即道德意志；"修身""齐家""治国""平天下"属于"行"的范畴，即道德实践。这表明，人的道德认识需要一定的道德意志才能达到道德践行的最高境界。《中庸》肯定了"笃行"是道德修养的重要内容，认为修身要落实在行动上："博学之，审问之，慎思之，明辨之，笃行之。"

儒家的"知行统一"看重实践的价值，如果只是单方面强调认知的话，往往会让人的人格修养变得刻板，并且经不起实践的检验。知行本身是辩证的，儒家将"行"更多的是放在宏观层面思考，更偏向于一种人格教育的理念，通过解读"知"与"行"的辩证关系，来深化"行"的价值与意义。而今天我们在说人格教育有关知行的问题时，更偏向具体的方法论，更加主张具体的训练方式，让个体在一次次的实践中感受自我的认知是否合乎理想人格的规范，来检验主观的认知是否能有效指导实践，这其实就是我们今天在人格教育中所强调的认知与行为训练相结合的原则。

长久以来，我们的人格教育更加注重价值观的界定与规范。诚然，界定与规范的内容是必要的，这是引导个体人格修养，也是我们开展人格教育的道路与方向。但是我们忽略了两个很重要的方面：一方面是个体的理解程度。尤其是在学校教育方面，受到人格教育的个体往往心智还处于不完全成熟的阶段，对界定和规范好的价值观未必能有很好的感知。譬如我们所说的"友善"，友善是在人际关系中个体所要传达给对方的态度，但是我们需要做出对象上的区分，而学校中心智尚未成熟的个体一定程度上并不能完全甄别对象的差异性。对家人、朋友、同学友善，对存在损坏他人权益的对象或群体，则需要受人格教育的个体学会自我保护，懂得友善的尺度和空间，无差别的友善态度往往会助长

①荀况.荀子[M].牟瑞平,译注.济南:山东友谊出版社,2001:166.

不正之风，不仅不能促使他人权益被侵犯的局面得到控制，自我的权益也会受到威胁。而这些不是单纯地教给学生一种观念、一种态度就能解决的，他们不仅需要知道什么是正确的，更需要知道怎么做才是正确的。而怎么做则需要在具体的情境中通过行为的训练才能更加深刻。另一方面是个体的表现程度问题。影响个体行为的因素很多，这里面不单纯是理解了某种观念就能顺利表现出相应的态度。行为训练的意义在于强化受教育的个体能强化自我的行为记忆，这种行为记忆是不受时空限制的。我们所追求的人格教育不应仅仅只是"告知"和"要求"，而要在个体成长的过程中能看见一次又一次的"行动"和"实现"。

儒家十分注重以"修己"的方法来实现理想人格。孔子认为，修身应是一个人毕生坚持不懈的事情。《中庸》云："故君子不可以不修身。"①只有"身修而后家齐，家齐而后国治，国治而后天下平。自天子以至于庶人，壹是皆以修身为本"。孟子从"性善论"出发，提出了一整套"尽心""求放心"的修己思想。荀子从"性恶论"出发，提出了"化性起伪"的修己方法。儒家"修己"思想在汉代、宋明时期又得到了进一步的发展，特别强调自我修养和道德自律的重要性。儒家通过内心修养和道德践履等来实现理想人格，主要内容如下：

一是"博学"。《论语》开篇就说"学而时习之，不亦说乎！"子曰："好仁不好学，其蔽也愚；好知不好学，其蔽也荡；好信不好学，其蔽也贼；好直不好学，其蔽也绞；好勇不好学，其蔽也乱；好刚不好学，其蔽也狂。"②孔子认为，只有学好礼节，才能立身做人。否则，仁、智、勇、直、刚等品格就达不到理想人格的要求。孔子强调人要上进，就必须博学，做到"多闻，择其善者而从之；多见而识之"③，孔子还提出了"学而优则仕"的主张："使之四方，不辱君命。"假如一个人"授之以政，不达；使于四方，不能专对"④，就不能为官。孟子继承了孔子"先富后教"的思想，明确提出在民众富裕之后，还要"谨庠序之教，申之以孝悌之义"⑤，教化万民，目的是使民众从内心"明人伦"，只要"人伦明于上，小民亲于下"⑥，人心自当安宁，政局自当安定，社

---

① 剑楠,崔永晨.四书五经[M].长春:吉林大学出版社,2011:33.

② 杨伯峻.论语译注[M].北京:中华书局,2006:207.

③ 杨伯峻.论语译注[M].北京:中华书局,2006:84.

④ 杨伯峻.论语译注[M].北京:中华书局,2006:152.

⑤ 杨伯峻.孟子译注:简体字本[M].北京:中华书局,2015:4.

⑥ 杨伯峻.孟子译注:简体字本[M].北京:中华书局,2015:89.

会自当和谐，百姓自当乐业。

二是"正己"。《大学》有云："所谓修身，在正其心者"，"欲修其身者，先正其心"，"心正而后身修"。孔子主张为政者要"正己正人"，以身作则，为民众做表率。他说："政者，正也。子帅以正，孰敢不正？"[①]，"其身正，不令而行；其身不正，虽令不从"。他还认为，不能把自己的意志强加于人。"己欲立而立人，己欲达而达人"，"己所不欲，勿施于人"。孟子发展了这一思想，他说："君仁，莫不仁；君义，莫不义。"孟子甚至说："身不行道，不行于妻子……。"[②]

三是"重节"。儒家重视人的气节，强调人应该有"苦其心志""威武不屈""独善其身"的奋斗精神和豪迈气节。儒家认为，做人要有独立的人格意志，要讲志气，要有气节。孔子曰："三军可夺帅也，匹夫不可夺志也。"修身应在顺境中不腐败，逆境中不动摇，穷乏时要修好自己的善性，显达时要把这种善性扩展到天下，坚持"大丈夫"的气节，动心忍性，不畏贫贱，不屈威武，不可夺志。

四是"重行"。孔子认为君子应该"敏于事而慎于言"，"先行其言而后从之"。荀子说："不闻不若闻之，闻之不若见之，见之不若知之，知之不若行之。"学与行相比较，行更为重要。儒家文化中所说的"行"，主要是从道德修养方面来讲，是一种道德践履活动。他认为人应该言行一致，身体力行，不尚空谈。看一个人，也要听其言、观其行，看他的行为是否符合道德标准。由于"行"是一种道德践履活动，所以重"行"自然而然成了修身的重要内容和方法之一。

① 杨伯峻.论语译注[M].北京:中华书局,2006:145.
② 杨伯峻.孟子译注:简体字本[M].北京:中华书局,2015:257.

第八章　传统儒家人格教育思想资源
当代转化的路径

当前，我国处在经济和社会转型的关键期，现代人格问题诱发的危机亟待解决。中国传统儒家文化蕴含丰富的人格教育思想资源，我们要汲取并转化其中的有益成分，进而有效化解人格危机。如何实现传统儒家人格教育思想资源的当代转化？对历史文化特别是先人传承下来的价值理念和道德规范，要坚持古为今用、推陈出新，有鉴别地加以对待，有扬弃地予以继承，并且要处理好继承和创造性发展的关系，重点做好创造性转化和创新性发展。一方面，我们要对传统儒家人格教育思想进行批判继承。传统儒家人格的生命力在于它能够在自我保留中更新，在自我传承中创造，因而，要对传统儒家人格教育思想进行批判，对传统儒家人格教育思想批判得越彻底，它越能保持恒久的生命力。另一方面，我们要对传统儒家人格进行当代阐释，在现代人格教育思想指导下，结合时代发展特点，对传统儒家人格教育思想予以创造性的转化，使其在不完全游离原意的基础上实现创新性发展。要想实现传统儒家人格教育思想资源的当代转化，必须首先要明确转化的对象。由于传统儒家人格教育思想资源存在三种成分，第一种是带有历史局限性的封建糟粕，由于其陈腐落后，我们应予以抛弃；第二种是具有超时代性的普世精华，我们可以直接传承；第三种是精华与糟粕并存的思想，这就要求我们加以筛选、提炼其精华，剔除其糟粕。因而，传统儒家人格教育思想资源当代转化的对象是第二和第三种所提取的精华。我们要根据时代的要求，对传统儒家人格教育思想资源的精华进行创造性转化、创新性发展，进而实现传统与现代的契合，完成传统儒家人格教育思想资源的当代转化。

传统儒家人格教育思想当代转化要依据社会主义市场经济、社会主义民主政治、社会主义先进文化的发展需要，遵循现实性、创新性、开放性、大众性等原则，从传统儒家人格教育思想的目标、内容、原则、方法、途径等方面找准与时代的对接点、与受教育者的共鸣点，通过赋予新义、拓展延伸、充实完善等路径，在教育引导、舆论宣传、文化熏陶、实践活动等方面，都要有使受教育者喜闻乐见、易于参与的载体和抓手，真正起到潜移默化、润物无声的作用。实现传统儒家人格教育思想资源的当代转化，必须分清哪些资源可以通过赋予新义实现转化，哪些资源可以通过拓宽延展实现与时代的对接，还有哪些资源可以通过充实、完善实现当代转化。我们下面从这三个方面着手，对传统儒家人格教育思想资源的当代转化做些初步探索。

一、赋予新义

文化具有时代性，每种文化都代表特定的时代精神，带有特定时代的思维方式、价值观念、生活方式的印记。传统儒家人格教育思想作为一种传统儒家文化，建基于血缘、宗法为特点的封建经济之上，因而不可避免地带有尊卑等级、逆来顺受等封建糟粕，这需要我们丢弃。但是，文化中的某些成分又具有普适性，需要我们予以继承。所谓的继承并不是传统儒家人格教育思想与现代人格的简单对接，而是需要经过转化，做出时代意义的改造，才能为今所用。传统儒家人格教育思想资源的当代转化要立足于我国国情和社会发展需要，赋予传统儒家人格教育思想要素新的含义。

(一) 赋予传统儒家臣民人格以当代公民人格之新义

传统儒家臣民人格在自给自足的封建经济和君主高度集权的专制政体基础上形成，封建生产关系具有分散性，整个社会秩序要通过高度集权的君主专制体制和严格的宗法分封制来维持，君为臣纲，父为子纲，夫为妻纲，每个人都被束缚在等级森严的社会网络中。这种社会背景下，君主与民众的关系必然是君尊臣卑的等级关系，这就决定了传统儒家所培养的是唯命是从的臣民人格。孔子维护上下尊卑的等级制度，他说："君君，臣臣，父父，子子。"[1]君、臣、父、子要各尽其道。孟子认为"人伦"是人类的本质特点，他从宗法社会的各种关系中总结出五种关系，并提出处理五种关系的等级规范："父子有亲，君臣有义，夫妇有别，长幼有叙，朋友有信。"荀子认为君臣关系效法天地，具有恒

---

① 杨伯峻.论语译注[M].2版.北京:中华书局,2017:181.

定性，他说："君臣、父子、兄弟、夫妇，始则终，终则始，与天地同理，与万世同久，夫是之谓大本。"①

天尊地卑，因而，君尊臣卑，君臣关系与天地、万物同时存在，具有永恒价值。由此可见，传统儒家维护上下尊卑的宗法等级制度，它培养的臣民人格具有依附性。臣民处于被统治地位，畏惧君王权势，完全屈从并依附于君主的意志，形成顺从意识和臣服心理，最终成为没有主体性的被动的人，扼杀了人类的自主、进取和创造精神。这种臣民人格的依附性决定了臣民不是完整的政治人，它作为非独立的个体存在，只有对君主无条件服从的义务，没有任何权利，古代"君叫臣死，臣不得不死"的现象便是臣民非政治人的真实写照。

在社会主义现代化建设的今天，社会主义市场经济使人摆脱了自然经济条件下的人身依附关系，扩大了人身自由和活动范围，促进了个体主体性的发挥，使个体走向独立、自主、自立、自强。社会主义民主政治制度使人摆脱了等级制度和阶级压迫，从制度上保障了个体自由和平等，使个体成为能够自我主宰且具有独立判断能力的主体。传统儒家臣民人格已不复存在，君主与臣民的关系已转化为国家和公民的关系，传统儒家臣民人格也已经转化为现代公民人格。

现代公民人格是一种符合现代思想价值观念、生活方式和行为方式，适应现代生产力发展水平和政治发展水平的一种独立、平等、民主的完整人格。它的最大特点就是主体性，主体性是人作为主体的属性，包含本体规定和关系规定两层含义。本体规定是人之为人而存在的本质，是个体内在自由自觉的特性，它主要指个体作为一个自主存在，具有独立意识，不依附于任何社会他人，具有独立选择自己的生活方式和独立表达自己观点的自由，因而，是个体多样性和差异性的统一。关系规定是外在的，是主体人在与客体互动过程中形成的，如自主性、能动性和创造性等。个体要想获得真正的主体人格，必须在对象性关系中保持自身的能动性和创造性。现代公民的主体性既包括本体规定下的个体内在自主性，又包括关系规定下的外在自主性，它所强调的不是以自我为中心的主体性，而是相互尊重基础上的交互主体性。唯有这样，每个现代公民的主体性才能得到充分尊重，进而实现真正的主体性。可以说，现代公民的主体性决定了公民是一个完整的政治人，它并不像封建君主只有权利无义务，也不像封建臣民只有义务无权利，他们享有权利的同时必须履行义务，在权利保障

---

① 荀况.荀子[M].牟瑞平，译注.济南：山东友谊出版社，2001：196.

义务履行，义务促进权利行使的过程中，相互尊重彼此的主体性，获得完整的公民身份。

总之，传统儒家臣民人格在自给自足的小农经济和中央高度集权的君主专制制度的基础上形成，不可避免地具有依附性、被动性、保守性等特点。随着社会主义市场经济的发展和社会主义民主政治的进步，传统儒家臣民人格已不适合时代的发展，必须依据社会现实，赋予其现代公民人格的新义，以契合当代社会发展对主体人格的要求，进而实现传统儒家臣民人格向现代公民人格的转变。

（二）赋予传统儒家中庸思想以当代双赢理念之新义

"中庸"是儒家思想的哲学基础。它源自上古的"用中"和"尚和"思想，后经周公提出的"中德"观念和史伯、晏婴主张的"和同"学说，最后经孔子总结、整理和发展，形成"中庸"理论。孔子最早将"中"和"庸"连用，将"中德"改为中庸，并把它上升到"至德"的高度。他说："中庸之为德也，其至矣乎！"中庸不仅是一种德行，而且是最高的德行。由于孔子生活在春秋末年，当时礼崩乐废，战争频繁，他试图通过中庸之道来恢复"失中"的社会准则，以便求得"不偏不倚""合宜"的社会和谐局面。子思继承孔子的"中庸"思想，用"中和"解释"中庸"，认为"中和"是天地万物恒常存在的根本法则。将"中庸"由"至德"的社会准则上升到"达道"的宇宙准则，是对中庸的进一步完善。孟子进一步发展了子思的思想，提出"权变执中"的理念。他说："子莫执中。执中为近之。执中无权，犹执一也。"①莫子保持中间态度，就已经接近中庸了，但是他在持中间态度的同时，拘泥于一点，没有变通，这又距离中庸相去甚远了。真正的中庸，亦称中道，既无不过也无不及，过和不及都无法达到平衡、和谐的状态。

中庸的主要特征是中立不倚，中庸要求做人、做事不太激进，又不太保守，而是执用两中，对激进和保守进行折中调和，以达到无过无不及的稳定、和谐状态。《中庸》指出："君子中庸，小人反中庸。"具备崇高理想人格的君子在言行举止方面都不应偏于一端，而是要使两端相互补充，从而依中道而行，达到平衡状态。孔子强调过犹不及，他认为过和不及都是极端，只有将过和不及折

---

① 杨伯峻.孟子译注：简体字本[M].北京：中华书局，2015：244.

中调和一下，达到无过无不及的尚中状态，才能恰到好处，达到最佳效果。他说："不得中行而与之，必也狂狷乎！狂者进取，狷者有所不为也。"①"狂"指狂妄，"狷"指谨慎，狂妄和谨慎作为对立的品格，如果不适得其中，不加以折中调和，便会走向反面，形成狂妄和谨慎的两种极端品格。这与亚里士多德的"中道"相似，任何善美如果不按"中道"发展，过或者不及都会走向恶丑。自尊是美好的德行，太过分导致狂妄自大。如何做到自尊，关键是把握"度"，对自大和自卑进行折中调和。孟子和孔子一样，认为要避免过与不及两种极端，坚持"中道"。他说："可以死，可以无死，死伤勇。"②如果一个人太过勇猛，便是轻生，他和无勇一样，都是极端。只有勇和无勇加以折中调和，才能达到理想状态。由此看来，传统儒家的中庸具有折中调和性，它通过全面综合分析事物，找到事物发展的折中点即"度"，通过削弱过量，补足不及来加以调和，从而达到事物发展的平衡状态。

传统儒家中庸思想从哲学角度来看，它通过削强和补弱来处理矛盾和差别，从而使矛盾双方达到一种尚中和谐的理想状态。在矛盾统一体中，这就意味着处于优势地位的一方，要受到削弱，处于劣势地位的一方，要予以加强巩固，从而达到不偏不倚的中和状态，以实现矛盾双方的平衡。矛盾统一休中，矛盾一方优势增强，必然带来矛盾另一方优势地位的削弱，矛盾双方处于绝对对立的地位。随着社会主义市场经济的发展，中国特色社会主义民主政治的进步，人们不断追求自我利益的最大化，传统儒家人格教育思想中的折中调和理念，已经无法适应现代公民的利益诉求，这就需要我们赋予中庸思想新的时代意义，来兼顾公民各方面的利益要求，实现公民利益的最大化。"双赢"就是致力于矛盾双方利益最大化，也是赋予中庸思想的时代新义的体现。"双赢"不是找到矛盾对立双方的折中点，通过削弱强者利益，补足弱者利益，进而达到调和矛盾双方利益的目的；而是通过矛盾双方的合作，找到矛盾双方的利益交点或者合作点，围绕利益交点或者合作点，实现双方利益的最大化，进而使矛盾双方处于和谐共生、发展共赢的状态。

现代社会逐步走向理性社会，现代人也逐渐以理性的眼光重新审视自我与社会他人的关系。现代人认识到自我与社会他人之间的关系不是对立的，社会

① 杨伯峻.论语译注[M].2版.北京:中华书局,2017:199.
② 杨伯峻.孟子译注:简体字本[M].北京:中华书局,2015:149.

他人处于优势地位，并不意味着自我处于弱势地位。自我和社会他人之间的利益也不是折中的，并不是削弱社会他人的优势地位，来弥补自我的弱势地位，从而达到社会的和谐。自我与社会他人的关系是合作基础之上的"双赢"关系。自我和社会他人通过合作找到利益交点，围绕利益交点，获取双方最大的利益。"双赢"不同于竞争，竞争与传统儒家中庸思想一样，把自我和社会他人之间的关系看作绝对的对立。竞争只会带来过或者不及，要么社会他人利益过于强大，自我利益不足，要么自我利益处于优势地位，社会他人利益则得不到相应的满足。竞争使得自我和社会他人之间没有合作，因而无法达到中庸、和谐的局面。"双赢"既看到了自我和社会他人之间的竞争，即对立面，又看到了双方的利益交点或者合作点，这个合作点或者利益共同点是双方实现合作，达到中庸和谐局面的前提。"双赢"体现的是一种利人利己的人格特点，是一种"义利并行"的价值观念。"双赢"使自己获利的同时，帮助他人获利，这既体现了对他人的"义"，又体现了对自己的"利"。"双赢"体现了对个体主体性的承认和尊重，认为社会他人与自我处于平等地位，具有获取相应利益的权力。个体不能把自我利益建立在他人利益基础之上，个体要在自我利益实现的同时，帮助他人实现应有的利益。"双赢"体现了一种自强不息的精神，"双赢"并不拒绝竞争，而是在竞争中寻求合作。个体通过竞争合作，以积极的心态追求自我利益，实现他人利益。

"双赢"理念体现的不是一种对抗性的关系，而是一种互利互惠、共同发展的关系。"双赢"理念对于社会危机的化解，和谐社会的构建，起着举足轻重的作用。传统儒家中庸思想注重折中调和，把人与自然、人与人、人与社会的关系对立化，试图通过减少自我需求来实现自然的发展，试图通过放弃自我利益来满足他人利益，试图通过压抑自己的物质欲望来满足自我精神需求。这就需要我们赋予传统儒家中庸思想以新义，来化解危机。"双赢"作为一种互惠互利的理念，能够让双方在合作中找寻利益交点，并围绕利益交点获得最佳利益，进而实现利益双方的合作共赢。在"双赢"理念指导下，人在利用自然的同时，注意遵循自然规律，合理开发自然资源，保护自然生态环境，实现人与自然的和谐共生。人与人的危机得以解决，个体在维护自我利益的同时，帮助社会他人获得应有的利益，实现人与社会他人的共同利益，维护社会和谐。人与自我的危机得以解除，人在追求日益增长的物质需求的同时，不断满足自我精神需求，实现物质需求与精神需求的同步发展，促进身心和谐。"双赢"理念促进了人与自然和谐、人与人和谐、人与自我和谐，践行了全面、协调、可持续发展观，推进了社会主义和谐社会的建设，是传统儒家中庸思想时代新义的展现，更是当前社会主义现代化建设中不可缺少的指导理念。

（三）赋予传统儒家忠君思想以当代爱国主义之新义

"忠君"是传统儒家人格教育思想中不可或缺的一部分。"忠君"中"忠"字的本义是尽心之事，主体尽自我本心去处事。"忠"字面含义丰富，不同于忠君，忠诚就是其基本内涵之一，孔子认为"忠"是诚心诚意待人，真心实意做事。他说："为人谋而不忠乎？"[①]尽心竭力为他人做事。这里的"忠"即忠诚，是一种道德品质。"忠"和"教诲"联系在一起，主要指尽己之本心教他人以善良，孔子说："忠焉，能勿诲乎？"[②]这里的"忠"可理解为忠恕。"忠"的原义是忠诚，指人与人之间双向平等的关系。忠君是"忠"的引申义，指臣民对君主的忠诚，本无可厚非，但是，封建统治者把忠过分绝对化、片面化，要求臣民对君主意志和权威绝对服从，形成愚忠的忠君观念。究其原因，是因为古代中国家国同构的社会结构中，孝亲是忠君的基础，君臣的关系好似父子关系，对君的忠就是对父的忠，移孝作忠。可以说，"忠"是家庭生活中子女对父母的孝在政治生活领域的延伸，君权、王权是族权、父权的放大，国是家的放大，忠是孝的放大。父贵子贱，子女对父母无条件服从的愚孝，导致臣民对君主绝对服从的愚忠。愚忠是封建糟粕，应予以剔除。同时，我们必须看到，传统儒家的忠君思想虽最终成为封建阶级统治的工具，但其最初的意思主要是指忠诚、尽心。孔子所说的"忠"，则属于这一类。他说："君使臣以礼，臣事君以忠。"[③]他认为"忠"以"礼"为基础，君只有以礼相待，臣才会忠于君，比较正确地理解了君臣之间的平等关系。孟子继承了孔子"忠"的思想，认为："欲为君，尽君道；欲为臣，尽臣道。二者皆法尧舜而已矣。"[④]君臣以尧舜之道严格要求自己，在其位，谋其政。孔孟的忠君思想摆正了君臣关系，这部分是可以继承的精华。

① 杨伯峻.论语译注[M].2版.北京:中华书局,2017:4.
② 杨伯峻.论语译注[M].2版.北京:中华书局,2017:208.
③ 杨伯峻.论语译注[M].2版.北京:中华书局,2017:41.
④ 杨伯峻.孟子译注:简体字本[M].北京:中华书局,2015:123.

在社会主义现代化的今天，我们必须辩证看待传统儒家忠君思想，既要看到传统儒家忠君思想发展到极端所形成的愚忠观念，又要看到传统儒家忠君思想中所蕴含的忠诚理念。对其中具有历史局限性的封建糟粕，即愚忠思想要坚决抛弃；对其中具有普适性精华的部分，即忠诚理念加以继承，并适时转化，赋予时代新义。随着时代的发展，社会的进步，观念的更新，君臣关系已不复存在，忠君思想也已无人问津，但是，我们不能不讲忠诚，今天的"忠诚"当然不是忠于君主，而是随着君臣关系向国家与人民关系的转化，被赋予当代爱国主义的新义。

当代爱国主义不同于忠君。在中国古代，宗族和宗法关系导致了家国同构的社会格局，家国一体，使个体在政治上将忠君和爱国联系起来，并形成忠君爱国的愚忠思想。这种思想一度受到民众崇奉，成为衡量个体价值的标尺，以至于无数仁人志士为践履忠君爱国思想献出生命。其实，忠君是为统治阶级服务的，忠君并不等于爱国。我们所讲的当代爱国主义不是忠君，而是忠于国家，忠于社会主义，忠于中国共产党。

爱国主义是历史的范畴，不同时期的爱国主义内涵不同，当代爱国主义是爱社会主义与爱党的统一。第一，当代爱国主义与爱社会主义的统一。当代爱国主义与社会主义有着共同的价值取向，它们都为人民谋利益。同时，爱国主义要靠社会主义实现，爱国主义追求民族独立和人民民主，社会主义不仅实现了民族独立，而且不断深化体制改革，保障人民的地位；爱国主义追求民族统一和国家富强，社会主义则努力实现民族统一，致力于国家富强。当代爱国主义与社会主义具有一致性，当代爱国主义的主题就是建设有中国特色的社会主义。当代爱国主义就是爱社会主义，拥护社会主义制度，坚持社会主义道路，投身社会主义现代化建设，实现中华民族的伟大复兴。第二，爱国主义与爱中国共产党统一。中国共产党带领人民推翻了三座大山，完成了民族独立和人民解放的历史使命。中华人民共和国成立后，中国共产党领导人民走上强国富民路，为实现国家富强和人民富裕的历史任务而努力奋斗。可以说，没有中国共产党，就没有新中国，更不会有新中国综合国力的提升和国际地位的提高。坚持中国共产党的领导是历史的选择，同时，也是人民的选择。中国共产党作为中国人民的先锋队，以集体主义为原则，以全心全意为人民服务为宗旨，始终代表着中国最广大人民的根本利益。它是最坚定的爱国者，它的前途和命运与国家紧密相连。因而，当代爱国主义就是爱中国共产党。

总之，传统儒家忠君思想中的"忠"本义是忠诚，尽心尽力去做事，封建统治者把"忠"片面化、绝对化，要求臣民绝对服从君主的意志，愚忠观念由此形成。随着时代的发展，社会的进步，君臣关系转化成公民与国家的关系，愚忠思想中的忠诚理念，根据社会现实，被赋予爱国主义的时代新义，从而实现其当代转化。

（四）赋予传统儒家持志养气教育方法以志存高远之新义

一定时代的教育方法所展现的价值理念，总是受社会历史条件的制约，具有相应时代的历史痕迹。"持志养气"作为传统儒家人格修养目标实现的重要方法，也不例外。传统儒家所持之"志"和所养之"气"与当代社会追求的志向和涵养的志气迥然不同，这就需要我们根据社会主义现代化建设的要求，对传统儒家的"志"和"气"进行创造性转化，赋予其符合时代要求的新内涵，从而实现创新性发展。

第一，个体要持志。志，即志向、信念或理想。持志，即坚定崇高的志向追求。传统儒家把成仁成圣作为其毕生的志向追求。孟子把尧舜作为个体追求的崇高目标，他认为人人皆有成为圣人的可能性，能否成为圣人，关键在于个体能否付诸行动，"子服尧之服，诵尧之言，行尧之行"[①]。荀子同样以圣人为追求志向，他说："涂之人可以为禹。"[②]尧、舜、禹作为古代圣贤，是古人毕生追求的目标。伴随着时代的发展，社会的变迁，传统儒家所追求的志向，已经不符合社会发展的要求，需要赋予其新的时代内涵。当代中国人民共同努力并为之奋斗的中国梦，是当代中国人民所共同追求的志向。中国梦不仅回答了"树立什么样的理想、怎样实现理想"，而且回答了"实现什么样的目标、怎样实现目标"这一关乎国家命运的根本问题。孔子说："三军可夺帅也，匹夫不可夺志也。"正是由于"志"的支撑，人民表现出一定的意志力和自制力，不向任何外在压力屈服。孟子认为志当存高远，树立远大的志向有利于个体独立意志的培养，而个体拥有了独立意志，便会坦然面对逆境，激发内在进取精神，克服种种困难，成就伟大人格。他说："故天将降大任于是人也，必先苦其心志，

---

① 杨伯峻.孟子译注:简体字本[M].北京:中华书局,2015:214.
② 荀况.荀子[M].牟瑞平,译注.济南:山东友谊出版社,2001:620.

劳其筋骨，饿其体肤，空乏其身，行拂乱其所为，所以动心忍性，曾益其所不能。"中国人民以顽强的毅力，抵住重重压力，克服种种困难，在中国共产党的领导下，推翻三座大山，实现了人民当家做主，并不断深化改革，实行改革开放，推进社会主义现代化建设，并继续为实现中华民族的伟大复兴而努力奋斗。

第二，个体要养气。传统儒家所涵养的"气"是一种"浩然之气"，何谓"浩然之气"？孟子说："其为气也，至大至刚，以直养而无害，则塞于天地之间。其为气也，配义与道；无是，馁也。是集义所生者，非义袭而取之也。"① "浩然之气"是一种精神状态，是一种气节、气概。它通过"直养""明道""集义""知言"来实现。孟子认为"志"和"气"是密不可分的，个体一旦有了志向，自然而然会有相应的"气"。他说："夫志，气之帅也；气，体之充也。夫志至焉，气次焉；故曰：'持其志，无暴其气。'"② "志"是"气"的统帅，"气"是充于形体之中的内在力量，有什么样的志向，便会有相应的"气"。中国梦的志向所产生的"气"是一种社会正气，社会正气是一种坚守道德原则，自觉抵制享乐主义、拜金主义、贪污腐败、投机倒把等不良风气的凛然正气，社会正气也是一种无所畏惧，敢于同损害人民利益，危害社会主义现代化建设事业的不正之风做斗争的浩然正气。社会正气能够抵御不良风气，纠正不正之风。同时，"志"虽然是"气"的统帅，但是"气"并不是被动的，"志"与"气"互为因果，"志壹则动气，气壹则动志也"③。

二、拓宽延展

特定时期经济和政治性质决定同一时期的人格教育思想，有什么样的经济和政治必然就会有相应的人格教育思想。传统儒家人格教育思想蕴含着丰富的人格教育思想资源，但它在小农经济和宗法制度的基础上产生，不可避免带有封建性的糟粕，我们应予以剔除。同时，我们也应该看到传统儒家人格教育思想普适性的精华部分，或许早已与现代社会格格不入，这就意味着它不能直接为社会主义现代化建设提供人格滋养，需要根据当代社会发展要求不断拓展其

---

① 杨伯峻.孟子译注：简体字本[M].北京：中华书局，2015：46-47.
② 杨伯峻.孟子译注：简体字本[M].北京：中华书局，2015：46.
③ 杨伯峻.孟子译注：简体字本[M].北京：中华书局，2015：46.

内涵，以便有效发挥其对于社会主义现代化建设的潜在意义，实现创造性转化和创新性发展。

（一）拓展传统儒家"君子人格"教育目标的当代内涵

传统儒家圣人人格作为人格塑造的最高范型，具有终极至上性，一般人难以企及。而君子人格是儒家人格的一般范型，具有经世致用性，是对圣人人格的有效补充。君子人格作为一种大众人格，具有普遍性和现实性，是人们日常生活中践行的楷模。君子人格是一种道德化人格，传统儒家的君子的道德人格主要体现为以下几个方面。其一，在道德品质上，君子最重要的道德品质就是"仁"，孔子认为"仁"在君子人格中发挥着基础性的作用，他说："人而不仁，如礼何？人而不仁，如乐何？"[1]孟子继承了孔子的思想，认为"仁"是一切道德的根源，他说："仁也者，人也。合而言之，道也。"何谓"仁"？"仁"就是爱亲人，爱社会他人，爱自然万物。如何践行"仁"？这就要求我们奉行"忠恕"之道，所谓的"忠"，就是积极为人，诚恳待人，推己及人，设身处地为他人着想。"仁"德的具体体现是"正人正己"和"成己成物"，君子严于律己，以身作则，成就自己的同时成就他人。其二，在道德境界上，君子注重内在价值，注重自身修养，有极高的道德境界。孔子强调君子的道德修养，认为君子可以"托六尺之孤"[2]，是忠君爱国之人，君子可以"寄百里之命"[3]，是有责任感之人，君子可以"临大节而不可夺"[4]，是坚守高尚气节之人。孟子重视君子的修养，认为君子要有"大丈夫"人格，面对富贵不动心，面对贫贱不动摇，面对权势不屈服，一心一意坚守"道"。其三，在义利观上，君子"以义为上""重义轻利"。孔子强调"义"，他认为君子重义、小人重利，以见利忘义为耻。孟子坚守"义"，在生和义不可兼得的情况下，孟子义无反顾地选择道义。在荀子看来，不论强权还是利益，都无法改变坚守道义的志向，他说："义之所在，不倾于权，不顾其利。"总之，君子拥有高尚德行，他不仅重视行仁德，奉行"忠恕"之道，强调自我修养，追求极高的道德境界，而且坚守道义，重义轻利。

中国传统儒家君子人格源远流长，我们今天所讲的君子人格，并不是传统

---

① 杨伯峻.论语译注[M].2版.北京:中华书局,2017:32.
② 杨伯峻.论语译注[M].2版.北京:中华书局,2017:115.
③ 杨伯峻.论语译注[M].2版.北京:中华书局,2017:115.
④ 杨伯峻.论语译注[M].2版.北京:中华书局,2017:115.

儒家的君子人格，而是现代社会各行业涌现出的精英人格。社会精英人格是传统儒家君子人格的时代表现，社会精英人格内涵具有时代特征，是传统儒家君子人格内涵在当代的拓展。传统儒家君子拥有高尚德行，社会精英承载"超义务"行为。社会精英"超义务"行为相对于道德底线而言，具有超过道德底线的崇高道德行为。这里"超义务"的道德行为既是对传统儒家君子高尚德行的继承，又是对传统儒家君子高尚德行内涵和价值的当代拓展。传统儒家君子人格在当代拓宽延展中，实现与当代现实的对接，完成转化。

现代社会精英群体主要有三类，他们分别是企业精英、政治精英和知识分子精英，相应地，现代社会精英人格分别是企业精英人格、政治精英人格、知识分子精英人格。

第一，企业精英人格（贵族人格）。不同时代背景、不同国家环境造就的企业精英，有其不同的人格。中国现代社会主义市场经济环境中产生的企业精英，具有高尚人格。企业精英作为公众人物，承载"超义务"行为，具有高于一般人的崇高人格。企业精英诚信经营，造福百姓。诚信作为一种人格修养是现代企业精英所必备的人格品质。孔子说："人而无信，不知其可也。"①无信不立，诚信是人之为人的根本。企业精英诚信经营获得合理、正当的财富后，取之于民，用之于民，不断推动慈善事业的发展。企业精英拥有正确的义利观，见利思义，以义驭利。社会主义市场经济带来巨大财富，面对物质诱惑，企业精英能够坚守传统儒家先义后利的价值观，义中生利，生财有道。荀子说："先义而后利者荣，先利而后义者辱。"企业精英以义中取利为荣，以见利忘义为耻。企业精英在自我拥有高尚人格的同时，推己及人，能够帮助员工完善人格，提高道德修养，提升道德境界。企业精英自强不息，具有开拓创新精神，具有责任、敬业、自律、交流与合作、同情等现代人格修养。由此可见，企业精英人格是传统儒家君子人格的时代延展，既继承了传统儒家君子人格，又对传统儒家君子人格内涵进行拓展。

第二，政治精英人格（领袖人格）。政治精英具有坚定的人生信仰，即共产主义的崇高理想。政治精英在自我确立人生信仰的同时，能够帮助人民确立共产主义的远大理想，真正做到了"己欲立而立人，己欲达而达人"。在确立人生信仰后，社会精英能够把其和崇高理想结合起来，并坚定不移地领导人民为实

①杨伯峻.论语译注[M].2版.北京:中华书局,2017:28.

现共产主义社会而努力奋斗。政治精英富有责任感和使命感，忠于共产主义的崇高理想，忠于国家，忠于人民，忠于社会主义现代化建设事业。政治精英能够充分发扬社会主义民主，保障人民民主权利，创造良好的政治环境，引导人民积极参与管理国家的各项事务，带领人民不断推进社会主义现代化事业。政治精英能够树立正确的权利观，秉公执政，做到权为民所用，情为民所系；能够树立正确的地位观，做到全心全意为人民服务，做人民的好公仆；能够树立正确的利益观，廉政清明，把人的利益作为一切工作的出发点和归宿。以民为本，为政以德，修身立德，确立正确的价值导向，严于律己，遵守社会规范和法制，提升人格品质。总之，政治精英富有责任感和使命感，能够做到推己及人，以民为本，能够树立正确的权利观、地位观和利益观。政治精英人格是传统儒家君子人格的当代延伸。

第三，知识精英人格（学者人格）。知识精英指脑力劳动者中学问高深、品德高尚的人。知识精英知识渊博，不断洞察社会，批判世界，代表了社会的良知。知识精英品格高尚，具有正确的人生观、世界观和价值观，具有诚实守信、与人为善、重义轻利的道德品质，具有刻苦钻研、严谨执着、百折不挠的意志品质；他们具有创新精神、仁爱精神、理性精神和奉献精神；具有高度的社会责任感和正义感，敢于同不良风气做斗争。知识精英在传统儒家主要指"士"阶层。他们位居士、农、工、商之首，在传统社会结构中处于中心位置。荀子说："儒者在本朝则美政，在下位则美俗。"①儒者在朝堂则政治美善，在民间则风俗淳美。"士"具有高尚人格品质，其人格行为对民众起着示范、引导作用。总之，知识精英继承了传统儒家诚信、友善等道德品质和刻苦钻研、百折不挠等意志品质；同时，知识精英又具有理性精神、创新精神等现代人格品质。知识精英人格是对传统儒家君子人格内涵的拓宽延展。

（二）拓展传统儒家"仁民爱物"教育内容的民主内涵

"仁"作为传统儒家人格教育思想的核心范畴，是人与人之间相互亲爱、相互同情的道德范畴，是个体对亲人、对社会他人所产生的一种内在感情。"仁"的基本含义是仁者爱人。孔子说："唯仁者能好人，能恶人。"只有成为仁者，才能推己及人，关爱社会他人，承担对社会他人的道德责任。那么，什么是

---

① 荀况.荀子[M].牟瑞平,译注.济南:山东友谊出版社,2001:143.

"仁者"呢? 孔子说,"仁者人也",它有两层含义,一是以"仁"之德行作为人的存在方式,视人为一种道德主体的存在;二是明确了人己关系中的交互性责任。"仁者,人也",喻示着个体与社会他人作为同等道德主体,彼此间存在着交互性的责任,这是爱人的前提,否认了道德主体间交互性的责任,便放弃了人之为人的特质,个体对他人的社会责任便无从谈起。由此可见,传统儒家的"仁"是对等的,仁者和他所爱的社会他人处于平等的地位,每个人都享有他人给予的"仁爱"的权利,同时必须承担起对他人的责任。同时,"仁者爱人"中的"人"是民众,爱人是爱民,仁者爱人即是仁民,《论语》中提出"如有博施于民而能济众,何如? 可谓仁乎?",提倡利民、爱民、富民、教民。"仁民"体现了民本思想,具有潜在的民主性。孟子继承并发展孔子的仁爱思想,将仁爱思想由对人的爱扩展到对物的爱,提出"仁民爱物"思想。"仁民爱物"思想在人与自然交往中,捍卫了人作为自然人的属性,将自我与自然置于同等地位,行使自主选择爱物的权力。

传统儒家"仁民爱物"人格教育内容,体现了人与人、人与自然之间的平等思想,体现了爱民、富民、利民的民本思想,具有潜在的民主性。然而,中国古代自给自足的小农经济和中央高度集权的君主专制制度的政治基础,决定了潜在的民主萌芽无法发展成为真正的民主,这就使得传统儒家"仁民爱物"人格教育思想中所具有的民主思想被弱化、被淹没,甚至被扼杀。随着经济的发展,政治的进步,我国民主制度不断完善,特别是中华人民共和国成立后,我国民主制度建设进入崭新的历史时期。我国规定社会主义民主政治的本质是人民当家做主,人民享有广泛的民主权力与自由,不仅具有管理国家各项事务的权力,还有集会、结社、游行、示威等自由权力。这就需要我们从传统儒家"仁者爱人""仁民爱物"思想中汲取营养,深入挖掘、阐发其潜在的民主思想,不断拓宽、延展其民主内涵,不断完善人民民主专政制度、人民代表大会制度、民族区域自治制度、基层群众自治制度等一系列民主制度,努力在制度上保障民主人格的实现。在完善民主制度的同时,不断为现代民主的发展提供良好的法治环境,大力实施依法治国的基本方略,以现行宪法为基础,制定并完善一大批法律法规和条例,形成以宪法为核心的社会主义法律体系,促使社会生活各方面有法可依,维护社会主义的公平正义,保证人民各项人格权力的有效实施,不断推进社会主义民主制度建设。

　　总之，传统儒家仁民爱物思想强调"仁者爱人"，"仁者爱人"有两层含义，一是指仁者，什么是仁者？在儒家看来，"仁者人也"，把仁者看作道德主体的存在，与社会他人处于平等地位，仁者和社会他人存在着交互性的社会存在，具有民主的萌芽；二指爱人，即爱民，体现民本思想。同时，仁民爱物思想又把爱人扩大到爱物，把自然放在与人平等的地位，具有潜在的民主思想，但是这些民主思想发展不完善，随着时代的发展，要不断拓宽民主的内涵，不断完善我国的民主制度，从而实现传统儒家"仁民爱物"思想资源的当代转化。

（三）拓展传统儒家"和而不同"思想的生态和谐内涵

　　"和而不同"思想最早见于《国语·郑语》，它由西周末年的伯阳父（史伯）提出，史伯对"和"与"同"做了较为详细的区分，他说："夫和实生物，同则不继。以他平他谓之和，故能丰长而物归之；若以同裨同，尽乃弃矣。"①"以他平他"产生"和"，进而能够"生物"。"以他平他"是"生物"的关键，那么什么是"他"呢，"他"是与"我"异质因素的万事万物。会合与"我"异质因素的各类事物并使之均衡，便会产生新的事物，即"生物"。同时，"以同裨同"，则会造成"不继"的局面。"同"是指与"我"同质因素的事物，具有同质因素的事物相加，还是原来的事物，而不会产生新事物。可以说，不同因素相互协调并进，事物繁荣发展；同质因素简单叠加，事物只能窒息生机。齐国晏婴继承了伯阳父的"和而不同"思想，他善用比喻说明"同"与"和"的区别，他认为悦耳动听的音乐，是由清浊、短长、哀乐、刚柔、出入等不同的音调"相济"而成。各异音调的"不同"带来美妙音乐的"和"。孔子继承并发展前人"和"与"同"的思想，最终形成了以"和而不同"为核心的"和为贵"思想体系。孔子明确提出"和而不同"观点，用于协调人际关系。他说："君子和而不同，小人同而不和。"君子之所以成为君子，是因为君子面对世界的多样化、社会的多样化和人类个性的多样化时，能够存异，能够包容，以"和"来调和这些不同，而不是像小人一样消灭不同。

　　不同是"和"的前提，"和"是不同的目的与归宿。没有不同的"和"，便泯灭个性，丧失多样性，导致事物衰败，没有和的"不同"，便会导致冲突与斗争此起彼伏，事物失去共同发展的可能性。只有追求"和而不同"，才能使各个

---

　　① 左丘明.国语[M].鲍思陶,点校.济南:齐鲁书社,2005:253.

事物在独立发展的同时，可以相互融合，实现共存共荣的和谐发展。由此可见，在事物发展过程中，和与不同缺一不可。那么，如何处理好"和"与"不同"的关系，从而实现最终的和谐呢？首先，我们要承认差异，差异是事物发展的常态，是合理的。在承认差异的基础上，去研究事物内部包括哪些方面，各方面的关系是怎样的，以及怎样来协调各方面的关系，以实现"各得其所"的目标，达到和谐共生的状态。承认差异是实现"各得其所"的前提，"各得其所"是最终目标。始于承认差别，终于各得其所，"和"贯穿始终。

传统儒家对"和而不同"人格教育思想做了详尽的阐释，"和而不同"思想强调"和为贵"，"和为贵"不单是一种善良的愿望，它是以"和实生物"的宇宙观为基础的。正因为我们认识到世界是这样的一个世界，所以说我们要顺应事物本来的要求，以和为贵。也就是以"和"为最高目标，或者说以各得其所为目标。传统儒家的"和而不同"的思想认识到生物的多样性，认为万物"各正性命"，天地就可以化育万物，万物发育自得其所，自然生态系统就会平衡发展，自然界就会生机盎然，实现以和为贵的最高目标。随着时代发展，社会进步，"和而不同"的内涵和价值不断拓宽延展，以适应当代社会发展的节奏，与社会发展相契合，从而完成当代转化。其中，当代生态伦理是"和而不同"思想中人与自然和谐的理念在当代的拓宽延展，是"和而不同"思想在当代价值的体现。同时，"和而不同"不再拘泥于古代社会中人与自然的和谐关系，而是根据时代变化，不断与时俱进，拓展其当代价值，引导当代人与自然危机的解决，实现当代人与自然的和谐发展。

第一，生态伦理思想对"和而不同"思想内涵的当代拓展。生态危机实质是一种文化危机，它的产生与工业文明所带来的文化观念是分不开的。工业文明发展过程中，人类形成的文化观念有：人与自然是二分与对抗的，自然界被视为一个外在的、与人类并存的机械世界，完全被人类操控和支配；以人类为中心，自然界为人而存在，仅具有被人类随意驱使与利用的外在价值，即工具价值，而不具有内在价值；自然资源无极限，取之不竭，用之不尽，一味追求自然的经济资源价值，忽视生态资源价值。这些观念指导着人类与其生存环境的交往行为，带来生态危机。当代生态危机充分暴露工业文明文化观念的不足，人与自然的关系需要以新的文化视角重新审视，人与自然交往模式需要新的文化观念指导，人与自然逐步走向生态伦理。当代生态伦理肯定自然的内在价值，它认为自然界是一个有机整体，自然界的每个生命体都具有内在价值，个体生命内在价值由本身决定，是生命所固有的，与人类需要无关，它有自身的内在目的，为实现自身内在价值服务，具有利己性。同时，个体生命又走出自身内在价值，满足其他生命的需要，从属于整个自然生态系统，体现出工具价值，为实现其他生命需要服务，具有利他性。在利己与利他的互动中，推动自然界的动态平衡发展，实现整个自然的和谐发展。生态伦理认为人与自然万物都有其内在的价值与意义，它们处于平等的地位，而人作为万物之灵长，具有主观能动性和人之为人的德行，对自然万物负有伦理责任，应该帮助万物各尽其分，实现万物自我内在目的和整个自然的目的。当代生态伦理一方面肯定了每个生命个体的内在价值，这是"不同"，另一方面又肯定了生命个体走出内在价值，满足其他生命个体需要的工具价值，每个生命体"各得其所"，从而推动整个自然和谐发展，这是"和"。由此可以看出，当代生态伦理思想是传统儒家"和而不同"思想内涵在当代的拓展。

第二，"和而不同"思想当代价值的拓展。当代人与自然的危机加重，科学技术的进步和工业文明的发展，在给人类带来巨大物质财富的同时，也引起了一系列的自然环境危机。如何实现人与自然的和谐，化解人与自然的危机，这就需要不断拓宽传统儒家"和而不同"思想的当代价值。首先，在"和而不同"思想的指导下，谋求人与自然的可持续发展，传统儒家和谐理念要求人类利用资源时，要节制有度，注重对自然的永续利用。孔子说："子钓而不纲，弋不射宿。"[①]不用网捕鱼，不射巢宿之鸟，注意对资源的节制利用和持续利用。孟子继承孔子对资源的可持续利用观，反对对资源的掠夺式开发，他说："故苟得其养，无物不长；苟失其养，无物不消。"[②]为了使"物得其养"，就必须要取之以时、用之有度，保证资源的持续发展。荀子作为一位唯物主义者，强调对资源的合理开发和利用，认为对资源的开发要注意时机，做到取物以时，对资源的利用要适度，用之以节，切勿过度利用。因而，面临当今资源耗竭、过度开发、肆意滥用的局面，我们要在传统儒家"和而不同"思想的指导下，合理开发、利用自然资源，注意资源、环境的永续利用，摒弃工业文明中以人类为中心，对自然资源无节制开发、利用的做法，不断拓展传统儒家"和而不同"思想的

---

① 杨伯峻.论语译注［M］.2版.北京：中华书局,2017：105.

② 杨伯峻.孟子译注：简体字本［M］.北京：中华书局,2015：203.

当代价值。其次，在"和而不同"思想的指导下，遵循自然规律。传统儒家把自然看作一个有机整体，天地人合一，万物遵循自然规律，各安其位，尽遂其性，和谐相处。孔子说："四时行焉，百物生焉，天何言哉？"四时运行，百物生生不息，遵循着客观规律，实现着各自目的。孟子与孔子一脉相承，他说："莫之为而为者，天也……"①天即自然，不以人的意志为转移，遵循着宇宙自然的内在秩序。荀子也认为自然界有自己的常道，不为人所主宰，他说："天行有常，不为尧存，不为桀亡。"自然规律使万物循着自己的规律运行，不因任何外在条件而改变。因而，当今一系列的环境问题都与人们违背自然规律有关，我们在开发利用自然时，要以传统儒家"和而不同"思想为指导，遵循自然规律，使万物"各得其所"，实现以和为贵的最高目标。传统儒家"和而不同"思想的当代价值在解决环境危机中得到拓展。

（四）拓展传统儒家人格教育当代转化的途径

第一，传统儒家重视环境对个体人格的熏染、浸渍作用，认为良好的环境塑造优质人格，不良环境造成消极人格。孔子重视择处，他说："里仁为美。择不处仁，焉得知？"②居住在仁德的环境中是明智的选择，好的居住环境，为高尚人格的形成创造了良好的条件。孟子也强调环境的重要性，他说："居移气，养移体，大哉居乎！"③环境改变气度，制约人格形成。荀子同样注重客观环境对个体人格的塑造。他说："蓬生麻中，不扶而直；白沙在涅，与之俱黑。兰槐之根是为芷，其渐之滫，君子不近，庶人不服。其质非不美也，所渐者然也。"④有什么样的环境，就会塑造什么样的人格，人在环境的积渐习染中生成，是环境的产物。可见，传统儒家强调环境对个体人格的修塑作用。

第二，传统儒家注重教育对个体人格的引导作用。孔子认为个体的先天素质相差不大，后天习染，主要指教育引导，导致个体人格相去甚远，他说："性相近也，习相远也"⑤，认识到教育对个体人格的重要作用，要求以"道之以德，齐之以礼"的方式来教化百姓。孟子从性善论出发，指出人性本善，但是，

---

① 杨伯峻.孟子译注:简体字本[M].北京:中华书局,2015:171.
② 杨伯峻.论语译注[M].2版.北京:中华书局,2017:48.
③ 杨伯峻.孟子译注:简体字本[M].北京:中华书局,2015:248.
④ 荀况.荀子[M].牟瑞平,译注.济南:山东友谊出版社,2001:6.
⑤ 杨伯峻.论语译注[M].2版.北京:中华书局,2017:257.

人性在物欲引诱下，长期得不到扩充和存养，导致善性散失，这就要靠教育找回本心，扩充善端。荀子则认为人性本恶，通过后天教育引导个体化性起伪，走向至善。他说："干越夷貉之子，生而同声，长而异俗，教使之然也。"教育造成个体人格的巨大差异，并决定个体发展的方向，因此必须注重教育的引导作用。

第三，传统儒家强调主体自觉对人格形成的决定作用。在传统儒家看来，人格的形成建立在主体高度自觉的基础之上，有了自觉性，个体才会见贤思齐，见到不如他人的地方自我反省。孔子主张"为仁由己"，认为"我欲仁，斯仁至矣"①。个体只有产生人格修养意义所在的内在自觉，才会产生人格修塑的内在动力。孟子重视主体自觉对人格修塑的作用，主张深造自得，认为个体善端生而有之，修养之道在于从心"内"求，他说："君子深造之以道，欲其自得之也。"②荀子同样注重主体自觉对人格的作用，他认为圣人之所以成圣，是因为圣人见善思齐，见不善而自省。只有主体不断自觉、不断反思，对善行坚定不移地坚守，对恶行毫不犹豫地抛弃，才能不断自我超越，提升自我人格境界。

第四，传统儒家在人格修塑过程中历来重行，并把"力行""践履""笃行"作为人格修养的重心。可以说，实践是传统儒家人格教育的目的与归宿。孔子重行，认为个体只要努力践履，便可达到"仁"的境界，他说："力行近乎仁。"而个体不去笃行，读再多书也是徒劳，因此，他以自己的实际行动践行"仁"，不仅周游列国，宣传自己的政治主张，而且创办私学，培养大批人才，真正实现了"仁者爱人"的崇高境界。孟子重行，认为努力践行忠恕之道，便可实现"仁"。在他看来，"仁"道并不难懂，关键要个体自觉去探寻，去践履，他说："夫道若大路然，岂难知哉？人病不求耳。"③这里的"不求"即"不行"，"仁"道"知之"容易而"行之"难。荀子把行作为人格修养的最高阶段。在他看来，人格修养是从感性到理性再到实践，即闻、见、知、行不断升华的过程，个体只有通过实践才能达到成圣。同时，他指出学思得来的人格知识带有假设性质，必须通过实践方能验证所学、所思。

传统儒家主要依靠环境熏染、教育引导、主体自觉和躬行实践四种途径来

---

① 杨伯峻.论语译注[M].2版.北京:中华书局,2017:107.

② 杨伯峻.孟子译注:简体字本[M].北京:中华书局,2015:145.

③ 杨伯峻.孟子译注:简体字本[M].北京:中华书局,2015:214.

实现人格的修塑。这四种途径是先哲们以古代社会为背景，依据自我当时的实践、经历、感悟探究总结而形成，在传统儒家人格教育思想资源当代转化的实现即现代人格的形成过程中发挥着举足轻重的作用。同时，我们应该看到，随着时代的发展，社会的变迁，人们生活方式、思维方式的转变，人们获取信息的渠道增多，仅仅依靠传统儒家人格教育的途径，已无法满足大众需求，这就需要我们根据时代发展，借助现代渠道，依托社会媒介，以群众喜闻乐见、易于参与的形式，不断拓宽、延展传统儒家人格教育思想资源当代转化的途径。当今社会已步入信息化时代，社会舆论和大众传媒像空气一般弥漫在人们生活和工作的方方面面，无处不在的信息源对人们的思想、心理和行为的影响达到了全新的高度。利用社会舆论和大众传媒进行传统儒家人格教育思想的当代转化，将会收到潜移默化、润物无声的效果。

第一，借助社会舆论力量，促进现代健全人格的形成与发展。社会舆论环境是公众在一定的社会时空中，对现实社会及其社会问题形成的基本趋于一致的信念、情绪、态度等舆论氛围，它反映了公众的思想倾向、情感和价值观。社会舆论具有人格导向作用，社会舆论将相应的人格行为准则传递给社会成员，深化社会成员对相应人格的认知，从而吸纳、接受、内化相应人格价值理念，促使社会成员依照相应人格的要求去行事。社会舆论对人格具有控制作用，它具有群体一致性，使社会成员的意见和倾向趋同，并凭借对他人的人格评价，产生一种共同的人格力量，产生舆论压力，迫使社会成员遵从一定的人格行为规范，进而控制或影响社会成员的行为。众人的倾向态度对个体的意识和行为有很大的约束力，社会人格舆论具有威慑力，对个体人格具有控制功能。社会舆论具有人格渗透性，个体身处人格舆论环境中，内在的从众性和社会适应性心理被唤起，从而依照人格舆论评价反观自照，引发自我评价，从而使个体由"他律"逐步走向"自律"，自觉汲取人格舆论中的精华，弥补自我人格不足，实现社会舆论的有效性。传统儒家人格教育思想资源可以借助社会舆论，不断加强传统儒家人格对社会人格的引导、控制和渗透，进而实现当代转化。

我们要不断优化社会舆论环境，促进传统儒家人格教育思想资源的当代转化，促进现代健全人格的形成。由于舆论环境有正面和负面之分，正面的舆论环境顺应时代发展和社会进步，是真、善、美的体现，为人格教育开展奠定良好的基础。身处正面的舆论环境中，社会成员易于接受传统儒家人格精华的暗示和熏陶，产生积极的共鸣。负面的舆论环境阻碍了社会发展进程，是社会不健康和个体心理不健康的反映，严重腐蚀着社会与个体的灵魂，影响着个体人格的健康发展。因而，我们要促进正面舆论的形成。首先，要加强正面舆论的宣传力度，引导社会形成良好风尚，不断优化社会舆论环境基础，积极加大正面舆论的宣传，保证宣传的稳定性和持久性，增强宣传信息的可接受性和生命力，不断营造健康、积极、向上的舆论环境，从而遏制社会不良风气，引导社会民众向善，促进现代国民人格素质的提高和传统儒家人格教育思想资源当代转化的实现。其次，要表扬先进、树立传统儒家"君子"人格典型，不断创设正面舆论环境。社会舆论对个体具有导向作用，个体处在社会舆论环境中，会无意识地模仿他人的言行。我们要不断表彰传统儒家"君子"人格模范，积极宣传典型事例，为社会成员提供良好的、可供模仿的事迹，为社会成员的人格发展指明方向。社会舆论对个体具有暗示作用，传统儒家"君子"人格典型产生的社会舆论，能够以某种间接、含蓄的方式对个体心理产生暗示作用，激励个体不断向善。我们要树立传统儒家"君子"人格典型，形成良好社会舆论，为个体人格发展提供积极暗示。再次，积极同负面舆论做斗争。整个社会舆论环境由正面舆论环境和负面舆论环境构成，因而我们要不断增加正面舆论的比重，减少负面舆论环境的空间，使其对社会的影响降到最低。最后，我们还要对负面舆论的片面性、荒谬性加以分析，加深对负面舆论危害性的认识，坚持以理服人，消解不良舆论的负面影响。总之，我们要不断优化社会舆论环境，为传统儒家人格资源的当代转化创造良好的舆论环境。

第二，运用大众传媒，提升传统儒家人格教育思想资源当代转化的效果。大众传媒即大众传播媒介，它是复制和传播信息的载体，包括报纸、杂志、书籍等印刷媒介和广播、电视、网络等电子媒介。大众传媒具备许多其他形式所没有的特点和功能，我们可以充分利用大众传媒的特点和功能，实现传统儒家人格教育思想的当代转化。首先，利用大众传媒的传播特点，促进传统儒家人格教育思想当代转化。大众传媒的传播速度具有即时性，传播维度具有广泛性，作用对象具有大众性，舆论影响具有普遍性。借助大众传媒，传统儒家人格教育思想可以在短时间内大范围地影响社会公众，因而成为传统儒家人格教育思想传播的重要载体。大众传媒具有生动性和形象性，使社会成员易于接受传统儒家人格教育思想内容，不断加深对传统儒家人格的认知；大众传媒具有互动性和虚拟性，使社会成员易于就传统儒家人格教育思想进行自由互动，逐步内化传统儒家人格价值理念，而此种意识会自觉不自觉地被带到日常生活中，化为现实行动，产生实际效果。其次，发挥大众传媒的功能，推动传统儒家人格教育思想转化。大众传媒具有强大的渗透力、凝聚力、催化力和融合力，对社会成员的人格发展有着举足轻重的作用。大众传媒具有舆论引导功能。大众传媒通过对传统儒家人格教育思想和现代人格教育思想的宣扬，运用社会舆论的力量引导社会成员树立正确的人格价值观念，形成良好社会风气，为现代健全人格的形成提供良好的环境。大众传媒具有文化传递的功能。借助大众传媒，实现传统儒家人格教育思想的传承，加深社会受众对传统儒家人格的理解，发挥传统儒家人格教育思想的现代价值。大众传媒具有道德功能。大众传媒通过对传统儒家道德人格思想和现代道德思想的传播，帮助社会成员树立正确的道德观念，养成良好道德行为，实现高尚的道德品格。大众传媒的舆论引导、文化传递和道德功能都属于大众传媒教育功能的范畴。

　　大众传媒运用传统儒家人格教育思想教化大众，推动其当代转化。现代大众传媒具有新颖性、商业性、娱乐性和教育性。为了大众传媒正面教育功能的有效发挥，我们必须要加强对大众传媒的调控。首先，政府要加强对大众传媒的监管。制定各项法律法规，用法律来维护大众传媒的教育功能，抵制商业社会对人格教育的负面影响，坚决打击传播不健康思想的行为，坚决取缔非法的文化组织，为传统儒家人格教育思想资源当代转化创造良好的传媒环境，为现代人格的形成提供有力保障。其次，要加强媒体自律。对大众传媒机构的工作人员进行职业道德教育和人格教育，提高他们职业道德素质和人格素质，使他们拒绝非法商业利益，在兼顾大众传媒的娱乐性的同时，始终把大众传媒的教育功能放在首位。工作人员要自觉抵制不健康思想的传播，积极宣传传统儒家人格思想和大众喜闻乐见的先进文化。此外，还需注意，我们在利用大众传媒特点和功能促进传统儒家人格教育思想当代转化的关键是实现传统儒家人格教育的创新发展。现代大众传媒具有开放、平等的特点，对传统儒家人格教育中保守性的理念造成了冲击，这并不意味着大众传媒要完全摒弃传统儒家人格教育思想，而是要赋予传统儒家人格教育思想以时代性和开放新，实现其创新发展，所谓的创新发展是在继承传统儒家人格教育思想精华的基础上，积极吸收外来人格教育思想的有益成分，结合时代发展特点与我国社会发展需要，根据大众传媒的特点和规律，借助大众传媒环境所实现的创新发展。

三、充实完善

在一定时空境遇中产生的思想，并不是恒定不变的，而是随着社会的发展变化的。传统儒家人格教育思想也不例外，它随着时代的发展而发展，在发展中不断自我更新，吸收适应社会发展的积极因子，进行自我充实完善，从而真正实现与时俱进，焕发时代活力。因而，在社会主义现代化建设的今天，我们要根据社会发展的实际，积极吸收现代人格教育思想和西方人格教育思想的有益成果，不断充实传统儒家人格教育思想，从而在传统与现代的对接中，实现传统儒家人格教育思想资源的当代转化。

（一）以全面发展人格思想完善传统儒家"君子人格"内涵

儒家培养的是德才兼备的君子人格，这种人格最早可追溯到孔子的"仁且智"。"仁且智"即德才兼备，"德"与"才"必须结合，才能成为君了，但这并不意味着"德"与"才"处于平等地位，而是有所侧重，"德"处于主导地位，"才"处于次要地位。孔子说"知者利仁"，可以看出，"知"是实现"仁"的手段，而"仁"是"知"的目的，"才"是为"德"服务的。传统儒家重"德"，把"德"看作人之为人的根本，因而"德"在人才培养中居于首要地位。传统儒家的"德"主要指伦理道德、政治道德和个性品德。就政治道德而言，孔子主张为政以德，推行德政，他认为统治者施行德政，是收服民心的关键。他说："为政以德，譬如北辰居其所而众星共之。"统治者以德治国，就会得到百姓的拥护和爱戴。孟子结合历史发展，指出统治者要施行仁政，仁爱惠民，才能平天下。孟子所说的仁政便是政治道德的体现。荀子也认为，"德"是王者治理国家不可缺少的，他说："王者之论：无德不贵。"[①]伦理道德贯穿于中国封建社会的始终，伦理道德是维护封建统治的工具。孔子主张"君君，臣臣，父父，子子"，强调君臣父子之间所存在的上下尊卑的伦理关系。孟子继承了孔子的伦理道德，并将其发展为五伦，提出："父子有亲，君臣有义，夫妇有别，长幼有

---

① 荀况.荀子[M].牟瑞平,译注.济南:山东友谊出版社,2001:192.

叙，朋友有信。"用于处理五种人伦关系，维护上下尊卑的社会秩序。荀子进一步完善了孟子的五伦，提出"十教"用以协调尊卑的等级关系。就个性品德而言，个性品德主要指个体的个性、品质、人生观、世界观、价值观和道德品质。如，在义利观上，孟子提出"君子义以为上"。君子把"义"放在最高位置，作为处事的最高标准，就是君子的一种个性品德。除了"德"之外，君子必须要有"才"，才能称得上是真正的君子。传统儒家的才主要指六艺，即礼、乐、射、御、书、数。"礼"的内容广博，包括政治之礼、道德之礼、礼仪等，"礼"延伸到社会生活的方方面面，规范人们的行为，维护封建统治。"乐"主要包括音乐、舞蹈、诗歌。"乐"用以陶冶情操，使外在的"礼"转化为内在的道德需求。"射"指射箭，是培养君子不可缺少的训练项目，以保卫国家。"射"作为一门重要的学科，不仅有相应的教练场所，而且有教射的标准。"御"指驾驭战车的技术。青年达到一定的年龄，必须学习驾驭战车的技术，"御"同样有相应的训练项目和标准。"书"主要指文字读写能力。"数"主要指算法。"书"和"数"作为基本的知识技能，颇受重视。此外，孔子还编成《诗》《书》《礼》《乐》《易》《春秋》。

随着时代的发展，社会的进步，传统儒家德才兼备的君子人格内涵已经不符合社会的发展要求，需要依据社会的现实情况对其加以充实、完善。全面发展人格具备德、智、体、美、劳等多种素质是对传统儒家德才兼备君子人格内涵的充实和完善。传统儒家德才兼备的君子人格在充实完善中实现与现代社会的对接，完成转化。其中，当代全面发展人格内涵从两个方面对传统儒家德才兼备的君子人格内涵进行充实完善，第一个方面是全面发展人格中的"德"和"智"两种素质对传统儒家德才兼备的君子人格内涵的充实；第二个方面是体、美和劳三种素质对传统儒家德才兼备的君子人格内涵的完善。

第一，全面发展人格中"德"和"智"两种素质对传统儒家德才兼备君子人格内涵的充实。"德"指人的品德，育才先育人，"育人"指的是教人以德，"德"在个体五种素质中位于首要位置。今天的"德"主要指社会公德、职业道德、家庭美德。社会公德是调节公共关系的基本准则，是每个社会成员需要遵守的行为规范。社会公德调整社会各个方面的关系，如朋友关系、老幼关系、陌生人关系等等，维护日常生活秩序。它主要包括场所道德和文明礼貌两部分。场所道德主要指公民在公共场所需要遵循的行为准则，如遵守秩序、讲究卫生、爱护环境等；文明礼貌则是公民在人际交往过程中所表现出来的合乎规范的礼节和行为规矩，如互相尊重、谦逊礼让、助人为乐等。职业道德是人们在职业实践过程中形成的稳定的行为规范，是一定行业职员应该遵守的道德。职业道德调整着行业内部职员之间的关系、行业之间的关系，以及行业与社会之间的关系，维护行业的正常运转秩序。社会上职业种类很多，每个行业在发展过程中都形成了适合本行业的具有本行业特征的道德。因而，职业道德种类繁多，诸如教师道德、律师道德等，这并不意味着不同职业道德之间没有任何联系，而是有着服务人民、服务社会主义的共同理想。职业道德要求人们忠于职守、爱岗敬业、热爱本职，做合格的劳动者。家庭美德意指良好的家庭道德，它是调整家庭成员之间关系的准则，是家庭成员需要遵循的道德规范。家庭美德主要用于调整夫妻之间，父母、子女之间以及其他家庭成员之间的关系，意在营造融洽、和睦的家庭氛围。"智"主要指个体的理论修养、阅历经验和自我能力。理论修养主要包括马克思主义理论修养、知识修养和技能修养。马克思主义理论修养是树立个体世界观、人生观和价值观的问题，是其他修养的前提。知识修养主要指个体的科学文化知识，包括法律知识、历史知识、政治知识、经济知识等，是通识教育的要求。技能修养是个体所从事某一行业所必须掌握的专业技能，专业技能是个体生存所不可缺少的。阅历经验是个体在日常生活实践中对各种事件的理解方式，一个人阅历越丰富，对事物的认识越深刻，越能够从容应对生活中的各种突发状况。自我能力是个体做好事情的关键，它包括个体的分析能力、判断能力、应变能力等。由此可见，当代全面发展人格中的"德"指社会公德、职业道德、家庭美德，当代全面发展人格中的"智"指个体的理论修养、阅历经验和自我能力。他们都是适应时代发展要求的素质，是对传统儒家君子人格中的德与才内涵的充实、完善。

第二，"体""美"和"劳"三种素质对传统儒家德才兼备的君子人格内涵的完善。"体"即身体素质，主要包括体质、体育运动知识和体育运动技能等。身体素质是其他素质的基础，身体是根本，没有健康的身体，其他各项素质都无从谈起。体育能够增强个体体质，提高个体适应外界环境变化和抵御疾病的能力。体育能够锻炼学生坚持不懈和吃苦耐劳的意志品质，培养学生团结协作、互助友爱的精神。体育能消除疲劳，提高学习效率，促进个体智力的发展。"美"，主要由审美能力、审美观、审美创造力等组成，是个体逐步提高美的感受能力和开发个体美的创造力的过程。美的素质离不开美育，美育能够培养个体欣赏美、感受美和创造美的能力，发展个体的观察能力、形象思维能力和想象能力，对个体智力的开发、身体素质的提高等各方面起着积极的作用。美育能够陶冶人、感染人，使人产生情感共鸣，促进个体对美好事物的热爱。"劳"，指劳动技术，包括生产技术知识与生产技能两部分，它是知识运用与操作技能掌握与提高的过程。劳动能够使人潜在的生产力转化为实际生产力，提高个体的生存能力。劳动是中华民族的传统美德，也是每一个社会主义建设者不可缺少的素质。因而，我们要加强劳动技能教育，使个体掌握劳动知识和技能，学会劳动与生存。传统儒家人格教育培养的目标是德才兼备的君子，它注重德与才两方面的个体素质。

（二）以当代品格教育内容充实完善传统儒家"三达德"内容

传统儒家人格教育思想中蕴含着极为丰富的品格教育内容，包括仁、义、礼、智、信、廉、耻、勇、孝、悌、忠等因子。其中，"仁、智、勇"被称为"三达德"，"仁、义、礼、智、信"被称为"五常"，"礼、义、廉、耻"被称为"四维"。"三达德"在君子人格修养中居于核心地位，是极为重要的品格教育内容。最早把"仁、智、勇"当成一个整体来表述的是孔子，他虽然没有直接提出"三达德"，但他指出"仁、智、勇"是君子必备的品质。他说："君子道者三，我无能焉：仁者不忧，知者不惑，勇者不惧。"①只有同时具备仁、智、勇三种品质，才能造就完美人格，成为真正的君子。孟子继承并发展了孔子的这一完美人格，将其发展为"大丈夫"人格中的"仁政、知言、浩然之气"。"仁政、知言、浩然之气"是"仁、智、勇"的时代展现。然而，明确将"仁、智、勇"称为"三达德"的是《中庸》："知，仁，勇三者，天下之达德也，所以行之者一也。"②"达"即通达，"德"指个体内在素质，天赋予人，也称为"性之德"。"三达德"思想是"仁、智、勇"的有机统一，三者密不可分，其中"仁"是核心，"智"是基础，"勇"是手段，三者缺一不可，共同促进儒家君子人格的实现。

---

① 杨伯峻.论语译注[M].2版.北京：中华书局，2017：219-220.
② 礼记[M].崔高维，校点.沈阳：辽宁教育出版社，2000：189.

具体来讲，"仁、智、勇"有其各自的内涵。首先，就"仁"而言，"仁"是传统儒家哲学中最高的德行和境界，它不仅是传统儒家人格最高的、最核心的德行品质，而且是德行的总括，统摄了从德的最高理念到一般范畴中所有优秀的道德品质。仁爱是"仁"的本质内涵，也是"三达德"中"仁"的内涵。仁爱包括两个方面，一是爱人，爱人分两层含义，一是爱亲，爱亲是爱人的开始，孔子说："孝悌也者，其为仁之本与！"孝悌是人之为人的根本，也是"仁"的根本。《中庸》指出："仁者人也，亲亲为大。"仁爱是人本身具有的，爱亲是最基本的。可以说，孝悌是"仁"的基础，"仁"在孝悌的基础上，不断发展、扩充并升华。二是爱众。孔子主张通过"泛爱众"来践行"仁"。他说，"泛爱众，而亲仁"[①]，他的"泛爱众"，以爱亲人为起点，扩而充之，去爱别人，爱众人，乃至爱全人类。孔子的爱众，在封建宗亲制度之上，以血缘为基础，推己及人，由近及远，由亲及疏，是有等差的爱。孟子认为仁爱是人性中所固有的，"恻隐之心，仁之端也"，恻隐之心作为仁之萌芽，与生俱来，并非外加。其次，就"智"而言，"三达德"中的"智"指智慧。当智慧讲，"智"的具体内容包括两个方面，一个方面指明辨是非，孔子认为"知者不惑"，真正的智者，能见于萌，见微知著，辨别是非，从而趋利避害。孟子认为"智"是一种判别是非的能力，他说："是非之心，智之端也。"荀子同样对"智"做了阐述，他说："是是、非非谓之知，非是、是非谓之愚。"正确辨是非即为智，是非颠倒即为愚。另一个方面指知人、自知，所谓"知人"就是能够在认识、理解他人的基础上，正确评价他人。所谓"自知"就是在清醒认识、把握自己的基础上，客观、公正地评价自己。再次，就"勇"而言，"三达德"中的"勇"有两层意思，一是勇气，多指见义勇为，面对正义的事情，鼓足勇气，义无反顾地去做。孔子说："见义不为，无勇也。"[②]他主张见义勇为，反对见义不为。符合道义的事，不能胆怯，要有勇气，全力去做。二是勇敢，孔子所说的"勇者不惧"就是一种勇敢，勇敢的人不畏惧，遇事能够从容不迫，处变不惊，体现了一种内在的境界。同时，我们需要注意，勇敢要合于礼，以礼作为衡量标准，正如荀子所说："勇果而亡礼，君子之所憎恶也。"[③]

① 杨伯峻.论语译注[M].2版.北京：中华书局，2017：6.

② 杨伯峻.论语译注[M].2版.北京：中华书局，2017：29.

③ 荀况.荀子[M].牟瑞平，译注.济南：山东友谊出版社，2001：730.

传统儒家"三达德"包括仁、智、勇三种品格。这三种品格又有各自的内涵。其中，"仁"主要指仁爱，仁爱分爱人和爱物两个方面，爱人以血缘关系为基础，以爱亲为起点，由亲及疏，推至爱他人、爱社会、爱人类，是有等差的爱。爱物则由爱亲不断外推，爱人、爱社会、爱自然。"智"主要指智慧，它分两个方面，一是明辨是非，要求个体有判断是非的能力；二是知人、自知，要求个体在认识、鉴别、分析的基础上，客观评价自己和他人。"勇"包括勇气和勇敢两方面。勇气要求个体见义勇为，勇敢要求个体坚守道义，无所畏惧，勇往直前。勇敢要求个体无所惧，以礼为准绳。传统儒家"三达德"的这些内容，有封建性糟粕，也有普适性精华，需要我们辨别，对于糟粕我们要予以抛弃，对于精华我们要加以继承。随着时代的发展，社会的变迁，传统儒家"三达德"的内容已经无法满足社会发展的要求，需要根据社会发展的实际，不断注入符合社会发展要求的因子，加以充实完善，才能实现与现代的对接，完成当代转化。当代品格教育伴随时代发展应运而生，体现了时代要求和特质。它以德行伦理学为基础，引导受教育者获得核心价值理念，培养受教育者良好的道德意识、道德情感、道德意志和道德行为，旨在形成符合当代社会发展的优秀德行品质，培养具有道德责任感的公民。当代品格教育内容无疑是"三达德"教育内容的充实、完善。

当代品格教育的目的不仅仅是传授"底线道德"，更重要的是传授"核心道德"。"通过对受教育者核心价值的传授，使人类的共同的、基础的也是核心的价值成为受教育的价值观，成为根植于受教育者内心、血液的个性品质，即品格。"①20世纪80年代中后期美国的品格教育运动，提出能为所有文化接受的、具有普遍性的十条核心价值观。这些价值观为：同情、礼貌、勇敢、公正、善良、诚实、坚毅、忠诚、负责和尊重。全球生活价值教育项目提出重点培养儿童、青少年的十二种核心价值观，即合作、幸福、自由、谦卑、诚实、爱心、和平、责任、尊重、朴素、容忍、团结。中国虽然没有明确提出品格教育的核心价值，但是提出了社会主义核心价值观：富强、民主、文明、和谐、自由、平等、公正、法制、爱国、敬业、诚信、友善。由此看来，美国核心价值观、全球生活价值教育项目核心价值观和中国社会主义核心价值观都直接或间接地以尊重、负责和关怀为核心价值。"'尊重'、'责任'、'关怀'是生命个体一切

---

① 丁锦宏.品格教育论[M].北京:人民教育出版社,2005:168.

品格的基础。尊重是贯穿于三大领域（私德、公德、职德）的核心品格。责任则是生命个体处理'私人生活领域'和'公共生活领域'关系的核心道德价值……而所有的'尊重'与'责任'，又都是通过'关怀'得以关联和展现。"①当代品格教育以尊重、责任和关怀为核心内容。当代品格教育内涵特别是核心内涵是传统儒家"三达德"思想内涵的充实、完善。具体来说，就"仁"而言，传统儒家"仁"的思想指仁爱，当代品格教育中的尊重和关怀是传统儒家的"仁"的当代体现，但是，尊重和责任又不同于传统儒家的"仁"。首先，传统儒家强调爱人，但是传统儒家的爱人是一种单向的爱人模式。它以血缘为基础，推己及人，由近及远，由亲及疏，是有等差的爱。因而，传统儒家的"爱人"只是从个人的角度出发，并不承认他人的"主体性"以及他人与自我的"交互主体性"。当代品格教育中的尊重和关怀则强调双向互动爱人模式，它强调义务的对等性，把自我与他人置于平等地位。自我要一视同仁地尊重一切人的人格，关怀一切人的正当利益，同时，自我也应获得他人的尊重和关怀，从而实现互相尊重和互相关怀。当代品格教育中的尊重和关怀强调平等双向的爱人，这是对传统儒家有等差单向爱人的弥补。其次，传统儒家的"仁"指仁爱，仁爱包括爱人和爱物两个方面。当代品格教育中的尊重和关怀包括尊重和关怀自我、他人、社会、自然和一切生命存在，这是对传统儒家"仁"的思想的充实、完善。就"智"而言，传统儒家的"智"指智慧。它包括辨别是非以及知人、自知两个方面。当代品格教育中的尊重和责任暗含传统儒家"智"的思想。个体只有在辨别、了解、认识他人与自己的基础上，才懂得如何去尊重自己以及如何去尊重他人。同样，个体也只有对责任进行全面理解、认识后，才知道自己要承担哪些责任。可以说，"智"是尊重和责任的前提条件。具体而言，当代品格教育要求个体能够实事求是、明辨是非、理性批判，能够协调、沟通和解决问题，了解并维护自我的权利、义务，能够明当代人伦礼节、守道德规范，认识制度并具有法律精神，了解并认同宪法、国家与民族文化，了解国情、历史并热爱国家，了解世界文明危机并关怀他国弱势群体，了解生态危机并敬畏生命。个体在了解中，尊重他人和自己并承担相应责任，这些当代品格教育所要求了解的内容突破传统儒家辨是非、知人、自知的内容，是对传统儒家"智"的实现的充实、完善。就"勇"而言，传统儒家强调勇气和勇敢，当代品格教

———————
① 丁锦宏.品格教育论[M].北京:人民教育出版社,2005:188.

育虽然注重勇气和勇敢，但其更强调勇于承担责任。传统儒家的"勇"要合于礼，守于义，礼和义作为评判"勇"的标准，不可避免地带有封建成分。这就需要我们对"礼"和"义"的封建成分予以剔除，对"礼"和"义"的合理成分加以继承。当代品格教育要求个体勇于承担责任，以道德规范为标准。因而，当代品格教育以道德规范作为"勇"的评判标准，是对传统儒家以礼义合理成分为评判标准的充实、完善。具体而言，当代品格教育要求个体勇于承担对自己、对家庭、对社会、对国家、对世界的责任，是对传统儒家"勇"的充实、完善。总之，当代品格教育内容特别是核心内容是对传统儒家"三达德"思想内容的充实、完善。

（三）以当代新型孝道精神充实完善传统儒家孝道内涵

中国传统儒家孝道居于中华文化传统的核心地位，它是诸道之首、百善之先，在传统中国政治、经济、文化中处于统领地位。儒家孝道内涵十分丰富，主要包括以下几方面的内容：孝继、孝养、孝敬、孝顺、孝思、孝丧和孝祭等方面。其中，既有普适性的精华，又有封建性的糟粕。从传统孝道精华来看，传统孝道要求子女爱自己的生命和身体。《礼记·祭义》中说："身也者，父母之遗体也。行父母之遗体，敢不敬乎？"[①]子女对生命和身体的爱护，就是尽孝道。传统孝道还要求子女尊敬父母。孟子说："孝子之至，莫大乎尊亲。"尊敬父母是最大的孝。传统孝道要求子女尽赡养父母的义务。孟子曰："惰其四支，不顾父母之养，一不孝也；博奕好饮酒，不顾父母之养，二不孝也；好货财，私妻子，不顾父母之养，三不孝也……"[②]从传统孝道的糟粕来看，传统孝道强调子女对父母孝顺"无违"，形成了子女对父母绝对顺从的愚孝思想，孔子说，"事父母几谏，见志不从，又敬不违，劳而不怨"[③]，传统孝道重视孝丧和孝祭，父母去世后，子女不仅要服丧三年，而且，传统孝道丧葬的礼仪比较僵化、烦琐，封建色彩浓重。

传统儒家孝道观念以血缘关系为主的小农经济为基础，随着自给自足、男耕女织式的生活方式的终结，传统儒家孝道观念失去了生存根基，这并不意味

① 礼记[M].崔高维,校点.沈阳:辽宁教育出版社,2000:161.
② 杨伯峻.孟子译注:简体字本[M].北京:中华书局,2015:154.
③ 杨伯峻.论语译注[M].2版.北京:中华书局,2017:55.

着传统孝道毫无价值，而是需要我们进行辩证分析，并对其历史局限性的封建糟粕部分予以抛弃，对其孝养、孝敬等古今相通的普世性价值理念加以继承。随着时代的发展和社会的进步，传统孝道普世精华部分已无法满足社会发展的需要，需要对其进行充实完善，才能实现与现代社会的对接，完成当代转化。现代新型孝道，在社会主义市场经济、社会主义民主政治、社会主义先进文化的基础上产生，符合现代家庭和社会发展的实际需要，有利于促进家庭和睦和社会和谐，是对传统儒家孝道的充实完善。

不同于传统儒家孝道观，现代新型孝道具有符合时代发展要求的新内涵。首先，注重情感性。传统儒家孝道观念虽然提倡子女敬爱父母，但是它以封建宗法制和君主专制为基础，带有浓厚的父权专制主义色彩，子女对父母的爱大多出于对父母的畏惧，并非完全出自自然感情，可以说，传统儒家孝道观念中子女对父母的敬远远胜于爱。与传统儒家孝道观不同，现代新型孝道观认为子女对父母的爱源自自然亲情，这种亲情以人格平等为基础，发自人的内心而不受任何外在力量的支配，是人类最真实的感情。现代新型孝道下，子女对父母的爱出自内心自然情感，这是对传统儒家孝道中亲情不足的弥补。同时，现代新型孝道下，子女与父母处于平等地位，子女有其独立的人格，这是对专制制度下，子女独立人格缺失的充实、完善。其次，"养体"与"养心"并重。传统儒家孝道观念注重子女对父母的物质奉养，常常忽略父母的情感需要和精神慰藉。与其不同，现代新型孝道观以现代社会为视角，不仅满足老人物质生活需求，而且关注老人的情感需要。特别是当今社会，随着经济的不断发展和社会日益开放，人口流动加速，空巢老人的精神状况受到普遍关注，这就要求我们在满足老人物质需求的同时，更要给予老人精神给养，真正做到使父母老有所养、老有所乐、颐养天年。现代新型孝道注重子女对父母的精神慰藉，这是对传统儒家孝道中子女对父母精神抚慰缺失的补充。再次，注重义务对等性。传统儒家孝道观念中，封建家长专制色彩浓重，家长具有绝对的权威，子女必须"无违"于父母，它只强调子女对父母善待义务的履行，而父母无须对子女以慈相待，子女与父母之间的义务极不对等。随着现代民主制度的进步，现代新型孝道观念中，父母与子女之间的义务与权利不再是单向的，而是双向的，父母有抚育子女的义务，子女有赡养父母的义务，双方人格对等。现代新型孝道注重父母与子女之间义务的对等，强调父母与子女的平等人格，这是对传统儒家孝道单方面不对等义务关系及平等人格缺失的充实、完善。

总之，与传统儒家孝道不同，现代新型孝道有其时代内涵，它是建立在人格平等、义务对等基础上的子女对父母的亲情之爱，更加注重子女对父母的精神慰藉。

（四）以现代心理学理论充实完善"因材施教"的内涵

因材施教是指教育者根据教育对象的心智、个性、能力、学问施以因人而异的教育方法。首先，因心智而施教。孔子根据人的智力水平差异，将人分为四等，他说："生而知之者上也，学而知之者次也；困而学之，又其次也；困而不学，民斯为下矣。"[①]由此可见，"生而知之者"为上智，"学而知之者""困而学之"为中人，"困而不学"为下愚。个体心智水平的差异，导致个体接受事物的能力不同。因而要根据具体情况，教以不同程度的学问，采用不同的教学方法。他认为人的智力有"上智""下愚"之分，主张对"上智""下愚"之人采取特殊教育，对中等智力以上的人传授高深学问，中等智力以下的人便无法教之以高深知识。其次，因个性而施教。孔子根据"柴也愚，参也鲁，师也辟，由也喭"[②]的个性特点，分而教之。同样，荀子深入了解教育对象的个性差异，有针对性地对其进行教育。它针对性情极端者，提出了不同的补偏救弊的措施。再次，因特长而施教。孟子主张依据学生的不同优势，分而化之。他认为施教的方法有很多，人格教育要因材施教。根据成德、达财、答问等不同学生的特长，采取不同的方法教导之，他说："君子之所以教者五：有如时雨化之者，有成德者，有达财者，有答问者，有私淑艾者。此五者，君子之所以教也。"总之，传统儒家依据学生的心智水平、个性特征、优势特长，予以学生不同的教育方法，这对促进当代个体发展起到了关键作用。

同时，我们应该看到，传统儒家因材施教的人格教育方法，不应仅仅局限于因学生的心智、个性、特长来施教，还要时刻根据变化了的环境适时充实、完善。这就要求我们不断挖掘因材施教的当代价值，依据当代社会发展状况，持续充实、完善其符合时代发展的深层次的含义，真正做到具体问题具体分析。

心理学作为一门独立的科学，在心理研究领域取得了丰硕成果。教育科学

---

① 杨伯峻.论语译注[M].2版.北京：中华书局，2017：252.

② 杨伯峻.论语译注[M].2版.北京：中华书局，2017：165.

研究不仅建立在对教、学规律的研究基础上，而且建立在儿童心理发展研究的基础上。其中，个体身心发展特点的研究成果表明个体身心发展具有顺序性、阶段性、不平衡性和差异性。个体身心发展有其自身的规律性：它具有顺序性，是一个由低级到高级、由近及远、由具体到抽象的连续不断发展过程；它具有阶段性，不同年龄阶段有其独特的心理和个性特征；它具有不平衡性，不同年龄阶段及同一年龄阶段的不同方面的身心发展是不均衡的；它具有差异性，不同的遗传、环境、教育和自身努力程度导致个体发展程度的差异。因而，我们要遵循个体身心发展特点和规律，依据个体身心发展的顺序性、阶段性、不平衡性和差异性，分别采取相应的教育方法，做到因身心发展规律施教，不断充实、完善传统儒家因材施教人格教育方法的内涵，真正做到与时俱进。同时，在因个体身心发展规律而施教的过程中，我们还要特别注意个体发展的性别差异。在中国封建社会中，女子没有受教育的机会，而在民主社会的今天，女子获得了解放，取得了与男子同等的地位，实现了受教育的权利。我们需注意男性和女性在生理、心理上的差异，在智力结构、学习动机、学习归因等方面的不同，人格教育过程中要依据男女生各自的优势因势利导，做到因性别施教，进一步充实、完善传统儒家因材施教人格教育方法的内涵。

　　总之，当代心理学的研究表明，个体身心发展具有规律性，我们要根据人格发展规律，采取相应的教学方法，不断充实传统儒家因材施教教育方法的内涵，使其在不断充实、完善中实现与现代的对接，完成当代转化。

主要参考文献

[1]《北大讲座》编委会.北大讲座精华集(人生)[C].北京:北京大学出版社,2014.

[2] 北京大学《荀子》注释组.荀子新注[M].北京:中华书局,1979.

[3] 陈桂蓉.中国传统道德概论[M].修订本.北京:社会科学文献出版社,2014.

[4] 陈来.传统与现代——人文主义的视界[M].北京:生活·读书·新知三联书店,2009.

[5] 崔永东.内圣与外王——中国人的人格观[M].昆明:云南人民出版社,1999.

[6] 恩斯特·卡西尔.人论[M].甘阳,译.上海:上海译文出版社,1986.

[7] 傅佩荣.论语的智慧[M].合肥:黄山书社,2009.

[8] 傅佩荣.孟子的智慧[M].北京:中华书局,2009.

[9] 葛荣晋.先秦两汉哲学论稿[M].北京:中国人民大学出版社,2014.

[10] 辜鸿铭.中国人的精神[M].李静,译.天津:天津人民出版社,2016.

[11] 郭齐勇.中国儒学之精神[M].上海:复旦大学出版社,2009.

[12] 韩星.儒家人文精神[M].西安:陕西人民出版社,2012.

[13] 贺麟.文化与人生[M].北京:商务印书馆,1996.

[14] 胡适.人生有何意义[M].北京:民主与建设出版社,2015.

[15] 金耀基.中国现代化的终极愿景——金耀基自选集[M].上海:上海人民出版社,2013.

[16] 李景林.教化视域中的儒学[M].北京:中国社会科学出版社,2013.

[17] 刘桂莉.儒家伦理观综论[M].成都:电子科技大学出版社,2014.

[18] 楼宇烈.中国的品格[M].成都:四川人民出版社,2015.

[19]牟钟鉴.儒学价值的新探索[M].济南:齐鲁书社,2001.

[20]牟宗三.中国哲学十九讲[M].吴兴文,主编.长春:吉林出版集团有限责任公司,2010.

[21]塞缪尔·斯迈尔通.品格的力量[M].刘曙光,宋景堂,译.北京:北京图书馆出版社,1999.

[22]邵汉明.中国文化精神[M].北京:商务印书馆,2000.

[23]孙德玉.先秦儒家人格教育思想研究[M].芜湖:安徽师范大学出版社,2010.

[24]孙培青.中国教育史[M].2版.上海:华东师范大学出版社,2000.

[25]徐克谦.先秦儒学及其现代阐释[M].南京:南京师范大学出版社,1999.

[26]许建良.先秦儒家的道德世界[M].北京:中国社会科学出版社,2008.

[27]杨伯峻.论语译注[M].北京:中华书局,2006.

[28]杨伯峻.论语译注[M].2版.北京:中华书局,2017.

[29]杨伯峻.孟子译注[M].北京:中华书局,2015.

[30]杨国荣.善的历程——儒家价值体系的历史衍化及其现代转换[M].上海:上海人民出版社,1994.

[31]姚中秋.重新发现儒家[M].长沙:湖南人民出版社,2012.

[32]叶南客.中国人的现代化[M].南京:南京出版社,1998.

[33]殷陆君.人的现代化——心理·思想·态度·行为[M].成都:四川人民出版社,1985.

[34]尹建章,肖月贤.先秦儒家与现代社会[M].郑州:中州古籍出版社,1992.

[35]张岱年.中国伦理思想研究[M].南京:江苏教育出版社,2009.

[36]张岱年.中国哲学大纲[M].北京:中国社会科学出版社,1994.

[37]张国钧.中华民族价值导向的选择——先秦义利论及其现代意义[M].北京:中国人民大学出版社,1995.

[38]郑淑媛.先秦儒家的精神修养[M].北京:人民出版社,2006.

[39]朱熹.四书章句集注[M].北京:中华书局,1983.

[40]朱义禄.儒家理想人格与中国文化[M].沈阳:辽宁教育出版社,1991.

后 记

从本质上说，人格是社会关系在个人身上内化的产物。人是通过社会化来获得社会属性的，人格形态则是其社会属性的外在化。荣格说，一切文化最后都沉淀为人格，集体和个人都是这样。中国自古就有重视人格教育的传统，特别是传统儒家构建了内容丰富的人格教育思想体系。儒家的人格教育不是孤立于日常生活的，而是落实于日用常行之内，许多做人做事的人生智慧，确实可以成为现代人修炼身心、涵养性情、修塑人格、提升境界的重要资源。

传统是现代的渊源，现代是传统的延伸。但传统毕竟是传统，传统中有精华也有糟粕。把传统文化和现代观念结合起来，求得二者的融合，是文化创新的方向。儒家思想在当下也应该进行创造性转化，要从阐发经典的过程中创造出新的适合时代的理论。这既是儒家自身发展的必然选择，又是时代赋予学者的使命。这方面要做的事很多，本人只是做了一点尝试和探索，希望能对中华优秀传统文化的创造性转化和创新性发展尽绵薄之力！

本书得到2014年度教育部人文社会科学规划基金一般项目"传统儒家人格教育思想资源的当代转化研究"（项目批准号14YJA880063）的资助，是该项目的最终研究成果。谨此致谢！

本书从构思到成书，虽呕心修改，数易其稿，但还是难尽如人意，深化研究有待后续努力！特别是在资料搜集和整理过程中，鲍俊、刘大卫、张亦驰、尚梦生、杨慧、李盼盼给予了无私的帮助！他们所付出的劳动让我心存感激！本书在撰写过程中得到了安徽师范大学教育科学学院的领导和专家的大力支持，尤其感谢安徽省教师教育协同创新中心阮成武教授给予我的无私指教和倾力支持！在此一并表示诚挚的谢意！

最后，我还要真诚感谢安徽师范大学出版社社长张奇才教授对本书的出版所给予的真情关爱！感谢本书责任编辑王一澜女士为编辑书稿所付出的辛劳！

　　囿于作者学识水平和时间仓促，书中错漏在所难免，敬请学界同人与广大读者不吝赐教！

孙德玉

2019年初夏于芜湖赭麓